Elisabeth Endres
Die gelbe Farbe

Elisabeth Endres

Die gelbe Farbe

Die Entwicklung der Judenfeindschaft
aus dem Christentum

Piper
München Zürich

Für Hildi

ISBN 3-492-03281-0

Satz: Hieronymus Mühlberger, Gersthofen
Druck und Bindung: Wiener Verlag, Himberg
Printed in Austria

Inhalt

Vorwort

Es sind viele Bücher und Abhandlungen über den Antisemitismus geschrieben worden. Es gibt soziologische und psychoanalytische Erklärungsversuche, die alle ein Stück Plausibilität besitzen. Und doch erschöpft sich die Diskussion nicht. Der Grund dafür ist, daß alles Gesagte vorläufig wirkt, ergänzungsbedürftig, einseitig. Die Versuchung, zu widerlegen kommt auf. Dabei geht es auch um die übliche ideologische Diskrepanz; wer die Definition des Kleinbürgers durch eine marxistisch beeinflußte Soziologie ablehnt, wird auch die daraus resultierende Erklärung des Antisemitismus ablehnen, die Stimmigkeit von Fallstudien in eine andere Relation setzen.

Aber es gibt auch noch einen anderen Grund im deutschen Gebiet, und nicht nur dort. Es ist der Grund schlechthin, das, was uns sofort einfällt, das sich so rasch assoziiert, daß es fast nicht mehr wie eine Assoziation, sondern wie eine Identität der Wörter wirkt: Auschwitz. Der Mord, der sich dem menschlichen Verstehen, der menschlichen Vorstellungskraft entzieht, ist mit dem Namen jenes Konzentrations- und Vernichtungslagers gemeint. Das biblische Wort ›Holocaust‹, ein Synonym für das Geschehen, hat für den deutschen Sprecher eine zusätzliche Qualität. Abgesehen von einigen Theologen und *homines religiosi* verwendeten die Deutschen dies Wort nicht, erfuhren es aus der englischen Sprache. Die Neuheit scheint zu zeigen, daß etwas im weitesten Sinn des Wortes Unerhörtes geschah. Mehr als der Begriff ›Holocaust‹ (Brandopfer) trifft das Wort ›Shoah‹ (Unheil, Verderben) hier zu – und betont den Aspekt der Katastrophe, die sich dem Verständnis entzieht.

Der ›Historikerstreit‹ von 1986/87 war zuerst eine »Kontroverse um die Einzigartigkeit der nationalsozialistischen Judenvernichtung«, wie der Untertitel einer Dokumentation von Ernst Reinhard Piper anzeigt.[1] So berechtigt diese Bezeichnung ist (selbst sie wurde freilich nur unter Vorbehalten von den Kontrahenten angenommen), so wirkt das Wort ›einzigartig‹ in diesem Zusammenhang wie eine bloße Annäherung an das, was wirklich geschah.

Der Historiker Dan Diner sprach von einem »Zivilisationsbruch« und versucht damit zu erklären, wie es zu einem geschichtlichen Extrem kommen konnte, das mit Rationalität, mit der selbstverständlichen Erwartung unserer Zivilisation, unserer Vorstellung von Sinnzusammenhängen nichts mehr zu tun hat, ihr absolut widerspricht. Das Entsetzen überschritt die Grenzen ethischer und rationaler Normen. Es führte bei den Opfern und bei denen, die um ein Urteil ringen, zu »jenem kognitiven Unvermögen«, das zur Hilflosigkeit führt.[2] Für die Opfer war es eine tödliche Hilflosigkeit und eine Hilflosigkeit im Tode.

Je mehr über Auschwitz geredet wird, desto stärker ist der Eindruck: Man kann über Auschwitz nicht reden. Und doch verlangt die Situation dies zu tun, damit dem anderen kognitiven Unvermögen, dem der Nachwelt, nicht eine schiefe Bewältigung folgt. Bei aller gebotenen Polemik darf nicht übersehen werden, daß auch die scheinbare Bewältigung ein Ausdruck der Hilflosigkeit ist. Nur daß diese Hilflosigkeit ein Weiterleben ermöglichen soll in einer Zivilisation, die den Eindruck erwekken könnte, als hätte es hier unter Deutschen diesen Bruch nicht gegeben. Man kann den Grundgedanken Ernst Noltes, durch den der Historikerstreit ausgelöst wurde, unter diesem Aspekt betrachten. Er formuliert seine These so: »Auschwitz resultiert nicht in erster Linie aus dem überlieferten Antisemitismus und war im Kern nicht ein bloßer ›Völkermord‹, sondern es handelte sich vor allem um die aus Angst geborene

Reaktion auf die Vernichtungsvorgänge der Russischen Revolution.«[3] Bei einer solchen Betrachtungsweise handelt es sich letztlich eben doch um eine Relativierung: Man versucht Auschwitz auf das normale Maß der historischen Verbrechen herabzudrücken.

Gerade deshalb muß man von Auschwitz reden. Darüber zu schweigen wäre nur dann möglich, wenn das Entsetzen alle Deutschen, alle Menschen unserer zivilisatorischen Verbundenheit so gepackt hätte, daß ein Riß durch das Denken gegangen wäre, entsprechend jenem anderen Riß im realen Geschehen. Eine solche allgemeine Betroffenheit war aber nicht möglich. Sie ist auch angesichts des Willens zum Weiterleben der Menschen in ihrer Zivilisation, zu der es für uns keine Alternative gibt, weder zu erwarten noch zu verlangen.

Wir können uns nur für die *richtige* Erinnerung einsetzen, nicht nur um des Bildes der Opfer willen und nicht nur wegen der Verpflichtung der Geschichtsschreibung zur Wahrhaftigkeit. So human dies Unternehmen ist, so erhebt sich doch zuerst die Frage: Wie kann es innerhalb einer Zivilisation, in der es sehr wohl einen Spielraum für Verbrecherisches und Vernunftwidriges gibt, zu einem Bruch kommen, der nichts mehr mit diesem Spielraum zu tun hat, der die Kategorien des im weitesten Sinn Vorgegebenen und Erwartbaren zerstört?

Nur dies zu Nolte: Bei den nazistischen Angriffen auf den Bolschewismus wird dieser als jüdisch bezeichnet. Und das war das Schlimme an ihm. Man hat die Juden nicht verfolgt und zu vernichten versucht, weil man in ihnen den Bannerträger des Bolschewismus sah; sondern die Nazis erblickten in den Bolschewisten gerade deswegen das Unheil für die Welt, weil sie angeblich jüdisch oder ›jüdisch verseucht‹ waren. Der ganze Ekelvorrat, den der fanatische Antisemit gegen den Juden bereit hat, wurde dann auch auf den Bolschewisten übertragen. Die Zugehörigkeit zum ›jüdischen Untermenschentum‹ färbte das Bild des Bolschewisten mehr als die Diktatur des Proletariats.

Man muß in diesem Zusammenhang daran erinnern, daß der Zweite Weltkrieg nicht mit Hitlers Überfall auf die Sowjetunion begann, sondern im September 1939, nachdem Hitler mit der Sowjetunion einen Pakt geschlossen hatte. Seine (nicht-jüdischen – wie ausdrücklich von den Nazis vermerkt) russischen Gesprächspartner waren für ihn damals akzeptabel, während im Westen das ›kriegstreiberische jüdische Finanzkapital‹ nach nazistischer Ansicht herrschte und der ›Judenknecht‹ Winston Churchill der Feind schlechthin war und blieb. Und das war keineswegs nur Kriegspropaganda. Schon der junge Hitler glaubte an jene doppelte jüdische Verschwörung, wie aus einem Protokoll einer NSDAP-Versammlung vom 18. 1. 1923 zu entnehmen ist. Hitler habe dort »zu einem großen geschichtlichen Überblick ausgeholt, beginnend bei der Französischen Revolution« und gezeigt, »wie die materialistische Weltanschauung durch die Juden als Gift eingeträufelt, die nationale Selbständigkeit der Völker untergräbt, um sie endlich der Macht des internationalen Judentums auszuliefern. Bei der Französischen Revolution hetzte der Jude den Dritten Stand (Bürger) gegen den Adel, den er vorher selbst mit seinem jüdischen Gift wurzellos... gemacht hatte.« Da aber nach Hitlers Ansicht durch die Große Revolution die Weltherrschaft des Judentums noch nicht ganz kam, setzten die Juden zum zweiten Schlag, diesmal gegen den vierten Stand an. »Dieser Plan gelang ... bereits in Rußland restlos, der Erfolg ist die Vernichtung der nationalen Wirtschaft, die Versklavung eines ganzen Volkes an die überstaatliche jüdische Finanzmacht.«[4]

Der Judenhaß war fundamental, so sehr ein aggressiver, nur kurzzeitig unterbrochener, Antibolschewismus die Gedankenstruktur des Nazismus mitbestimmte und ihm auch Anhänger zutrieb, für die ein vehementer Antikommunismus primärer Beweggrund war. In der Steigerung des Antisemitismus ins absolute Extrem unterschied sich die Feindbild-Vorstellung Hitlers vom Faschismus anderer Völker, vornehmlich der Italiener. Das ist auch ein Grund, warum die Verwendung des Wortes ›Faschismus‹ zur Bezeichnung des Hitler-Regimes ebenso wenig die ganze Wahrheit ausschöpft wie das Wort ›Totalitarismus‹. Beide Bezeichnungen sind berechtigt. Das

Nazi-Regime war inhaltlich faschistisch, formal – was dadurch bedingt wurde – totalitär. Und doch geschah mit Auschwitz etwas, das beide Begriffe übersteigt.

Ernst Nolte hätte dann recht, wenn er sagen wollte, daß man Auschwitz nicht als bloßes *Resultat* des überlieferten Antisemitismus beurteilen kann, wenn man den Akzent auf das Wort ›resultieren‹ legt. Die das ganze System umfassende Todesmaschinerie ist nicht der Endpunkt, zu dem ein uralter Judenhaß hingetrieben hat. Sie ist nicht das Ziel, das *Telos*, dessen Entelechie in jedem bösen Satz und in jeder blutigen Tat der Judenfeinde vergangener Jahrhunderte angelegt war. Hannah Arendt hat dies in ihrer Arbeit über »Eichmann in Jerusalem« sehr klar ausgesprochen und sich geweigert, in Eichmann »das historisch notwendige Ausführungsinstrument des ewigen Judenhasses«[5] zu sehen. Sie tat dies bewußt, gerade weil sich eine solche Interpretation, die irrationale Züge enthält, angesichts der Ungeheuerlichkeit des Verbrechens und der Banalität der Verbrecher anbot.

Auschwitz war möglich, weil sich ein absoluter Vernichtungswille, der sich aus irrationalen Gründen speiste, mit einer hochentwickelten Technisierung und einer durchorganisierten Verwaltung verband. Dieser Vernichtungswille kam aus dem Antisemitismus, der selbst in ihm zum Extrem wurde. Das Extrem war keine notwendige Konsequenz aus dem Vorhandensein von Antisemitismus. Die meisten Mentalitäten, die Denkhaltungen, Antipathie- und Sympathie-Strömungen, die in verschiedenen geschichtlichen Konstellationen wirksam werden, führen nicht zu einem Extrem. Sie werden im Gegenteil gewöhnlich durch die Amalgamierung mit anderen Mentalitäten oder mit Sachzwängen abgeschwächt, so daß sie zwar den historischen Ablauf mitbestimmen, aber nicht absolut gesetzt werden.

So verhielt es sich bis 1933 auch mit dem Antisemitismus; so verhält es sich mit dem Antisemitismus auch nach 1945, wobei es freilich Modifikationen gibt, die durch die Erinnerung an Auschwitz und durch die reale Existenz des Staates Israel bedingt sind. Dieser Antisemitismus hatte und hat viele Spielarten. Es gibt den direkten Judenhaß, eine vage antijüdische Gestimmtheit, ein ablehnendes Desinteresse an dem Leben und dem Schicksal von Juden. Diese Einstellungen haben nicht mit der Macht einer Naturgesetzlichkeit zu dem Resultat Auschwitz hingeführt. Aber alle diese und ähnliche Einstellungen haben Auschwitz ermöglicht. Nur weil die Mehrheit der Nicht-Betroffenen es geduldet hat, nur weil die humane Abwehr, die ein Genozid hätte hervorrufen müssen, durch ein Vorurteil gelähmt war, konnte der Holocaust geschehen.

Wenn heutzutage ein Politiker eine antisemitische Bemerkung macht, derb böse oder blutig witzig über Juden spricht, kann man als häufige Reaktion von Menschenfreunden den Satz hören: ›Das kann man doch nach Auschwitz nicht mehr sagen.‹ Die Menschenfreunde vergessen darüber, daß Auschwitz nur möglich war, weil man solche Sätze *vor* Auschwitz sagen konnte, weil sie auf der Zunge lagen.

Und sie scheinen immer noch auf der Zunge zu liegen. Es ist eine kaum mehr umstrittene Tatsache, daß es nach Auschwitz auch im deutschen Kulturkreis Antisemitismus gibt. Was anfangs nur in den Taten verwirrter jugendlicher Politrabauken und in den Worten ewig-gestriger Rechtsradikaler ins Licht der Öffentlichkeit trat, wurde in den letzten Jahren als durchaus kräftige Ansicht vieler meinungsfreier Bürger erkannt. Daß die Juden – nein, nicht unser Unglück seien, aber zu unserem Unglück beitragen sollen, ist längst nicht mehr das Thema von Stammtischgesprächen; auch in ernsthaften Diskussionen und seriösen Artikeln kann man Töne vernehmen, die alt, sehr alt klingen, wenn auch nicht vertraut.[6] Wer vom Antisemitismus oder der Judenfrage als Tabu spricht, hat damit schon eine gewünschte Lösung angedeutet: Tabus muß man brechen.

Nun wird die Hemmschwelle, die zweifellos vorhanden ist, nicht nur dadurch bestimmt, daß die Sprecher angeblich Angst haben müssen angesichts der Tatsache, daß der Staat Israel existiert, daß vornehmlich die amerikanischen Juden hellhörig wurden. Es gibt eine verquere, nicht erkannte Scham, die bei dem antisemitischen Sprecher sich in einer nervösen Hast kundtut. Die Leute, die bei der Entnazifizierung ihren Antisemitismus nicht ablegten, und die Jüngeren, die eine ›Gnade der späten Geburt‹ nicht zu nutzen verstanden, scheinen etwas zu ahnen, teilweise zu wissen und doch von ihrer antisemitischen Sucht nicht lassen zu können. Sie verraten sich durch ihre Rede: ›Natürlich hätte man das in Auschwitz nicht tun dürfen, aber...‹; ›Ich habe ja wirklich nichts gegen die Juden, aber ohne unser Geld wäre Israel nicht das geworden, was...‹; ›wir haben ja eigentlich vor 33 gar keine Juden gekannt, aber sie haben wirklich so viel beherrscht...‹; ›Ich habe unter meinen besten Freunden Juden, aber die sind auch...‹; ›Also über die Judenwitze, die ich erzähle, lachen Juden selbst...‹

Dazu kommt die peinliche Betroffenheit, wenn in der Unterhaltung plötzlich von einem jüdischen Schicksal gesprochen wird oder nur von irgendwelchen Juden, die als solche etwas getan oder erfahren haben, seien sie ausgewandert vor 1933 oder seien sie zurückgekehrt. Entschuldigungen werden vorgebracht, Ausreden formuliert, oft ehe irgend jemand irgendwelche Anklagen erhebt. Man kann diese Alltäglichkeiten beobachten, nicht nur an Stammtischen. In ernsten Diskussionen sind die Wendungen feiner oder auch verschraubter. Die Szenerie verlangt nach dem Psychologen: Der Wunsch des Sprechers, den Antisemitismus, der in ihm steckt, loszuwerden, auszusprechen, kämpft mit dem Wissen über Auschwitz, mit Angst, mit einer Scham, die nicht zur Läuterung führt. Es doch zu sagen, sagen zu müssen, wird zur Qual, weil man eigentlich weiß, was herauskommt. Als ahnte das Bewußtsein hinter den Unschuldsbeteuerungen eine Schuld, die nicht dadurch behoben wird, daß man nachweislich nichts mit Auschwitz zu tun hatte.

Aber warum muß trotz der Hemmung dieses ›man‹ an den Stammtischen der einfachen und der gehobenen Art den Druck loswerden? Warum gibt es den Antisemitismus als so starke Seelenmacht, daß selbst ein gebranntes Kind das Feuer nicht scheut? Müssen wir nicht doch auf die Vorstellung eines ›ewigen Antisemitismus‹ zurückkommen, für den Auschwitz bestenfalls übertrieben war? Und müßten wir ihn dann hinnehmen als ein krankes Volksempfinden? Der Antisemit könnte danach nicht geheilt werden. Nur das Wissen über die Krankheit könnte die verheerende Wirkung einschränken.

Henryk M. Broder, der sich in der linken Szene der Bundesrepublik sehr gut auskennt, der durch Erfahrungen erschrokken nach Israel auswanderte, hat ein Buch über den »ewigen Antisemiten«[7] verfaßt, das im Grunde resignativ ist. Er konstatiert eine Judenfeindschaft in neuem Gewand, wie dies vor ihm schon Jean Améry tat. Améry sprach vom »ehrbaren Antisemiten«[8] und meint damit die Spielart, die sich antizionistisch gibt. Ehrbar empfindet sich diese Judenfeindschaft, die sich neben dem altgewohnten Antisemitismus installierte, deswegen, weil sie ihr Begriffsarsenal dem sozialistischen Antifaschismus entleiht. Der Staat Israel wird hier als imperialistisch angeklagt, seine Regierung mit einer fragwürdigen Absegnung durch die UNO als rassistisch bezeichnet. Das Verfahren ist einfach: Alle unguten Maßnahmen und Taten von Israelis werden eindringlich im Zeitlupentempo vorgeführt, so daß ein intensiver Eindruck von Bösem entsteht, während die Palästinenser mit ungenauer Tönung als Opfer und Freiheitskämpfer in einem diffusen Licht abgebildet werden.

Dieser Antizionismus ist in vielen Fällen zu einer Moralwäscherei für den Antisemitismus geworden. Wie man über ausländische Banken und Gesellschaften schmutziges Geld säubern kann, so möchte man auch eine alte Gesinnung durch die linken Versatzstücke des Empfindens wieder ehrbar machen. Das heißt natürlich nicht, daß der Staat Israel und sein Vorgehen gegen die Palästinenser nicht kritisiert werden dürften, und erst recht nicht, daß alle Kritiker dieser oder jener israelischen Regierung verkappte Antisemiten wären. Aber wenn sich Jean Améry und Broder gegen eine solche Haltung aussprechen, so liegt für viele die freundliche Abwehr der Argumente nahe: Man spricht über die ach so verständliche Überempfindlichkeit vom Betroffenen. Verstehen heißt verzeihen, so daß mit dem Wort ›verständlich‹ schon unterstellt wird, hier gibt es etwas zu verzeihen, eine Schuld, eine falsche Ansicht oder dergleichen, zumindest ein Mangel an Objektivität. Anscheinend ist es einleuchtend, daß diejenigen, die der Ermordung entrannen, oder die Kinder der Ermordeten über weniger Objektivität verfügen als die Kinder der Mörder.

Am 11. März 1988 fand im Bonner Bundestag eine Diskussion über die Lage im Nahen Osten im Zusammenhang mit palästinensischen Aufständen statt. Dabei führte der Abgeordnete der Grünen Otto Schily aus, es seien »falsche und gierige Gleichungen ... unterwegs, die die drakonischen israelischen Maßnahmen in den besetzten Gebieten mit dem industriellen Massenmord der Nationalsozialisten auf eine Stufe stellen wollten.«[9] Wie stark die Erschütterung des Abgeordneten über die von ihm gehörten Gleichungen war, ging daraus hervor, daß er seine Rede offensichtlich verstört abbrach, nachdem er über den deutschen Judenmord gesagt hatte: »Das Blut läßt sich aber nicht abwaschen, auch nach 40 Jahren nicht.«

Das Blut läßt sich nicht abwaschen. Und doch verlangt es die Menschen, so zu denken und zu reden, wie sie es vorher taten. So hoch auch immer die Hemmschwelle ist, sie wird überwunden. Die Scham wird durchbrochen, obwohl man dann der Schamlosigkeit ihre Herkunft anmerkt. Warum ist das so? Gibt es nicht doch den ›ewigen Antisemitismus‹, der eine starke, alles überwindende Kraft ist? Hat Broder recht?

Ich möchte hier ein Modell einschieben über ein fast selbstverständliches vernünftiges Verhalten. Angenommen, ich sehe ein Gespenst auf mich zukommen, das real vorhanden erscheint wie nur irgendein anderes Ding. Ich werde mich hier nicht mit einer Flucht in den Irrationalismus zufrieden geben und an Gespenster glauben. Wenn mir das Gespenst noch einmal, heute oder morgen, erscheint, so werde ich doch nicht ruhen, bis ich eine vernünftige Erklärung für die Erscheinung finde. Wenn ich das nicht zu vollbringen versuche, so habe ich von vorneherein der Ratio entsagt. Ich kann mich darauf verlassen: Noch immer haben sich Gespenster als Sinnestäuschung oder Irrtümer herausgestellt.

Mit der gleichen Prämisse sollte man die Ewigkeit des Antisemitismus angehen. Der Antisemitismus ist eine *Mentalität*, die in der Geschichte auftaucht und dort eine schlimme Rolle spielte – schon vor dem ›Dritten Reich‹. Als ein solches Strukturelement geschichtlicher Zusammenhänge ist er vorhanden; aber er ist nicht ewig in dem Sinn, daß er im Menschen angelegt ist. Es widerspricht jeder Anthropologie, daß gewisse Menschengruppen sich über eine bestimmte andere Menschengruppe mit einer angeborenen Aversion hermachen.

Insoweit hätte Broder unrecht, wenn er sich auf dem von ihm verwendeten Begriff ›anthropologische Konstante‹ versteifen würde. Er weiß und sagt deutlich, daß es keine antisemitischen Gene gibt, aber er fährt fort: »es gibt eine antisemitische Disposition, die in der Tat vererbt oder, wie Silbermann es sagt, ›tradiert‹, von Generation zu Generation weitergegeben wird... Auch Besitzstreben, Neid und Eifersucht gehören zur sozialen Natur des Menschen, ohne daß sie genetisch definiert wären...«[10]

Nun läßt sich nachweisen, daß Neid und Eifersucht Gefühlsregungen sind, die sich aus den angeborenen Anlagen der Menschen ergeben, sich in einem sozialen Umfeld fast zwangsläufig entwickeln. Aber es handelt sich um Begriffe, die in sich objektleer sind. Wer beneidet wird und warum er beneidet wird, hängt von sozialen Wertungen ab. Es gab Zeiten, in denen Menschen beneidet wurden, weil ihre Neider annahmen, daß sie rasch in den Himmel gelangen und dort einen höheren Rang als ihre Mitmenschen einnehmen. Diese Mißgunst ist ausgestorben; die Veranlagung zur Mißgunst hingegen nicht. Ein hohes Amt oder eine humane Integrität und Unbestechlichkeit können heute Ziel des Neides sein.

Insofern wird auch die Spannung zwischen verschiedenen Menschengruppen als anthropologische Konstante vorhanden sein – auch dann, wenn sie sich nur im Sportstadion austobt. Aber das Objekt ist nicht vorgegeben; es liegt nicht fest, wer der jeweilige Gegner in der Gruppenspannung ist. Alfons Silbermann, den Broder zitiert, kommt mit dem Verb ›tradieren‹ der Sache nahe. Antisemitismus ist eine Tradition, die sehr stark ist, weil sie keineswegs nur aus antisemitischen Schriften und antisemitischen Aussprüchen besteht, sondern weil diese einzelnen Antisemitismen ein Grundgefühl anrühren, angesichts dessen sie zwar als übertrieben abgelehnt, aber nicht als jene hirnverbrannte Falschheit deklariert werden, die sie gewöhnlich darstellen. Alle ernstzunehmenden Diskussionen setzen sich mit diesem Grundgefühl auseinander, versuchen es zu analysieren.

In der Praxis der Gespräche bedient sich der Nicht-Antisemit gewöhnlich einer anderen Methode, nämlich der aufklärenden Argumentation. Er führt aus, daß Juden so eben nicht seien, wie sie den Vertretern antisemitischer Ansichten erscheinen. Im Grunde ist dies die alte Art des aufklärerischen Impulses, die aber dann hilflos wirkt, wenn sie es mit einer tiefsitzenden Mentalität zu tun hat, die Aufklärung nicht möglich macht, weil ihre Wurzeln in tiefe Schichten reicht – dorthin, wo es sich um kulturelle Identitäten handelt.

Hierin hat Broder recht: Der Antisemitismus ist ein Bestandteil einer Tradition. Wer sich ernsthaft mit ihm auseinandersetzt, wird an die Struktur des Überlieferten rühren, vielleicht mehr als es ihm lieb ist. Man bricht nicht ungestraft ein Element aus einer Verbindung, aus einer Tradition heraus.

Ich möchte mit diesem Buch nun versuchen, ein Stück dieser Mentalität und dessen prägende Kraft darzustellen. Es ist die wohl bekannteste und am besten tradierte Form der Judenfeindschaft, nämlich die christlich tradierte. Wenn man sich an die begriffliche Unterscheidung hält, so kann man sehr wohl zwischen dem christlichen sogenannten Antijudaismus und dem Antisemitismus des neunzehnten und zwanzigsten Jahrhunderts unterscheiden. Einmal geht es um eine religiöse Diffamierung, die ihre Argumente aus dem Glauben bezieht. Im anderen Fall handelt es sich um eine abwegige Rassenlehre, die es nahelegen würde, den Antisemitismus als bloße Spielart des Rassismus einzustufen. – Diese Unterscheidung wirkt zuerst einleuchtend. Wenn man aber von der Beobachtung ausgeht, daß der Antisemitismus in tieferen Schichten verwurzelt ist als der rassisch begründete Haß gegen irgendwelche Ausländer und die Verachtung von Menschen mit einer anderen Hautpigmentierung und daß er schwerer überwunden werden kann, muß man die begrifflich logische Trennung in Frage stellen. Bezieht der Antisemitismus nicht doch seine emotionale Kraft von dem alten Antijudaismus, von der Judenfeindschaft, die aus der christlichen Lehre hervorging?

Diese Lehre und ihre Geschichte sollen hier untersucht werden. Sie beschränkt sich nicht auf die angebliche, kriminalistisch nicht erfaßbare Schuld der Juden am Kreuzestod des Jesus von Nazareth, wenn sie auch in dieser Form nicht nur von Laien zusammengefaßt wurde – und wird.

Hier interessieren die Bilder und Vorstellungen, die sich aus der Lehre heraus und parallel zu ihr entwickelt haben, die selbständig wurden. Und auch die Verbindung mit dem rassistischen Denken, das im neunzehnten Jahrhundert stark wurde.

Es geht dabei nicht um einzelne Schuldzuweisungen, die sich in einer personenbezogenen moralischen Entrüstung erschöpfen. So notwendig eine moralische Wertung auch sein mag! Die Traditionen wirken, wie man es den Sternen nachsagte: ›inclinant, non necessitant‹. Aus ihnen geht eine Neigung hervor, aber sie zwingen uns nicht. So wird hier auch von den Gründen die Rede sein, aus denen die christlichen Kirchen und christlich orientierte Bürger in der Zeit des ›Dritten Reichs‹ stellenweise kollaborierten oder zu wenig und nicht den wichtigsten Widerstand leisteten. Der Mangel an Engagement in der Judenfrage ließ sich sehr wohl mit anderweitigen Vorbehalten gegenüber dem Nazi-Regime verbinden.

Aber es soll hier auch derer gedacht werden, die als Gerechte auftraten, die dies konnten, weil sie von Vorurteilen frei waren oder sie überwanden. Besonders jene seien erwähnt, die aus dem direkten Einsatz die intellektuellen Konsequenzen zogen.

Ihnen vor allem gilt mein Dank.

Die andere Esther
oder
Die Fragwürdigkeit einer Seligsprechung

Die Sache hörte sich so harmonisch an. Als im Herbst 1986 Papst Johannes Paul II. bekanntgab, daß er bei seinem nächsten Besuch in der Bundesrepublik Deutschland, im Frühjahr 1987, die Philosophin und Karmelitin jüdischer Abstammung Edith Stein seligsprechen wollte, mochten sich viele Beobachter freuen. Selig- und Heiligsprechungen der katholischen Kirche haben nicht nur eine spirituelle Bedeutung. Natürlich geht es auch darum, daß ein verstorbener Gläubiger anerkannt wird als ein Mensch, der aus dem Glauben heraus lebte und zu einer Vollkommenheit gelangte, die seine Aufnahme in die Seligkeit des Himmels sicher erscheinen läßt und die ihm dort auch die Macht verleiht, den Gebeten der Gläubigen, die noch hier, in diesem Tal der Tränen leben, durch seine Fürbitte ein besonderes Gewicht vor Gott zu geben. Dieser Mensch ist der Verehrung würdig.

Aber Heilig- und Seligsprechungen haben daneben immer auch politisches Gewicht. Die Kurie in Rom will mit einer solchen Proklamation auf etwas verweisen, etwas aufarbeiten, ein Signal setzen. Es müssen die unterschiedlichen Gruppen berücksichtigt werden; die Interessen einzelner Orden oder das Prestige-Verlangen von Nationen und regionalen Kirchen spielen eine große Rolle. Die Heiligsprechungen des englischen Humanisten Thomas Morus und der französischen Kriegerin Jeanne d'Arc sind Musterbeispiele hierfür. Wenn ein einfacher Kapuzinerbruder wie Konrad von Parzham als Heiliger anerkannt wird, zeigt die Kirche ihr Herz für die Armen im Geiste, die Schlicht-Gläubigen; mit Maximilian Kolbe wurde nicht nur ein Mann geehrt, der im Sinne des Evangeliums sein Leben für einen anderen hingab, sondern auch ein polnischer Widerstandskämpfer gegen das ›Dritte Reich‹.

Und so bedeutete die Seligsprechung Edith Steins auch noch etwas anderes als die Anerkennung der Tatsache, daß die Konvertitin sehr fromm gelebt hatte, nicht nur die christlichen Gebote erfüllt hatte, sondern darüber hinaus durch ein Übermaß an Gebetsintensität schon aufgefallen war, noch bevor sie in den strengen Orden des Karmel eintrat. Vergleichbare geistliche Verdienste mochten auch andere Nonnen haben. Das Besondere an der Seligen Edith Stein ist ihr Tod – obwohl sie ihn mit vielen teilte: Sie wurde in Auschwitz ermordet.

Ihre intellektuelle Leistung für den Katholizismus, ihr Buch »Endliches und Ewiges Sein«, sind äußerst beachtenswert. Es könnte geradezu ehrenvoll für die Kirche sein, daß sie eine intellektuelle Frau, eine Gelehrte, seligspricht, und es könnte Konsequenzen haben. Oder man hätte zumindest von Konsequenzen träumen können, denn Edith Stein äußerte sich in einer Art über das Priestertum der Frau, die Diskussionen hätte bestimmen können...

Aber als es am 1. Mai 1987 in Köln zu der Seligsprechung kam, stand ein Aspekt so stark im Vordergrund, daß alle anderen möglichen Themen überschattet waren: Edith Stein war das Kind einer jüdischen Familie, aufgewachsen in einem liberalisierten jüdischen Glauben, den sie schon in den Kinderjahren abstreifte. Ihre Konversion zum Katholizismus war mit beeinflußt von dem Riß, der seit dem Beginn des Jahrhunderts durch die bürgerliche Sicherheit ging und durch den Ersten Weltkrieg zu einem Generationserlebnis wurde. Wenn man diesen Glaubenswechsel ohne religiöse Präferenz betrachtet, könnte man ihn in eine Parallele zu der jüdischen Glaubenserneuerung eines Franz Rosenzweig bringen. Nicht zufällig faßte Edith Stein ihren Entschluß, Christin zu werden, im gleichen Jahr 1921, in dem Franz Rosenzweig sein grundlegendes Werk »Der Stern der Erlösung« herausbrachte. Hier wie dort verbindet sich ein persönlicher Neubeginn mit dem *Renouveau*, der Erneuerung einer Glaubenslehre, die ihre Überlieferung in einer weitgehenden Liberalisierung zu verlieren schien und deren Verwässerung rückgängig gemacht werden sollte.[1]

Im Laufe der Geschichte dieses Jahrhunderts zeigte sich, daß die Taufe nichts am Jüdisch-Sein der Edith Stein geändert hatte – jedenfalls für ihre Verfolger: Sie wurde im niederländischen Exil von den deutschen Truppen eingeholt und starb als Jüdin in Auschwitz.

Bei der ersten Bekanntgabe der beabsichtigten Seligsprechung entstand der Eindruck, daß mit der Erhöhung dieser ermordeten Jüdin zur »Ehre der Altäre« auch ein Stück Ehre den Millionen ermordeten Juden zuteil werden sollte, die – ob sie sich der jüdischen Religion zugehörig gefühlt hatten oder nicht – Opfer des Rassenwahns geworden waren. Die Seligsprechung hätte dann eine Fortsetzung jener Politik seit dem II. Vatikanum dargestellt, die durch den christlich-jüdischen Dialog, durch manche theologische Überlegung nach Auschwitz, eingeleitet worden war und in deren Geist Papst Johannes Paul II. den Rabbiner von Rom besuchte.

Hatten wir uns nicht daran gewöhnt, daß im Schatten der Ereignisse der Nazi-Zeit offiziell eine versöhnliche Stimmung aufgekommen war? Bei dem II. Vatikanischen Konzil kam es nach manchen Kämpfen zu einer Revision der katholischen Lehre, die bis dahin die jüdische Schuld am Kreuzestod Christi festgeschrieben hatte. Jüdische Denker wie Schalom Ben-Chorin gaben sich große Mühe, Jesus von Nazareth und die Gestalten des Frühchristentums mit der jüdischen Tradition in Verbindung zu setzen.[2] Damit wurde nicht nur ein Stück Bibelkritik geleistet und der Horizont der Theologie erweitert, sondern es wurde auch die Gemeinsamkeit der beiden monotheistischen Religionen betont, die sich auf Moses berufen. Eine gemeinsame Vergangenheit wurde ebenfalls in Erinnerung gebracht, wenn »jüdische Gebete für Christen«[3] publiziert wurden und das christliche Vaterunser in der jüdischen Glaubenswelt eingebettet erschien.[4]

Sehr viel wurde getan, um das zu beseitigen, was Ulrich von Hehl, ein katholischer Kenner der Materie, »wechselseitige Mißverständnisse«[5] nannte. Die Seligsprechung Edith Steins hätte den Gipfel dieser Bemühungen darstellen sollen.

Eine solche Rechnung konnte jedoch nicht aufgehen. Der Grund dafür liegt in einer Besonderheit der Seligsprechungen: Die fromme ›Dienerin Gottes‹ (das ist der Spezialausdruck für Selig-zu-Sprechende) muß einer besonderen Klasse zugeordnet werden können. Sie muß der Kategorie des Bekenners oder des Martyrers angehören. Bei einer Frau von der religiösen Praxis der Edith Stein hätte die Einstufung als ›confessor‹ nahegelegen. Aber dies hätte mehr oder weniger ein außergewöhnliches Ereignis in ihrem Leben vorausgesetzt, ein Wunder, das durch das intensive Gebet eines Gläubigen und die Mächtigkeit der Fürbitte des verstorbenen Gottesdieners bewirkt wurde. Ein solches Wunder ist häufig eine Heilung, die medizinisch nicht erklärbar ist. (In früheren Zeiten war angesichts des mangelnden Wissens über psychosomatische Zusammenhänge ein solches Wunder leichter beizubringen, wobei die Fortune auch korrigiert werden konnte.)

Da sich bei Edith Stein kein Wunder fand, bot sich die andere Möglichkeit an: Edith Stein als Martyrerin. Hält man sich an die umgangssprachliche Bedeutung des Wortes, denkt also an ein tapferes Opfer, so leuchtet die Bezeichnung ein. Edith Stein nahm den Tod auf sich, denn sie wußte, daß die »Sonderbehandlung« (um dieses gräßliche Wort der Nazi-Bürokratie zu verwenden) nichts anderes als Mord bedeutete. Sie selbst hat die konsequente Standhaftigkeit des Bischofs von Roermond gegen die Nazis gekannt und geschätzt.

Nun hat aber das griechische Wort *martyr* im katholischen wie im jüdischen Glauben eine prägnante Bedeutung: Es heißt ›Zeuge‹. Der Martyrer ist Blutzeuge, und sein Rang wird von dem bestimmt, wofür er Zeugnis ablegt. Der christliche Martyrer ist der Mensch, der vom *odium fidei* verfolgt wird, vom Haß auf den Glauben. Auch der jüdische Martyrer wurde von jenen getötet, die seinen Glauben haßten, auch er legte Zeugnis ab und wird deswegen verehrt. Der historisch bedingte Hintergrund ist allerdings verschieden. Beim christlichen Martyrer denkt man an die Zustände im alten Rom, an Kaiser, die Verfolger waren und an standhafte Männer und Frauen, die diese nicht als Götter anerkannten. Die Historisierung ist also weit fortgeschritten. Patina legt sich über das Bild des um Christi willen Gemarterten; daran kann auch die ohnehin nur blasse Erinnerung an getötete Missionare und politische Opfer späterer Epochen nichts ändern. Martyrertum war etwas längst Vergangenes bei den Christen – nicht so bei den Juden, die ebenfalls den Begriff des Martyriums *(Kiddusch Haschem)* kennen.

Der jüdische Martyrer ist keineswegs nur der Erschlagene der vorchristlichen Makkabäerkriege, er ist der Jude des Mittelalters und unserer Welt, in dessen Haus tote Christenkinder erst versteckt und dann ›gefunden‹ wurden; der wegen jener üblen Glaubensnachrede des Ritualmordes von Christen zu Tode gebracht wurde. Er ist der Mensch, der sich weigerte, seinen Glauben aufzugeben und der verbrannt wurde; Erinnerungen an die Pogrome sind wach. Seine Verfolger waren Christen. Und wenn auch dieser letzte Pogrom, der den Namen Auschwitz trägt, nicht christlich, also von einem Glaubenssatz ausgehend, motiviert war, so geschah er doch durch die Hände von Getauften. Und die Judenschaft, die aus einer verwirrten Rassenideologie heraus ermordet wurde, hätte es als Menschengruppe nicht gegeben, wenn sich nicht jahrhundertelang das Judentum durch seinen Glauben als Volk behauptet hätte.

So muß der Ausdruck ›Martyrer‹ verwirren. Und es ist keine übertriebene Sensibilität der Juden, wenn sie eine andere Wirkung des christlichen Martyriums der Edith Stein erhofft haben: als den Einbau in eine sanfte Neu-Interpretation der Rolle der Kirchen im ›Dritten Reich‹. Ich sage Neu-Interpretation, nicht Fälschung.

Die Zeiten, da eine Konstantinische Schenkung schlicht gefälscht wurde, sind längst vorbei. Auch plumpe Geschichtsklitterungen werden vermieden. Doch das Reichskonkordat 1933 wird so interpretiert, als sei es der Grundstein für den Widerstand der Kirchen gewesen. Daß durch den Vertrag mit dem international moralisch hoch geachteten Heiligen Stuhl das Nazi-Regime aufgewertet wurde, kann dann als bedauerliche Nebenwirkung heruntergespielt werden. Es müssen nur die Widerstandskämpfer, die es gab, in den Vordergrund und die Schwierigkeiten, die ihnen von seiten der katholischen Kirche bereitet wurden, an den Rand gerückt werden. Auch kann man der Tatsache aus dem Weg gehen, daß das Wort ›Widerstand‹ auf ein erläuterndes Attribut angewiesen ist, daß es nicht generell ›gegen das Regime‹ bedeutet. Das Regime hatte viele Züge, die Nazis ergriffen viele verschiedenartige Maßnahmen. Ein Widerstand gegen die Entfernung der Schulkreuze oder gegen die Aufhebung der Konfessionsschulen hat einen anderen Stellenwert als ein Widerstand gegen die Judenverfolgung. Und die erstgenannte Richtung des Protests fand sich bei den christlichen Kämpfern gegen die »braune Gottlosigkeit« häufiger.

Damit sind wir bei der Sprache, auch sie ist verräterisch. Wo von Gottlosigkeit, Ungeist, Barbarei, wo von einem menschenverachtenden Regime gesprochen wird, verliert man sich in einem geschichtslosen Raum der ewigen Unwerte. Nichts kann mehr abgeleitet werden; historische Erklärungen weichen der metaphysischen Schau des Bösen. Die braunen Horden sind schließlich Gestalten eines mythischen Raums, Ausdruck eines Ur-Negativen.

Sie zu bekämpfen ist edel und gut, ist eine Frage des Anstands. Und jeder, der sich selbst als anständig empfindet, fühlt sich immer als potentieller Widerstandskämpfer. Es sei denn, er bangt in Demut wegen seiner menschlichen Schwachheit. Die Rechnung geht auf, weil von vorneherein bewußt die Gleichungen falsch gesetzt wurden.

Aber eine Unruhe bleibt bei den Rechnenden zurück: So will es nicht stimmen. Deshalb muß die Zahl der Nazi-Gegner und Nazi-Opfer aus den eigenen Reihen verstärkt werden. Bevor noch die Seligsprechung von Edith Stein Anlaß zu Diskussionen gab, führte der Bau eines Klosters der Karmelitinnen auf dem Gebiet des Konzentrationslagers Auschwitz zu einer Spannung zwischen Juden und Christen, die eine Auseinandersetzung mit der Vergangenheit wollten. Den jüdischen Protesten gegen den Klosterbau lag die nicht unberechtigte Angst zugrunde, daß hier eine sanfte Umfunktionierung des Ortes stattfinden sollte. Konnte das institutionalisierte Gebet nicht den Schwerpunkt der Erinnerung verschieben, so daß die Wahrheit nicht mehr klar erschiene: Auschwitz war vor allem der Ort des Holocausts der Juden. Zwar wurden auch Zigeuner, russische Kriegsgefangene und viele andere hier systematisch ermordet, wurden auch Christen in Auschwitz getötet, weil sie Widerstandskämpfer waren oder der jüdischen ›Rasse‹ angehörten. Aber Auschwitz war nie Straf- oder gar Vernichtungslager für Christen, sondern eben Vernichtungslager für Juden.

Dies wollte auch Susanne M. Batzdorff, die Nichte von Edith Stein, hervorheben, als sie einige Wochen vor der Seligsprechung in der Magazinbeilage der New York Times schrieb: »Though she [Edith Stein; E. E.] was a Catholic who embraced her chosen faith with joy and devotion, she was not in the end, separated from those who had remained Jews and were killed because they were Jews.«[6]

Aber es geht hier nicht bloß um Anteile an dem Verfolgtwerden, die die Christen für sich beanspruchen, nicht um eine Anmaßung, die sich sofort durch das Zahlenmaterial und die Forschung widerlegen läßt. Es geht um Wurzeln und Verwurzelungen der Schuld, um Zusammenhänge und Beziehungen, die jede Parallelisierung von Opfern als böse Gleichsetzung abstempelt.

Aber um welche Zusammenhänge geht es? Mordechai Piron, Rabbiner in Zürich, sagte anläßlich der Seligsprechung: »Diese späte Sühne wird nicht akzeptiert. Wenn Edith Stein schon eine Christin gewesen ist, dann hätte die Kirche damals alles tun sollen, um sie zu retten. Genau das aber hat sie nicht getan. Sie hat abseits gestanden und zugesehen, wie ihre ›älteren Brüder‹, die Juden, zugrunde gingen.«[7]

Piron bezieht sich hier auf die katholische Zurückhaltung, die schon Hochhuth zum Thema seines Dramas »Der Stellvertreter« machte. Das Verdienst dieses Stückes, über dessen literarische Qualität man streiten kann, lag von Anfang an nicht in seiner moralischen Rigidität, sondern darin, daß durch sein Thema Geister aufgeschreckt wurden, die man doch so schön beruhigt wähnte. Das christlich-jüdische Zueinanderfinden, bei dem sich der christliche Teil in geziemend dezenter Reue für die Ausschreitungen im Mittelalter entschuldigen konnte, wurde empfindlich gestört. Und die Frage wurde gestellt: Warum standen die katholische Kirche, aber auch die evangelische Kirchen, abseits, als die ›älteren Brüder‹ zugrunde gingen?

Ein bayerischer Bauer hat mir einmal gesagt: »Natürlich sind bei uns die Juden (die jüdischen Vieh- und Getreidehändler) dann auf einmal nicht mehr ins Dorf gekommen, aber wir haben da nicht nachgedacht. Wir haben ja gewußt, das sind die, die den Herrn Jesus ans Kreuz geschlagen haben.«

Gerade angesichts der Einfachheit dieser Aussage kann ihre Wichtigkeit übersehen werden. Das kennt man ja, das ist primitiv, das glaubt man ohnehin nicht. Henryk M. Broder meint: »Vom Gottesmord spricht niemand mehr...«[8], womit er sich sehr irrt und die geistige Ungleichzeitigkeit in unserer Gesellschaft außer acht läßt. Gregory Bateson, der amerikanische Anthropologe, sagt, Nichtjuden, die den Gottesmord behaupten, sind »verwirrt im Kopf und verwischen alle Konturen«[9]. Gerade weil er damit recht hat, erleichtert es die Entschuldigung. Im Grunde konnte man eine solche primitive Aussage nicht ernst nehmen; hier von einer Kollektivschuld zu reden, verbietet sich (hier existiert bereits eine andere Konnotation, deswegen sollte man überhaupt nicht von Kollektivschuld reden). Und weil man es jetzt nicht ernst nehmen konnte, kann man es eigentlich auch nicht ernstgenommen haben. Man redet nicht mehr davon, besonders nicht mehr, seit dieses »Mißverständnis« – um nochmals Ulrich von Hehl heranzuziehen – durch das II. Vatikanische Konzil ausgelöscht wurde.

Aber war da nicht noch mehr, war da nicht noch etwas anderes? Susanne M. Batzdorff sprach von der Trennung, die es zwischen Edith Stein und ihrem jüdischen Volk im Tod nicht gab. Oder gab es da doch etwas? Der letzte Satz, der von Edith Stein bei ihrer Verschleppung aus dem Kloster Echt gesprochen wurde, lautete: »Komm, wir gehen für unser Volk.«[10] Er war an ihre leibliche Schwester gerichtet, die ebenfalls konvertiert war und im Karmelkloster lebte.

Dieser Satz hat viele Interpretationen erfahren. Selbst die Ansprache, die Johannes Paul II. in Köln hielt, wurde mit diesem Satz als Überschrift publiziert.[11] Und hier kann man lesen: »Aus der Kraft opferbereiter Christusnachfolge sah sie auch in ihrer scheinbaren Ohnmacht noch einen Weg, ihrem Volk einen letzten Dienst zu erweisen. Bereits einige Jahre vorher hatte sie sich selbst mit der Königin Esther im Exil am persischen Hof verglichen. In einem ihrer Briefe lesen wir: ›Ich vertraue darauf, daß der Herr mein Leben für alle [Juden] genommen hat. Ich muß immer wieder an die Königin Esther denken, die gerade darum aus ihrem Volk genommen wurde, um für das Volk vor dem König zu stehen. Ich bin eine sehr arme und ohnmächtige kleine Esther, aber der König, der mich erwählt hat, ist unendlich groß und barmherzig.‹«[12]

Das klingt schön und ergreifend und passend für die Gelegenheit. Nur stellt sich die Frage nach der Einordnung des Zitats. Welchen letzten Dienst wollte Edith Stein ihrem Volk erweisen? Um was wollte sie – eine zweite Esther – den König, hier also Gott, der sie herausgehoben hat, denn bitten?

Um das zu verstehen, muß man sich an Edith Steins Entwicklung erinnern. Selbst nachdem sie als Kind mit dem Glauben gebrochen hatte, war sie ganz eingebettet in das jüdische Milieu, in ihre Familie, lebte mit den jüdischen Freundinnen und Freunden zusammen. Ihr großer akademischer Lehrer, der Philosoph Edmund Husserl, war, wie viele seiner Schüler, jüdischer Abstammung.

Selbst nachdem sich Edith Stein dem Christentum zugewandt hatte, blieb sie diesem Milieu verbunden. Sie verbrachte die Ferien immer wieder bei ihrer Familie. Wer die Zwischentöne ihrer Briefe und ihrer Lebenserinnerungen wahrzunehmen versteht, gewinnt sogar den Eindruck, daß sie in der alten Umgebung mehr Wärme verspürte, hier besser aufgehoben war als in ihrer neuen Umgebung, in die sie erst als Erwachsene eingetreten war.

Sie kannte keinen jüdischen Selbsthaß, wohl auch, weil die nichtjüdischen Gemeinschaften, in denen sie lebte, von ihr nicht als antagonistisch zum Judentum empfunden wurden. Sie fühlte als junges Mädchen gut deutsch, war im ersten Weltkrieg eine begeisterte Patriotin. Nachdem sie Christin geworden war, war sie völlig frei von jener antijüdischen Polemik, die zum Beispiel Simone Weil entwickelte. Das hängt mit den zwei Seiten ihres Glaubens zusammen: Auf der einen Seite arbeitete sie sich in die hohe geistige Welt der mittelalterlichen Philosophie ein. Andererseits pflegte sie eine direkte Frömmigkeit, die sehr streng, voller Selbstaufgabe und sehr kindlich zugleich war. In ihrem Einleben in die religiöse Welt der Evangelien empfand sie das übergroße Glück, die Freude, die man andere nicht nachempfinden lassen kann, als Jüdin mit dem Erlöser und mit Maria, seiner Mutter, blutsverwandt zu sein.

Sie muß wohl in ihrer katholischen Umgebung Abneigung gegen die Juden gespürt haben. Aber sie hat sie anscheinend verdrängt und nur unterbewußt notiert. Sie freute sich, wenn sie jüdische Menschen, die konvertieren wollten, betreuen konnte und widmete viel Zeit und Energie ihren Katechumenen, wie sie sie nannte. Es ist nicht bekannt, ob sie sich in die Diskussion über die Judenfrage im katholischen Raum einmischte, ja sich darum auch nur kümmerte.

Ganz anders reagierte sie auf die politische Bedrohung der Juden. Sie erkannte sehr früh die Gefahr des Nazismus, das Ausmaß der beginnenden Rassenverfolgung. Spätestens als die Nazis zur Macht kamen, wurde ihr klar, daß die Kirche etwas dagegen tun mußte. Als ihr eine Privataudienz beim Papst abgeschlagen worden war, schrieb sie einen Brief an Pius XI., in dem sie ihn um eine Enzyklika zur ›Judenfrage‹ bat. Der Brief wurde dem Papst übergeben; doch damals waren die Verhandlungen zum Reichskonkordat in vollem Gange...

Wir kennen die Intention und die Vorschläge Edith Steins nicht, da der Brief nie veröffentlicht wurde und der Papst nur durch einen pastoralen Segen für die Philosophin und ihre Familie darauf reagierte. Aber Edith Stein hatte erkannt, daß ein klares Wort über die Stellung der Juden im christlichen Heilsplan bitter nötig gewesen wäre, ein Wort, das nicht nur die Rassenideologie verworfen, sondern auch die Vorstellungen revidiert hätte, die sich in christlichen Hirnen über die bösen Juden gebildet hatten. Man könnte sich einen Appell vorstellen, der den bayerischen Bauern zumindest nachdenklich gemacht hätte: Wenn die Juden nicht mehr da sind, kann man den Gedanken an ihr Schicksal nicht einfach wegrücken und davon reden, daß sie den Herrn Jesus ans Kreuz geschlagen hätten.

Edith Stein nahm ihre Sorgen in den Heiligen Karmel mit, in den sie 1933 eintrat. Sie sorgte sich um ihre Verwandten und Freunde, sie litt mit ihnen und erhöhte das Leiden, indem sie es in einen religiösen Zusammenhang stellte. Gottes Hand lag schwer auf ihrem Volk. Nach der ›Reichskristallnacht‹, nach ihrer Flucht in die Niederlande, in das Kloster Echt, scheint sie sich intensiv mit den theologischen Zusammenhängen der ›Judenfrage‹ auseinandergesetzt zu haben.

In ihrem Nachlaß findet sich eine von ihr ins Deutsche übertragene Schrift des deutschen Jesuiten Gustav E. Closen, der an der niederländischen katholischen Hochschule Valkenburg Exegese des Alten Testaments lehrte. Der Aufsatz handelt von der »Quaestio Judaeorum« und faßt in schärfster Form eine Lehre zusammen, die so für die Traditionalisten in der katholischen Kirche als Lehrmeinung verbindlich war. Es ist das wohlbekannte Bild vom ›halsstarrigen Volk‹, das sich dem Herrn widersetzte und dennoch auserwählt wurde, den Erlöser hervorzubringen, das aber dann den Messias nicht annahm, ja sogar tötete. Closen formuliert einige Fragen, die nicht nur dem aufgeklärten Leser kurios vorkommen müssen, nämlich, wieweit Jesus von Nazareth als Jude nicht doch in Gefahr war, von der Verworfenheit des gottesmörderischen Volkes angesteckt worden zu sein.

Er kommt dann zu einer Beurteilung der Juden, die sich in einer nazistischen Hetzschrift finden könnte, wenn die religiöse Begründung durch eine rassistische ersetzt wäre: »Das innerste Wesen des [jüdischen, E. E.] Volkes war nichts anderes als die ›Sehnsucht nach dem Messias‹; wenn also dieses Volk den Messias kreuzigte, hat es sich selbst ans Kreuz geheftet. Die Tötung des Messias war in sich selbst der religiös-nationale Selbstmord dieses Volkes... Infolgedessen ist dieses Volk zertrümmert und zu einem Urheber der Zerstörung in der religiös-sittlichen Ordnung geworden.«[13]

Natürlich trifft dies dieser Argumentation zufolge dann auf den einzelnen Juden zu, wenn er nicht seinem Glauben entsagt und Christ wird. Im Augenblick der Taufe wird die Nichtigkeit des Juden aufgehoben, da sie ja nicht rassisch vererbt ist. Er verläßt dann die böse Gemeinschaft und wird Mensch – wie jeder andere Christ.

Wir wissen nicht, wer zu welchem Zweck Edith Stein diesen Text gab und eine Übersetzung anregte. Es gab schon damals andere Stimmen im kirchlichen Raum, und die Unhaltbarkeit der dogmatisch in sich selbst verklammerten Vorstellung wäre auch dann von manchen erkannt worden, wenn nicht der Schatten der nazistischen Judenverfolgung auf der Diskussion gelegen hätte. Obwohl es ohne diesen Schatten niemals in unserer Zeit zu einer Änderung der offiziellen Lehrmeinung gekommen wäre.

Die Vorstellung, jesuitische Berater oder Exerzitienmeister hätten Edith Stein diesen Text gegeben, damit sie sich durch ihn läutere und anderen ›falschen‹ Theorien zur Judenfrage entsage, kann dann aufkommen, wenn man aufklärerische Texte über kirchliche Praktiken für wahr hält.

Edith Steins eigene Ansicht war mit Closens Vorstellung nicht vergleichbar. Ihr Ton war stets weich und liebevoll. Sie war ganz ihrer Familie und dem Volk Israel verbunden. Sie wollte wirklich als die andere Esther dastehen. Sie, die schon getauft war, betete für die Bekehrung ihres Volkes. Denn nach dessen Bekehrung würde jenes unendlich großartige Ereignis eintreten, das erst die Erlösung im blendenden Licht aufleuchten läßt und das Ende der Zeit zum Ende aller Not der Zeiten macht: die Wiederkehr des Jesus von Nazareth als mächtiger Messias, allen erkennbar.

Diese Idee mag uns heute fremd vorkommen angesichts unserer Angst vor der Apokalypse. Damit verbinden wir ohnehin eher die Vorstellung eines atomaren Untergangs als die einer Enthüllung, eines Offenbarwerdens des Göttlichen. Die Sehnsucht nach den letzten Tagen überläßt man den Sekten. Doch wird in jeder katholischen Messe getreu der Lehre nach der Wandlung ein kurzes Glaubensbekenntnis an den Herrn gerichtet, das abgeschlossen wird: »... bis du kommst in Herrlichkeit.« In der realen Diskussion spielt aber die Ausrichtung auf den Jüngsten Tag kaum eine Rolle. Es genügt der Hinweis, daß auf dem II. Vatikanischen Konzil die Lehre gestrichen wurde, die eine Taufe aller Juden als Vorbedingung für die Endzeit ansieht. Welche Rolle diese und ähnliche Lehren im Laufe der Zeit gespielt haben, welche Variationen aufkamen, wie verhängnisvoll sie waren, wird später noch zu untersuchen sein.

Aber Edith Stein war bedrückt vom Unglauben der Juden, d. h. davon, daß ihr Volk ihren Glauben nicht teilte. Sie hat nicht von Schuld gesprochen, sondern von Sühne. Aber setzt Sühne nicht Schuld voraus? Edith Stein hat ein Testament hinterlassen, das Johannes Paul II. in seiner Ansprache zitierte: »›Schon jetzt nehme ich den Tod, den Gott mir zugedacht hat, in vollkommener Unterwerfung unter seinen heiligsten Willen mit Freude entgegen. – Ich bitte den Herrn, daß er mein Leiden und Sterben annehmen möge zu seiner Ehre und Verherrlichung, für alle Anliegen ... der heiligen Kirche.‹«[14] Der Papst fährt fort: »Der Herr hat diese ihre Bitte erhört.«

Hier wurde ein Stück des Satzes weggelassen. Edith Stein fährt nämlich fort, der Herr möge das Opfer annehmen »zur Sühne für den Unglauben des jüdischen Volkes und damit der Herr von den Seinen aufgenommen werde und sein Reich komme in Herrlichkeit ...«[15] Und so meinte sie es auch unter der

Klostertür: »... für unser Volk.« Eine andere Konvertitin, die bei der gleichen Aktion wie Edith Stein verhaftet und getötet wurde, hat ihrem Beichtvater in einem Brief geschrieben: »Falls ich es nicht überlebe, werden Sie wohl die Güte haben, später an meine geliebten Eltern und Brüder zu schreiben und ihnen zu sagen, daß das Opfer meines Lebens für sie ist. – Möge Gott ihnen das Licht des Glaubens geben und ewiges und zeitliches Glück, wenn es sein Wille ist.«[16]

Man muß kein orthodoxer Jude sein, um zu empfinden, daß solche Worte an eine tödliche Wunde im christlich-jüdischen Verhältnis rühren. Und daß eine Seligsprechung ohne eine klare deutliche Betonung dieser Dissonanz einen Affront darstellt. Sie diente gerade nicht dem Geist, dem sie dienen sollte und vielleicht auch hätte dienen können: nämlich der Aussöhnung. Diesen Zweck hat die Seligsprechung nicht erreicht.

Eine Aussöhnung setzt, wenn sie von Dauer sein und Wirkung haben soll, die Erkenntnis und die Aufarbeitung der christlichen Schuld voraus, die darin besteht, daß die Heilslehre der Christen mit der Vorstellung einer ursprünglichen Schuld der Juden verbunden war.

Vielleicht ist dies aber zuviel verlangt. Die katholische Kirche kann im Rahmen einer Seligsprechung kaum eine Arbeit leisten, die durch das II. Vatikanische Konzil eben erst begonnen wurde, zumal bei der jetzigen kirchlichen Großwetterlage Weiterführungen von Konzilsgedanken ohnehin nicht an der Tagesordnung sind. Aber ohne diese intellektuellen Konsequenzen hat die Aufnahme von Auschwitz-Opfern in den Kreis der anerkannten Heiligen und Seligen den peinlichen Beigeschmack eines Alibis. Es geht um ein Alibi im ursprünglichen Sinn: Wir standen nicht da, wo die Täter waren und auch nicht hinter diesen, denn ›wir waren ja auch Opfer‹.

Das Ziel einer solchen kirchlichen Geschichtsbetrachtung ist eine scharfe Trennung zwischen den menschenverachtenden gottlosen Mächten, zu denen man entsprechend dem bewährten Totalitarismuskonzept sowohl den Nationalsozialismus als auch den Kommunismus rechnet, und menschenfreundlichen

Institutionen – wie die Kirche. Sicher sind auch diese Institutionen nicht vollkommen. Aber wenn es sich um die katholische Kirche handelt, so will sie selbst bestimmen, wann und was sie zu bereuen hat.

In diesem Zusammenhang wird der Antisemitismus zur neuheidnischen Lehre erklärt, von der man den Antijudaismus zu unterscheiden habe. Zwar ist, so die Argumentation, auch die religiöse Ablehnung der Juden, die man Antijudaismus nennt, weil ein neues Wort eine neue Farbe in die Auseinandersetzung bringen soll, ein bedauerliches Relikt der Geschichte; das wurde freilich durch das Konzil fundamental beseitigt. Partielles Weiterleben dieser Gedanken ist wie so vieles in diesem Zusammenhang bedauerlich. Aber wenn der Christ den Juden ablehnte, nahm er ja nur auf den Glauben Bezug, also auf das, was man, im vorkonziliaren Denken befangen, den jüdischen Unglauben nannte, die angebliche Verblendung der Juden, die Jesus nicht als Messias akzeptieren wollten. Der Antisemitismus hingegen ist etwas ganz anderes; er ist im Grunde auch antichristlich – womit man sich total davon distanziert hätte. Was bleibt, wäre dann ein besonders bösartiger Rassismus.

Natürlich sind in einer solchen Beweisführung ein paar Körner Wahrheit enthalten. Aber die Logik stimmt nicht. Es sind hierbei unterschiedliche Begründungen zusammengeführt, die einen nazistischen Ideologen, einen streng dogmatischen Christen oder einen Mann mit dem durchschnittlichen kranken Volksempfinden zu dem Schluß kommen lassen, daß jüdisches Denken zersetzend ist. Der eine spricht vom geistigen Aussatz des verdorbenen Blutes, der andere von der Nichtigkeit des von Gott verworfenen Volkes, der dritte von der verkommenen Großstadtkultur, die das Brauchtum zerstört. Daraus resultiert natürlich ein unterschiedliches Verhalten, worauf noch eingegangen werden wird. Auch das Verhängnisvollste kennt noch Gradunterschiede, auch das Böse hat Nuancen.

Aber es bleibt böse. Und es ist Böses von ähnlicher Art.

Die Formen des Denkens, die nun wirklich menschenverachtend sind, die Konnotationen, sind nur allzu verwandt. Darüber täuscht keine Semantik hinweg.

Der Antisemitismus ist selbst in dem äußerst zugespitzten Stil der Nazis kein *reiner* Rassismus. Denn das, was hier unter ›Rasse‹ verstanden wird, hat wenig mit den Rassen zu tun, deren angebliche Ungleichheit ein Diskussionsthema des neunzehnten Jahrhunderts und eine Exkulpierung des Imperialismus war. Im Haß auf die Juden wabert die Vorstellung vom Kampf der Lichtgestalten mit infernalischen Kreaturen der Finsternis. Da fürchtet man sich vor etwas Urbösem und bekämpft es, das viel elementarer empfunden wird als der menschenfressende Hottentotte oder der schlitzäugige Gelbe. Die Bilder des Hasses haben metaphysischen Zuschnitt.

Schon darum drängt sich die Verbindung der antisemitischen Gedankenwelt mit einer religiösen Terminologie und mit religiösen Denkschemata auf. Und die Religion, die eine Mentalität des Antijudaismus entwickelte und aus deren Welt die blutrünstigsten Judenhasser hervorgingen, soll heute so wenig mit dieser Gesinnung und der Schuld zu tun haben?

Der christliche Bauer hat die Zusammenhänge schon richtig wiedergegeben, wenn er in zwei Sätzen den angeblichen Gottesmord der Juden, ihr ›Wegbleiben‹ in der schlimmen Zeit und die Lethargie und das Desinteresse der Dörfler an deren Schicksal unter einen Hut bringt. Es ist Aufgabe der religiösen Rückbesinnung, diese Sätze zu analysieren, die verschiedenen Komplexe aufzuzeigen. Es wird Zeit, daß die christlichen Kirchen sich dieser Aufgabe stellen – und sie nicht hinwegzuinterpretieren suchen.

Aber es ist nicht nur eine Frage der Kirchengeschichte und des christlichen Glaubens nach Auschwitz.

Denn die christliche Lehre und die Vorstellungen, die aus ihr erwuchsen, sind längst nicht mehr nur gedankliches Eigentum der Kirchenväter und Kirchenmänner. Sie gingen über in die christlich geprägte abendländische Kultur, gingen in ihr auf und wurden mit ihr und von ihr ausgebreitet. Und so will ich mich hier nicht nur mit der Entwicklung der verschiedenen religiösen Bilder befassen, nicht nur mit den Haltungen von Klerikern und gläubigen Menschen in Zeiten der Judenverfolgung, sondern auch mit der Entwicklung von kulturellen Erscheinungen und von Geschichte verursachenden Gesinnungen in unserer Welt.

Man spricht von der zunehmenden Entchristianisierung unserer Gedankenwelt und der Gebräuche und Lebenshaltung. Das Wort ist richtig, wenn man es darauf anwendet, daß die Gottesfrage nicht heiß diskutiert wird und immer weniger Menschen den Sonntagsgottesdienst besuchen. Aber bezogen auf die Gesamtheit unseren kulturellen Mobiliars ist das alte Wort ›Säkularisierung‹ besser angebracht. Die Strukturen der christlichen Mentalität wurden beibehalten und in das jeweilige *Saeculum*, das Jahrhundert, transponiert. Es ist kein bloß historisches Interesse, wenn man über das Verhältnis der Christen zu ihren »älteren Brüdern« nachdenkt.

Das Fundament der Evangelien

Am Anfang stehen die Evangelien. Hier finden sich die *loci classici* der christlichen Judendiffamierung. Diese Wahrheit, durch die Lektüre der bekanntesten Bücher des Neuen Testaments und den Besuch eines christlichen Karfreitagsgottesdienstes bestätigt, wird von den aufgeklärten Gläubigen oft verdrängt oder mit dem insgesamt sehr häufig polemischen Ton der Bibel entschuldigt. Und da diese Stellen von den Nicht-Gläubigen, den Aufgeklärten unter den Atheisten, auch als Argument gegen das Christentum allgemein verwendet werden, besteht hier die Gefahr, daß etwas, das klar erkennbar sein sollte, durch Parteilichkeit von vorneherein verzerrt wird. Man unterscheidet zwischen der ›Freiheit wovon‹ und der ›Freiheit wozu‹. Mit dem gleichen Recht könnte man jede Wahrheit, die in der Auseinandersetzung mit der Bibel im Sinn von Richtigkeit behauptet wird, zuerst hinterfragen: Wovon soll sie uns befreien, und wozu wird sie festgestellt?

Dieses Problems muß man sich bewußt sein. Ganz vorurteilslos lassen sich die Evangelien nicht lesen. Aber man kann es immerhin versuchen.

Das Bild der Juden im Neuen Testament ist, so wurde es jedenfalls jahrhundertelang gedeutet, nun einmal geprägt von der antagonistischen Spannung zwischen dem Guten, Heilbringenden und dem Bedrohlichen, dem Verblendeten und Bösen. Da geht es nicht nur um einige Stellen, wie die angebliche Selbstverfluchung des Volkes (»Sein Blut komme über uns und unsere Kinder«). Da geht es um einen weiteren Kontext, ja um die Struktur des gesamten Textes.

Schon von seiner Geburt an ist das Leben des Heilands, des Retters bedroht. Die Schatten des Bösen sind erkennbar. Wir müssen in diesem Kapitel unsere Bibelerinnerung ausführlich rekapitulieren, sonst verstehen wir nicht, auf welche kulturellen Erinnerungen sich die Empfindungen beziehen.

Maria, die Jungfrau, der verheißen worden ist, daß sie den Erlöser gebären wird, muß mit ihrem Verlobten Joseph die Heimat Nazareth verlassen, um sich wegen einer Volkszählung, die der römische Kaiser befohlen hat, nach Bethlehem zu begeben. Dort gebiert sie das Kind, das man in eine Krippe legen muß, denn in der Herberge ist kein Platz.

Der Verehrung durch die Hirten, dem Gesang der Engel, der Anbetung durch die Weisen folgt die erste tödliche Gefahr. König Herodes hat von dem Kind erfahren und von der Verheißung, die auf ihm ruht. Joseph muß mit den Seinen nach Ägypten fliehen, während die Kinder Bethlehems einem Massaker ausgeliefert sind. Rahel, die jüdische Frau, weint um ihre Kinder.

Die Base der Mutter des Herrn, Elisabeth, hat kurz zuvor einen Sohn Johannes geboren – auf wunderbare Weise. Während Maria und Joseph nach der Rückkehr von ihrer Flucht wieder in Nazareth leben, wird dieser Johannes zu einem Asketen, zu einem Prediger, der in der Wüste am Jordan predigt und diejenigen tauft, die von seinem Aufruf zur Buße berührt werden. Zu ihm kommen auch Sadduzäer und Pharisäer, also die offiziellen Gläubigen des Judentums. Johannes fährt sie an: »Ihr Ottergezücht, wer hat denn euch gewiesen, daß ihr dem künftigen Zorn entrinnen werdet? Sehet zu, tut rechtschaffene Frucht der Buße! Denket nur nicht, daß ihr bei euch wollt sagen: Wir haben Abraham zum Vater. Ich sage euch: Gott vermag dem Abraham aus diesen Steinen Kinder zu erwecken.« (Mt 3,7–9).[1]

Johannes ist ein Vorläufer. Er tauft mit Wasser, nach ihm wird einer kommen, der mit dem Heiligen Geist und mit Feuer tauft. Es ist jener Jesus, der sich zuerst selbst von Johannes taufen läßt. Bei dieser Taufe offenbart sich, daß er Gottes Sohn ist. Jünger des Johannes folgen ihm. Und Johannes preist ihn als das Lamm Gottes. Einer seiner Jünger gibt Zeugnis: »Wir haben den gefunden, von welchem Moses im Gesetz und die Propheten geschrieben haben, Jesum, Josephs Sohn von Nazareth.« (Joh 1,45). Durch das Erscheinen von Jesus ist also etwas erfüllt worden, was schon lange als Verheißung vorgegeben war.

Jesus verbringt nun vierzig Tage in der Wüste. Er wird vom Teufel versucht und widersteht ihm. Johannes aber richtet seine Anklage nicht nur gegen heuchlerisch Gläubige. In erster Linie greift er den König an, den Herodes Antipas. Er wird ins Gefängnis geworfen und schließlich durch eine Intrige der Frau und der Stieftochter des Königs, der Prinzessin Salome, getötet.

Jesus lehrt nach seiner Rückkehr aus der Wüste im heimatlichen Galiläa in den Synagogen. Er vollbringt Wunderheilungen; sein Ruf verbreitet sich.

Als einmal viele Menschen herbeiströmen, besteigt er einen Berg und predigt. Es ist eine große Rede, die uns der Apostel Matthäus überliefert hat. Sie beginnt mit einer Reihe von Seligpreisungen, die jenen gelten, die auf Erden leiden; auf sie, die geistlich Armen, die Trauernden, die Verfolgten, die Gewaltlosen wartet die Erfüllung der Verheißung. Ihr Lohn im Himmel wird groß sein.

Und Jesus spricht seine Gebote aus. Er wendet sich nicht gegen das Gesetz des jüdischen Glaubens. »Ihr sollt nicht wähnen, daß ich gekommen bin, das Gesetz oder die Propheten aufzulösen, sondern zu erfüllen.« (Mt 5,17). Er nennt die herkömmlichen Forderungen und Vorschriften. Aber dann folgt in seiner Rede eine Zäsur, die durch den stets wiederkehrenden Satzanfang gekennzeichnet ist: »Ich aber sage euch ...« Es folgt etwas Neues, das eine Steigerung der Intention des Gebotes ist oder eine abweichende Ermahnung, die das ursprünglich Befohlene als vorläufig erscheinen läßt, als nur halbe Tugend.

Oder es bedeutet, daß die Lebensregel, die vor der Zäsur steht, abgelehnt und ihre Überwindung gefordert wird.

Hier einige Beispiele: Die Alten, die das Herkömmliche festlegten, sagten: »Du sollst nicht töten!« Nun folgt: »Ich aber sage euch: Wer mit seinem Bruder zürnt, der ist des Gerichts schuldig; wer sagt: Du Narr! der ist des höllischen Feuers schuldig.« (Mt 5,22).

Die bekannteste dieser Gegenüberstellungen ist keine Weiterführung, sondern eine echte Antithese. Hier ist auch die radikalste Forderung ausgesprochen: »Ihr habt gehört, daß da gesagt ist: Auge um Auge, Zahn um Zahn. Ich aber sage euch, daß ihr nicht widerstreben sollt dem Übel, sondern so dir jemand einen Streich gibt auf deine rechte Wange, dem biete auch die andre dar. Und so jemand mit dir rechten will, und deinen Rock nehmen, dem laß auch den Mantel.« (Mt 5,38–40).

Wie eindringlich nimmt sich das aus! Das alte Gesetz wirkt hart und ist deutlich: Gleiches soll mit Gleichem vergolten werden. Wer etwas einem andern antut, dem soll das Gleiche angetan werden. Aber durch die Bibelstelle wird nicht nur diese Bedeutung vermittelt, hier wird auch die sinnliche Wahrnehmung angesprochen. Wir sehen das ausgerissene Auge, den ausgeschlagenen Zahn vor uns, so daß uns das Mitleid mit dem so bestraften Übeltäter anrührt. Zumal die Vorstellung eines zerstörten Organs bereits an einer früheren Stelle der Bergpredigt auftaucht: »Ärgert dich aber dein rechtes Auge, so reiß es aus und wirf's von dir. Es ist dir besser, daß dir eins deiner Glieder verderbe, und nicht der ganze Leib in die Hölle geworfen werde.« (Mt 5,29).

Bei der eigenen Person kann die Zerstörung geboten sein, die bei dem Nebenmenschen nicht nur verpönt ist, sondern darüber hinaus durch ein Übermaß an Zuwendung ersetzt werden soll. Man kann diese Selbstaufopferung mit dem Ausreißen des Auges gleichsetzen. Mit dem des eigenen Auges, das zum Menschen gehört wie das Verlangen nach dem primitivsten notwendigem Eigentum, dem Mantel.

Noch eine andere Forderung wird zitiert, die zum Teil eine Weiterführung, zum Teil eine Widerlegung erfährt: »Ihr habt gehört, daß gesagt ist: Du sollst deinen Nächsten lieben und deinen Feind hassen. Ich aber sage euch: Liebet eure Feinde, segnet, die euch fluchen.« (Mt 5,43–44). Die Nächstenliebe soll also nicht nur dem Nächsten gelten, den ich liebe, der mir freundlich gesonnen ist. Dies tun auch die Heiden, also die Menschen, die außerhalb des Gesetzes stehen. Mehr wird verlangt: Die Liebe muß die Fernen umfassen, selbst die, die mich hassen.

Das Verhalten der Jünger und der Menschen, die Jesus folgen, muß besser, ja anders sein als das der ›Heuchler in den Synagogen‹. Man könnte einen Ausspruch Jesu geradezu als Motto der Bergpredigt ansehen: »Denn ich sage euch: Es sei denn eure Gerechtigkeit ist besser denn die der Schriftgelehrten und Pharisäer, so werdet ihr nicht in das Himmelreich eingehen.« (Mt 5,20).

Es gibt in der Bergpredigt Stellen, an denen alles eingehüllt ist in die Liebe des Vaters, in die absolute Sicherheit des Vertrauens auf Gott. Aber bei den meisten Ermahnungen gehört das Negativbild dazu. Richtiges Handeln ist umgeben von der vielfachen Möglichkeit des falschen Handelns. Da gibt es jene, die den Splitter im Auge des Nächsten sehen, aber den Balken im eigenen Auge nicht. Da gibt es die falschen Propheten, die man an ihren Früchten erkennt, denn ihre Handlungen sind trotz ihrer schönen Worte übel. Es gibt den Unvernünftigen, der sein Haus auf Sand baut, so daß es die Flut wegschwemmen kann, während jener, der Jesu Wort hört und es befolgt, auf Felsgestein baut.

Die Menschen, die diese Predigt hörten, waren sehr betroffen. Es war eine Rede, die im Kontrast stand zu dem, was sie bisher erfahren hatten, »denn er predigte gewaltig und nicht wie die Schriftgelehrten« (Mt 7,29). Auch hier wird das, was gut ist, abgehoben von dem Nicht-Guten. Zu dem Licht der Lehre scheint die dunkle Folie zu gehören.

Nach dieser Predigt zog Jesus wieder durch das Land. Seine

Wunder hatten sich herumgesprochen. Auch der Hauptmann von Kafarnaum, ein prominenter Mann der römischen Besatzungsmacht, hat davon gehört. Nun hat dieser Mann einen gelähmten oder todkranken Knecht. Er will sich an Jesus wenden.

Es gibt mehrere Berichte über diese Begebenheit mit verschiedenen Gewichtungen. Ich halte mich zunächst an den Evangelisten Lukas. Dieser erzählt, daß der Hauptmann, dessen Diener todkrank ist, sich an die Ältesten der Juden wendet und diese zu Jesus sendet, damit er helfe. Diese Ältesten nun sprechen für den Römer: »Er hat unser Volk lieb, und die Synagoge hat er uns erbauet.« (Lk 7,5).[2] Da geht Jesus mit ihnen zum Haus des Römers, aber, noch bevor sie es erreichen, kommen ihnen Freunde des Hauptmanns entgegen und übermitteln dessen Worte an Jesus: »Ich bin nicht wert, daß du unter mein Dach gehest! darum ich auch mich selbst nicht würdig geachtet habe, daß ich zu dir käme; sondern sprich ein Wort, so wird mein Knabe gesund.« (Lk 7,6–7) Er glaubt an Jesus, glaubt, daß dieser dem Geist befehlen kann, der den Knecht gesund macht, wie er, der Hauptmann, seinen Kriegsknechten befiehlt.

Wir sehen also einen Mann vor uns, der den Juden gewogen ist, mit den Ältesten, den Vorstehern der Synagoge, gut steht. Und diese Ältesten sehen in Jesus einen ihrer Gläubigen, dem man diesen Römer empfehlen kann, indem man auf dessen Einsatz für die Gemeinde aufmerksam macht. Jesus ist gerührt von dem Ausspruch des Hauptmanns und sagt: »Ich habe einen solchen Glauben in Israel nicht gefunden.« (Lk 7,9) Das griechische ουδέ, das Wort ›nicht‹ in diesem Satz, bedeutet auch ›nicht einmal‹ oder ›sogar nicht‹. Man könnte also das Gesagte paraphrasieren: Obwohl in Israel ein großer Glaube ist, wirkt der Glaube dieses Römers noch größer. Seine Bescheidenheit übersteigt einen hoch angelegten Maßstab. Dieser Hauptmann weiß sogar, daß die frommen Juden es vermeiden, in die Häuser der Nicht-Juden einzutreten. Und so erfolgt die Heilung des Knechts auch unter dem Vorzeichen, daß sein Herr die Gesetze der Juden kennt und ehrt.

Im Matthäus-Evangelium finden wir eine andere Fassung der

Geschichte. Hier fehlt die Vermittlung durch die jüdischen Ältesten. Der Hauptmann tritt selbst an Jesus heran und trägt die Bitte für den in diesem Bericht gelähmten Knecht vor. Auch hier lehnt der Römer es ab, daß Jesus sein Haus betrete. Auch hier sagt Jesus, daß er in Israel keinen solchen Glauben fand. Aber schon im nächsten Satz ändert sich die Tonart. Es ist noch verständlich, wenn Jesus betont, viele werden vom Osten und vom Westen kommen »und mit Abraham, Isaak und Jakob im Himmelreich sitzen« (Mt 8,11). Aber schwerer verständlich ist die folgende Passage: »Aber die Kinder des Reichs werden ausgestoßen in die Finsternis hinaus; da wird sein Heulen und Zähneklappern.« (Mt 8,12). Sie gehört offensichtlich in einen größeren Zusammenhang, der wichtiger ist als die Schilderung des augenblicklichen Ereignisses. Darauf soll später eingegangen werden.

Jesus vollbringt noch viele Heilwunder, macht die Tochter eines Synagogenvorstehers wieder lebendig. Aussätzige werden rein und Blinde sehend. Einmal wirft sich ihm eine Frau zu Füßen, deren Tochter von einem unreinen Geist besessen ist. Die Frau war aber eine Heidin, ein »griechisch Weib«. Jesus wehrt sie ab: »Laß zuvor die Kinder satt werden, es ist nicht fein, daß man der Kinder Brot nehme und werfe es vor die Hunde.« (Mk 7,27). Die Frau aber spricht von den Brosamen, die für die Hunde vom Tisch fallen. Und Jesus erbarmt sich ihrer, schickt sie heim, wo sie die geheilte Tochter findet.

Eine andere Stelle: In einer großen Rede wendet er sich an zwölf seiner Jünger, die er als seine Apostel anerkennt. Er sendet sie aus, damit sie heilen wie er. Er gebietet: »Gehet nicht auf der Heiden Straße und ziehet nicht in der Samariter Städte, sondern gehet hin zu den verlorenen Schafen aus dem Hause Israel. Gehet aber und prediget und sprecht: Das Himmelreich ist nahe herbeigekommen.« (Mt 10,5–7).

Samaria war das Land, das man meiden sollte. Jesus und seine Jünger machten schlechte Erfahrungen in den Städten, deren Einwohner so etwas wie israelitische Ketzer waren. Freilich, einmal wurde Jesus gut aufgenommen. Er kam zum samaritischen Ort Sichar und machte halt am Jakobsbrunnen, dessen Namen auf den Stammvater der Israeliten, auf Jakob, den jüngsten der Patriarchen, zurückgeht. Er hat kein Trinkgefäß bei sich und bittet eine Frau, die ihren Krug am Brunnen füllt, um Wasser. Die Samariterin wundert sich, daß ein Jude mit ihr redet. Jesus antwortet ihr, daß sie nicht wisse, mit wem sie spräche, sonst wäre sie es gewesen, die um Wasser gebeten hätte, um ein anderes, um ein lebendiges Wasser. Die Frau wird durch diese Rede verwirrt; sie begreift nicht gleich, daß dieser Mann in Bildern spricht, daß er das Wasser der Erlösung meint. Noch mehr verwundert es sie, daß Jesus ihr Leben kennt. Es ist kein sittsames Leben; sie hatte fünf Männer, und ihr jetziger Gefährte ist nicht ihr Mann.

Sie befragt den Propheten, den sie in Jesus vermutet, welcher Glaube der richtige sei, der jüdische oder der samaritische ihrer Väter. Soll man im Tempel oder wie die Samariter auf einem Berg Gott Opfer bringen und ihn verehren? Jesus antwortet, daß eine Stunde kommen werde, da man Gott an keinem festen Ort verehre, sondern im Geist und in der Wahrheit. Doch es gilt der Satz, der sich im Grund gegen die Samariter richtet: »Ihr wisset nicht, was ihr anbetet, wir wissen aber, was wir anbeten. Denn das Heil kommt von den Juden.« (Joh 4,22). Der griechische Text macht es noch deutlicher: »ὅτι ἡ σωτερία ἐκ τῶν Ἰουδαίων ἐστίν.« Das Heil ist aus den Juden heraus; es entstammt ihnen; sie sind der Wurzelboden des Heils.

Die Frau läßt sich durch diese schroffe Betonung des jüdischen Primats nicht irre machen. Sie verkündet in Sichar, daß dieser Jude am Jakobsbrunnen vielleicht der Messias sei. Und viele Samariter kommen zu ihm, laden ihn in die Stadt ein und glauben, daß er der »Retter der Welt« sei (Joh 4,24).

Das Heil kommt von den Juden – aber es scheint von den anderen zuerst erkannt zu werden. Die anderen sind zuerst keineswegs Nicht-Juden, sondern arme Leute, die nicht zu dem Establishment des jüdischen Glaubens gehören. Es sind die Menschen, die am Rande leben, außerhalb der Ordnung: die Kranken, Blinden, Aussätzigen, die verzweifelt den ›Sohn

Davids anrufen‹, die Sünder, vornehmlich die Zöllner, die auf ungerechte Weise ihr Geld zusammenscharren und deswegen verachtet werden, und die Dirnen. Sie sind in ihrer Reue und schlichten Hoffnung besser als die »Pharisäer und die Schriftgelehrten«, die eine Elite des Glaubens darzustellen meinen. Diese Pharisäer werden auch früh zu den Tadlern Jesu.

Sie üben Kritik an seiner Art der Verkündigung, vornehmlich versuchen sie, ihm nachzuweisen, daß er das Gesetz, die Vorschriften des Glaubens, verletze. Er heilt am Sabbat, an dem Tag, an dem jede Arbeit verboten ist. Er erlaubt seinen Jüngern, am Sabbat Ähren zu pflücken; die Jünger sollen auch die vorgeschriebene Waschung der Hände vor dem Essen versäumen. Jesus muß diese Scheinheiligen und Böswilligen abwehren: »Des Menschen Sohn ist ein Herr auch des Sabbats.« (Lk 6,5).

Aber der Neid und Haß der Schriftgelehrten wird durch die Überlegenheit Jesu nicht besiegt, im Gegenteil, er wird stärker. Jesus erzählt viele Gleichnisse, kurze Geschichten mit einer moralischen Pointe; man kennt die Parabel vom barmherzigen Samariter und die von dem verlorenen Sohn. Auch hier geht es häufig darum, daß nicht der Erstgeborene, der zuerst Berufene, der moralisch Gerechtfertigte ist, sondern ein Mensch, der uns zuerst fragwürdig und erbärmlich erscheint. Nicht der Pharisäer, der sich seiner Tugend gewiß ist und seine guten Taten vor Gott aufzählt, ist der richtige Beter, sondern der Zöllner, der hinten steht, sich einen armen Sünder nennt und nur um die Gnade bittet.

Für sie ist das Himmelreich oder das Gottesreich, griechisch ἡ βασιλεία, bestimmt, von dem Jesus erzählt, auf daß er die Menschen zu ihm führe. Es ist das Reich, das kommen wird, das aber schon unter den Menschen ist, ein Reich der Himmel, eine Königsherrschaft Gottes. Die Herrlichkeit wird nicht geschildert; aber man weiß, dies ist die Erfüllung. Geschildert wird in vielen Sätzen und Gleichnissen, wie das Himmelreich nach Menschen sucht und wie es sie auswählt, wie es die Auserwählten belohnt. Es ist eine sich wiederholende Frage: Wer ist ein Gerechter für das Himmelreich?

Sind es jene Menschen, die jubeln, als Jesus in Jerusalem einzieht, auf einer Eselin in Erfüllung eines Prophetenworts, durch das so die Ankunft des Königs vorausgeschaut wurde? Die Menschen breiten ihre Kleider vor ihm aus und streuen Zweige auf den Weg und rufen ihr »Hosanna« dem Sohne Davids zu.

Aber dieser schöne Schein trügt. Man hat den Eindruck, als verändere sich das Kräftefeld. Das, was am Rande stand, diese Armen, wird immer mehr zur Mitte, zu dem Reich Gottes, das schon da ist. Die Schriftgelehrten, die eigentlich die Träger der Lehre sind, die alle richtigen Gebote kennen, werden zu Außenstehenden, zu Fremden. Im inneren Feld stehen Jesus, seine Jünger und die Menschen, die arm sind an Gütern, an Ansehen und an Glaubensverheißung. Es sind die, die früher an den Rändern waren, die es hergeweht hat. Nun aber sind die Ränder zu einem Ort der bedrohlichen Gestalten geworden. Da stehen die Angreifer, die ihre Lanzen gegen die Mitte wenden.

Jesus erzählt das Gleichnis von den bösen Winzern, denen ein Mann seinen Weinberg verpachtete. Er schickte zu ihnen einen Knecht nach dem andern, um den Anteil, der ihm an der Ernte zustand, holen zu lassen. Aber die Winzer schlagen, verhöhnen und verwunden die Knechte. Schließlich sendet er seinen »lieben Sohn«. Als die Winzer den Erben sehen, beschließen sie um der Erbschaft willen, ihn zu töten. Was wird nun der Herr des Weinbergs tun? Er wird die Winzer umbringen, und sein Gut wird er an andere vergeben. Es ist ein hartes Gleichnis, in dem es keine Rettung, keine Möglichkeit zur Reue gibt.

Einer der Schriftgelehrten beobachtet Jesus in seinen Disputationen, und er will offensichtlich die jüdische Rechtgläubigkeit des Diskutierenden überprüfen. Er fragt ihn nach dem ersten, dem wichtigsten Gebot. Jesus antwortet: »Das vornehmste Gebot vor allen Geboten ist das: Höre Israel, der Herr, unser Gott, ist ein einiger Gott; und du sollst Gott, deinen Herrn, lieben von ganzem Herzen, von ganzer Seele, von ganzem Gemüte und von allen deinen Kräften. Das ist das vornehmste Gebot. Und das andre ist ihm gleich: Du sollst deinen Nächsten lieben als dich selbst. Es ist kein ander größer Gebot, denn diese.« (Mk 12,29–31).

Der Schriftgelehrte nimmt die Antwort, die den Büchern Moses' entstammt, auf und erweitert den Schluß: »und lieben seinen Nächsten als sich selbst, das ist mehr denn Brandopfer und alle Opfer.« (Mk 12,33). Und Jesus erwidert: »Du bist nicht ferne von dem Reich Gottes.« (Mk 12,34).

Aber dieser Mann scheint eine Ausnahme zu sein unter seinesgleichen. Die offiziellen Vertreter des Glaubens, die Sadduzäer, Pharisäer und Schriftgelehrten, sind die Menschen, von denen die Bedrohung, die Bosheit ausgeht – so wird es in den Evangelien dargestellt. Gegen sie richtet sich eine große Rede des Herrn: »Auf Moses Stuhl sitzen die Schriftgelehrten und Pharisäer. Alles nun, was sie euch sagen, das haltet und tut es; aber nach ihren Werken sollt ihr nicht tun; sie sagen's wohl und tun's nicht. Sie binden aber schwere und unträgliche Bürden und legen sie den Menschen auf den Hals; aber sie wollen dieselben nicht mit einem Finger regen.« (Mt 23,1–4).

Wir sehen hier genau die Inversion des Kräftefeldes. Die Lehre der Pharisäer wird zuerst zwar als streng charakterisiert, aber sie ist gültige Regel, wobei schon angedeutet wird, daß die Bürde dieser Regel außerordentlich hart ist, fast unerträglich. Aber noch bleibt die Verbindlichkeit gewahrt. ›Tut das, was sie sagen – auch wenn sie, die Heuchler es selbst nicht tun.‹ Nun scheint aber Jesus während seiner Rede selbst unsicher zu werden, ob das Verlangte nicht doch eine ganz und gar unerträgliche Bürde ist. Wäre dem so, dann wäre nicht nur das Handeln der Pharisäer falsch, sondern auch ihre Lehre wäre nur mehr eine böse Last.

Die Rede Jesu wird härter: »Weh euch, Schriftgelehrte und Pharisäer, ihr Heuchler, die ihr den Propheten Gräber bauet, und schmücket der Gerechten Gräber, und sprecht: Wären wir zu unserer Väter Zeit gewesen, so wollten wir nicht teilhaftig sein mit ihnen an der Propheten Blut. So gebt ihr über euch selbst Zeugnis, daß ihr Kinder seit derer, die die Propheten getötet haben. Wohlan erfüllt auch ihr das Maß eurer Väter! Ihr Schlangen, ihr Otterngezüchte! Wie wollt ihr der höllischen Verdammnis entrinnen?« (Mt 23,29–33).

Diese Pharisäer verehren die toten Gerechten und trachten dem Gerechten, der unter ihnen lebt, nach dem Leben. Um Jesus schließt sich ein finsterer Ring. Aus Neid und Mißgunst wird ein zwanghafter Verfolgungswillen der Pharisäer. Sicher, manchmal ist Jesus bei einem Pharisäer eingeladen; aber das ändert nichts an dem gefährlichen Klima, an der zunehmenden Dunkelheit. Nikodemus, ein Mitglied des Hohen Rates in Jerusalem, muß Jesus bei Nacht aufsuchen, um mit ihm reden zu können. Er hat Furcht vor den Juden.

Dieses Gespräch wird im Johannesevangelium geschildert. In diesem Evangelium findet auch eine semantische Verschiebung statt. Auch hier wird von Pharisäern geredet, aber sehr häufig werden die Widersacher schlechthin als »die Juden« bezeichnet. Dem entspricht auch das, was Jesus zu ihnen sagt: »Ich weiß, daß ihr der Samen Abrahams seid. Aber ihr suchet mich zu töten, denn mein Wort findet bei euch kein Gefallen.« (Joh 8,37). Sie mögen zwar dem Samen Abrahams entstammen, aber diese Vaterschaft ist nichtig, da sie nicht die Werke des gottesfürchtigen Abraham tun. Sie nehmen Gottes Wort nicht an und verfolgen den, der von Gott gesandt ist. Jesus spricht über sie die Worte der absoluten Verwerfung aus: »Ihr seid von dem Vater, dem Teufel, und nach eures Vaters Lust wollt ihr tun. Derselbige ist ein Mörder von Anfang, und ist nicht bestanden in der Wahrheit; denn die Wahrheit ist nicht in ihm. Wenn er die Lüge redet, so redet er von seinem Eignen; denn er ist ein Lügner und ein Vater derselben.« (Joh 8,44).

So sieht die Perspektive des Johannesevangeliums aus: Der Teufel, der Mörder und der Vater der Lüge, wird zum Vater der Juden. Das Schwarze ist erkennbar in dem Schwarzen, dem Bösen. Je mehr Jesus die Gestalt des Heils ist, das von den Juden kommt, hell dargestellt als der liebende Freund, als das Licht der Menschheit, desto dunkler, verzerrter, häßlicher erscheinen seine Widersacher, die Kinder des Unheils, das auch von den Juden zu kommen scheint. Das ist etwas Schlimmeres als die Heuchelei der Pharisäer, das ist etwas Böses, das existentiell zu sein scheint. Der Vater ist der Teufel.

In dem fahlen Licht der Vorahnung des Todes wird Jerusalem, die Hauptstadt der Juden, zu einem Ort der Angst. Jesus spürt die Angst, und er weint über die Stadt: »Jerusalem, Jerusalem, die du tötest die Propheten und steinigest die zu dir gesandt sind! Wie oft habe ich deine Kinder versammeln wollen, wie eine Henne versammelt die Küchlein unter ihren Flügeln; und ihr habt nicht gewollt. Siehe euer Haus soll euch wüst gelassen werden. Denn ich sage euch: Ihr werdet mich von jetzt an nicht sehen, bis ihr sprecht: Gelobt sei der da kommt im Namen des Herrn!« (Mt 23,37–39).

Jerusalem wird untergehen; die Stadt wird zerstört werden nach einer schrecklichen Belagerung. Die Feinde »werden dich schleifen, keinen Stein auf dem andern lassen, darum daß du nicht erkannt hast die Zeit, darinnen du heimgesucht bist.« (Lk 19,44).

Hinter dieser Zerstörung Jerusalems wird eine größere Katastrophe sichtbar: das Weltende, der Untergang und schließlich die endgültige Erlösung der Gerechten durch den Menschensohn, der dann kommen wird.

Während Jesus noch predigt, berät sich der Hohe Rat der Juden. Sie fürchten, wenn man Jesus gewähren lasse, können die Römer dies zum Anlaß nehmen, den Juden das Land ganz zu nehmen. (Hier kommt die römische Besatzung ins Spiel.) Der Hohepriester Kaiphas findet die Argumente einleuchtend und spricht für den Tod des Ruhestörers: »Es ist uns besser, Ein Mensch sterbe für das Volk, denn das ganze Volk verderbe.« (Joh 11,50). Der Evangelist erklärt diesen Satz. Kaiphas habe nicht aus eigenem Wissen diesen Satz so aussprechen können, sondern er konnte weissagen, weil er Hoherpriester war. »Denn Jesus sollte sterben für das Volk, und nicht für das Volk allein, sondern daß er auch die Kinder Gottes, die zerstreuet waren, zusammenbrächte.« (Joh 11,51–52). Das Volk, das Kaiphas wie der Evangelist meinen, ist Israel.

Jesus feiert mit seinen Aposteln den Vorabend des Passah-Festes. Er bricht das Brot und teilt es aus. Er segnet den Wein und reicht den Kelch den Aposteln. Er sagt ihnen, dies Brot ist mein Leib, der für euch hingegeben wird. Der Kelch aber ist das Blut des Bundes, das für sie vergossen wird. Bei dem Evangelisten Lukas heißt es: »Das ist der Kelch, der Neue Bund in meinem Blut, das für euch vergossen wird.« (Lk 22,20). Das Blut des Bundes – die Apostel konnten ihren Herrn verstehen. Er bezog sich auf eine der großen Stellen im zweiten Buch Mose, auf ein entscheidendes Ereignis in der Geschichte Israels. Gott hat dem Volk, das er aus Ägypten geführt hatte, durch den heiligen Mann Moses ein Gesetz gegeben. Und er hat mit dem Volk einen Bund geschlossen, der durch ein Brandopfer besiegelt wird. Stiere wurden geschlachtet. Moses nahm deren Blut in eine Schüssel auf und besprengte damit den Altar, die Urkunde des Bundes und schließlich das Volk: es war das Blut des Heils.

Nun aber nennt Jesus den Wein Blut; er nennt ihn sein Blut und spricht von einem Bund im Blute.

Nicht alle, die diese geheiligte Speise empfangen, sind ihrer würdig. Um Jesus und die seinen hat sich die Finsternis zusammengezogen. Und nun soll sie einen ergreifen, durch ihn in den innersten Kreis einbrechen. Judas Iskariot, einer der Apostel, geht hin und liefert seinen Herrn aus. Die Hohenpriester haben ihn bestochen mit dem Versprechen von dreißig Silberlingen. Die Summe kommt nicht von ungefähr. Schon vor Jahrhunderten hat der Prophet Zacharias verkündet, daß der gute Hirte seinem Land nicht mehr wert sein würde als dreißig Silberlinge.

Judas Iskariot wurde in der christlichen Deutung der größte Verräter. Er mag die Kasse der kleinen Gemeinschaft verwaltet und dabei Geld veruntreut haben. Die eigentliche Erklärung für seine Tat ist heilsgeschichtlicher Art: Der Verrat muß geschehen, damit die Heilstat möglich ist. Trotz dieser Notwendigkeit liegt ein Fluch auf dem »Verräter«. Judas ist der Apostel, in den Satan gefahren ist. (Joh. 13,27). Er verläßt die Gemeinschaft der Heiligen, um das Urböse zu tun.

Und Jesus ist mit den elf anderen Aposteln beisammen. Im Evangelium des Johannes wird von ihm eine große Abschiedsrede übermittelt. Sie klingt nicht hart wie manche frühere Predigt, manches frühere Gleichnis. Sie ist unendlich sanft und freundlich. Man möchte im Stil der Literatur des achtzehnten Jahrhunderts sagen, hier verströmt sich eine edle Seele.[3] Jesus spricht von Gott, von dem Vater, der in ihm verherrlicht wird. Er spricht von der Liebe, die die Seinen zueinander haben sollen. Er tröstet sie, daß er sie verlassen muß und dorthin gehen, wohin sie nicht gelangen können. Er sieht sich als den Weinstock und seine Schüler als die Reben. Der Vater aber ist der Winzer, der die schlechten Reben abschneidet und die fruchtbringenden Reben reinigt.

Denn auch die Früchte der Jünger dienen der Verherrlichung des Vaters. Und hier gilt dies Gebot: »Liebet euch untereinander gleichwie ich euch liebe. Niemand hat größere Liebe denn die, daß er sein Leben lasset für seine Freunde.« (Joh 15,12–13). Jesus wird sie zurücklassen, aber nicht als Waisen. Er gibt ein doppeltes Versprechen des Trostes. Einmal wird er ihnen den Tröster senden, den Geist der Wahrheit, der vom Vater ausgeht und von Jesus Zeugnis ablegt. Dann aber wird auch seine Abwesenheit nicht allzu lange währen. »Über eine kleine Weile, so werdet ihr mich nicht sehen; und aber über eine kleine Weile, so werdet ihr mich sehen.« (Joh 16,16).

Die Welt, die Jesus verfolgte, wird auch seine Jünger verfolgen. Sie werden aus der Synagoge ausgeschlossen werden. »Es kommt aber die Zeit, daß wer euch tötet, wird meinen, er tue Gott einen Dienst dran.« (Joh 16,2).

Und Jesus wendet sich mit einem großen Gebet an den Vater, er bittet um Heiligkeit für sie und dafür, daß sie vollkommen seien, damit die Welt erkenne, daß der Vater sie geliebt hat wie ihn, den Sohn.

Nach dem Mahl geht Jesus mit ihnen über den Bach Kidron in einen Garten auf den Ölberg. Es folgen die Szenen der Verlassenheit des Herrn und seiner Festnahme. Judas Iskariot, der

Verräter, mißbraucht das Zeichen der Liebe, den Kuß, um ihn auszuliefern.

Die eigentliche Leidensgeschichte, der Prozeß und die Hinrichtung Jesu nehmen ihren Anfang. An dem Tag, der in der Wiederholung des christlichen Gedächtnisses zum Karfreitag wurde, führt man Jesus den Hohenpriestern und den Ältesten des Rates vor. Ein Gerechter steht vor einem ungerechten Gericht, ein Reiner ist seinen Verfolgern ausgeliefert.

Sie scheinen zuerst gegen ihn nicht ankommen zu können, weder Hannas, der frühere Hohepriester und Schwiegervater des jetzigen Hohenpriesters, noch Kaiphas selbst, der amtierende Hohepriester. Falsche Zeugen treten auf und sagen, er habe gesagt, daß er den Tempel einreißen könne und in drei Tagen wiederaufbauen. Aber sie alle prallen an der heiligen Person ab.

Schließlich fragt im feierlichen Ton der Hohepriester: »Ich beschwöre dich bei dem lebendigen Gott, daß du uns sagest, ob du seiest Christus, der Sohn Gottes. Jesus sprach zu ihm: Du sagst es. Doch sage ich euch. Von nun an wird's geschehen, daß ihr sehen werdet des Menschen Sohn sitzen zur Rechten der Kraft und kommen in den Wolken des Himmels.« (Mt 26, 62–63).

Für den Hohenpriester ist das Gotteslästerung. Darauf steht die Todesstrafe. Da aber der Hohe Rat diese nicht aussprechen darf, wird Jesus zum Landpfleger Judäas, zu dem Römer Pontius Pilatus, gebracht. Als Judas dies erfährt, packt ihn die Reue. Er bringt die dreißig Silberlinge zurück, zu den Hohenpriestern, beklagt sich, daß er unschuldig Blut verraten habe, und wirft das Geld in den Tempel. Er läuft davon und erhängt sich selbst, so steht es im Matthäus-Evangelium. Die Hohenpriester nehmen das Geld nicht wieder in den Gotteskasten; denn es ist Blutgeld. Sie kaufen dafür einen Acker zum Begräbnis der Pilger. Das Verhalten des Pilatus wirkt wie die Vorlage zu einer psychologischen Charakterstudie. Entsprechend oft wurde der Mann literarisch behandelt. Man kann das, was hinter der Figur steht, kaum ausschöpfen.[4]

Eines steht nach dem biblischen Bericht fest. Er will die Todesstrafe nicht aussprechen. Er scheint nicht zu glauben, daß Jesus dieser Anführer von Aufständischen ist, als der er ihm vorgeführt wurde. Er fragt ihn, ob er der König der Juden sei. Und Jesus bejaht die Frage, er ist ein König, allerdings nicht ein König von dieser Welt. »Wäre mein Reich von dieser Welt, meine Diener würden drob kämpfen, daß ich den Juden nicht überantwortet würde; ... ich bin ein König. Ich bin dazu geboren und in die Welt gekommen, daß ich für die Wahrheit zeugen soll. Wer aus der Wahrheit ist, der höret meine Stimme.« (Joh 18,36). Und Pilatus antwortet mit einer berühmt gewordenen rhetorischen Frage: »Was ist Wahrheit?« (Joh 18,38).

Nach dem Bericht des Lukas schickt Pilatus den Gefangenen zu König Herodes, weil dieser für den Galiläer zuständig sei. Der König verspottet Jesus und sendet ihn zurück. Pilatus betont, daß er keine Schuld an Jesus finde. Der Gefangene ist ihm nicht geheuer. Des Pilatus Frau schickt ihre Magd und läßt sagen, daß sie im Traum um dieses Gerechten willen gelitten habe. Nun erinnert sich Pilatus, daß an diesem jüdischen Festtag das Volk sich einen Gefangenen freibitten kann. Er hofft, daß damit Jesus gerettet werden könne und bietet ihn an oder einen Barrabas, der Räuber und Mörder war. Das Volk aber ist von den Hohenpriestern aufgehetzt worden und fordert die Freilassung des Barrabas und den Kreuzestod für Jesus. Da nimmt der Landpfleger eine symbolische Handlung vor. Er wäscht sich vor dem Volk die Hände in einem Gefäß, er hat keine Schuld an diesem Mensch. Das ganze Volk (πᾶς ὅ λαὸς) aber schreit: »Sein Blut komme über uns und unsere Kinder.« (Mt 27,25).

Pilatus läßt Jesus geißeln; seine Kriegsknechte flechten eine Dornenkrone und verspotten den vorgeblichen König der Juden. Nun zeigt Pilatus den geschundenen Menschen seinen Anklägern. Er spricht die Worte, die in der lateinischen Fassung berühmt sind: »Ecce Homo!« – Seht, welch ein Mensch! Aber die Hohenpriester bestehen auf der Kreuzigung, sie haben ein

Gesetz, nach dem er sterben muß, denn er hat sich zu Gottes Sohn gemacht.

Und auch Pilatus sollte betroffen sein. Wenn er diesen Jesus freiläßt, ist er kein Freund des Kaisers. Denn dieser Mensch habe sich zum König gemacht und das richte sich gegen den römischen Kaiser. Als Pilatus antwortet, ob er ihren König kreuzigen soll, sagen sie: »Wir haben keinen König denn den Kaiser.« (Joh 19,15).

Und so wird Jesus verurteilt. Er trägt selbst sein Kreuz zu der Richtstätte Golgotha. Als ihm klagende Frauen folgen, wendet er sich ihnen zu: »Ihr Töchter von Jerusalem, weinet nicht über mich, sondern weinet über euch selbst und über eure Kinder. Denn siehe, es wird die Zeit kommen, in welcher man sagen wird: Selig sind die Unfruchtbaren und die Leiber, die nicht geboren haben, und die Brüste, die nicht gesäugt haben.« (Lk 23,28–29).

Jesus wird ans Kreuz geschlagen. Er wird hingerichtet zusammen mit zwei Übeltätern. Noch betet er für seine Peiniger: »Vater, vergib ihnen, denn sie wissen nicht, was sie tun.« (Lk 23,34).

Die Menschen, vor allem die Hohenpriester und Schriftgelehrten, verhöhnen ihn, er habe anderen geholfen, sich selbst könne er nicht helfen: »Ist er Christus und König in Israel, so steige er nun vom Kreuze, daß wir sehen und glauben.« (Mk 15,32).

Es folgen die großen letzten Worte des Herrn am Kreuz. Es folgt der Tod – der verkündet und liturgisch wiederholt wurde durch die Jahrhunderte hindurch, vor dem sich die Knie der Menschen beugten. Es ist dies das Geheimnis der dritten Stunde des nachmittäglichen Freitags, geehrt durch Gebet und Musik, durch das Geläut der Glocken und durch das Schweigen der Glocken. Für den gläubigen Christen wird diese Verehrung geschehen, bis er »kommt in Herrlichkeit«, wie die katholische Meßformel auf deutsch lautet.

In den Evangelien wird von äußeren Zeichen berichtet, von dem Vorhang des Tempels, der zerriß, und von dem römischen

Hauptmann, der das Herz des Toten durchbohrte und erkannte, dies war Gottes Sohn.

Der Tote wird vom Kreuz genommen und beerdigt. Es folgt noch ein Nachspiel des Kampfes. Die Hohenpriester und Pharisäer gehen zu Pilatus und bitten ihn um Wachen für das Grab. Denn Jesus habe gesagt, daß er am dritten Tage auferstehe. Nun könnten die Jünger den Leichnam stehlen und das Volk betrügen. Pilatus gibt der Bitte nach.

Am dritten Tage ist das Grab leer. Jesus erscheint einer der Frauen, die nach ihm suchen, er erscheint dem Petrus und den Aposteln. Man kennt die schöne Geschichte: Zwei seiner Jünger gingen an diesem Sonntag nach Emmaus. Sie sprachen über das entsetzliche Ereignis und auch über die Gerüchte um das leere Grab und die Engelserscheinungen. Zu ihnen gesellte sich ein Weggefährte, der ihren Bericht zu erklären begann. »Er sprach zu ihnen: O ihr Toren und trägen Herzens, zu glauben alledem, das die Propheten geredet haben; mußte nicht Christus solches leiden, und zu seiner Herrlichkeit eingehen? Und fing an von Mose und allen Propheten, und legte ihnen alle Schriften aus, die von ihm gesagt waren.« (Lk 24,25–27).

Die Jünger nötigen den Fremden, bei ihnen zu bleiben. Als er mit ihnen ißt und das Brot bricht, erkennen sie den Herrn. Er aber verschwindet vor ihnen.

Er ißt Brot, er bereitet sich Fische zu; er hat also einen Leib, ist kein Gespenst. Er bescheidet seine Apostel schließlich auf einen Berg und spricht zu ihnen: »Mir ist gegeben alle Gewalt im Himmel und auf Erden. Darum gehet hin, und lehret alle Völker, und taufet sie im Namen des Vaters und des Sohnes und des heiligen Geistes; und lehret sie zu halten alles, was ich euch befohlen habe. Und siehe, ich bin bei euch alle Tage bis an der Welt Ende.« (Mt 28,17–20).

Und er wurde emporgehoben zum Himmel.

Was ist Wahrheit?

»Was ist Wahrheit?« Diese Frage hat Pontius Pilatus, der in den Jahren 26–36 Prokurator in Judäa war, dem galiläischen Gefangenen Jesus von Nazareth mit an Sicherheit grenzender Wahrscheinlichkeit nicht gestellt. Warum sollte sich auch ein Römer, den man sich nach den historischen Quellen als brutal vorzustellen hat, mit einem religiösen Eiferer eines ihm nicht sympathischen Volkes über grundlegende philosophische Fragen unterhalten?

Die Antwort ist für das gläubige Herz einfach zu finden: Weil dieser Mann aus Nazareth Gottes eingeborener Sohn war und weil auch der Heide dies empfinden mußte. Die Evangelisten stellen es so dar, und bis hin zu dem Russen Michail Bulgakow folgten ihnen viele Dichter: Pilatus muß es einfach gespürt haben. Aber keiner der römischen Geschichtsschreiber hat uns etwas von dieser Empfindung überliefert, geschweige denn, daß uns etwas von dem Hauptmann erzählt wird, der im gekreuzigten Nazarener Gottes Sohn erkannte. Die Quellen wissen auch nichts davon, daß der Vorhang im Tempel von Jerusalem zerriß.

Und damit befinden wir uns im Herzen der Bibelkritik. Mit dem Wort ›Herz‹ verwende ich bewußt keine beliebige Metapher. Im Gegensatz zu anderen Wissenschaften hat die Bibelkritik, besonders jene des Neuen Testaments, ein Herz, das heißt, einen Satz von Emotionen, Empfindungen, die auf vorgefaßte Meinungen zurückgehen, gegen die man mit Rationalität nicht ankommt. Auch die eigene Rationalität des Bibelwissenschaftlers vermag wenig gegen ein Herz, das hier mit den Worten der »Matthäuspassion« von Bach in Tränen schwimmen kann.

Es ist schwierig, an einen Text kritisch heranzugehen, dessen Botschaft man glaubt – oder nicht glaubt. Wobei das Nicht-Glauben im christlichen Raum eine ebenso vorrationale Entscheidung darstellt wie das Glauben. Das Zerzausen-Wollen ist so wenig wissenschaftlich wie das Bewahren-Wollen.

Dennoch gibt es zuerst einmal ganz objektive Gründe, sich mit den Texten der biblischen Überlieferung rational-kritisch auseinanderzusetzen. Es waren am Anfang die Gläubigen, die aus dem Wust der Überlieferung das herausschälten, was dem Erachten ihres Verstandes und ihres Herzens nach als gültiger Text anzuerkennen war. So kam es im Laufe des zweiten und dritten Jahrhunderts zur Herausbildung eines Kanons von Schriften, die als biblisch bindend für das von den Christen so genannte Neue Testament anzusehen waren und der alten jüdischen Überlieferung und ihrem Kanon, der hier nun zum Alten Testament wurde, hinzugegeben wurden. Das wichtigste Stück des Neuen Testaments bildeten die vier Evangelien, die vom irdischen Leben des Jesus Christus berichteten. Die Ablehnung der anderen Evangelien, der sogenannten Apokryphen, hing zum Teil mit deren mangelhafter Glaubwürdigkeit zusammen, zum Teil aber auch damit, daß sie von Häretikern benutzt wurden.

Der Rang der anerkannten Texte wurde durch die Betonung einer irdischen Qualität hervorgehoben: Man sah in ihren Autoren unmittelbare Zeitzeugen; zwei von ihnen seien Apostel gewesen. Dazu kommt die überirdische Qualität. Die Schriften galten und gelten als inspiriert. Man kennt den Ausdruck ›Inspiration‹ in seiner säkularisierten Verwendung; danach ist der geniale Dichter von einer höheren Macht inspiriert. Ursprünglich aber war die Inspiration ein theologischer Begriff. Im jüdischen Glauben gibt es das Bild des schreibenden Gottes. Jahwe selbst hat das Gesetz auf Steintafeln geschrieben und dem Mose gegeben. Später hat Gott nicht mehr unmittelbar, sondern mittelbar geschrieben, er hat sich der Menschen als Werkzeug bedient. Die Evangelien sind für den Christen jahrhundertelang das Werk des Heiligen Geistes gewesen, wie auch die anderen Bücher der Schrift. Selbst die Nachweise von naturwissenschaftlichen Irrtümern der biblischen Verfasser wurden zu Glaubensfragen. Konnte sich der Heilige Geist irren?

Durch das Zurückgehen auf die Schrift als einziger Offenbarungsquelle gewannen die alten Vorstellungen der Bibel im evangelisch-lutherischen Glauben einen hohen Rang. Im Katholizismus wurde zwar neben der Heiligen Schrift die Überlieferung anerkannt, auf die die Kirche ihre Macht baut, aber auch hier wurden 1546 auf dem Konzil von Trient ganz klar die Verbindlichkeit des biblischen Kanons der beiden Testamente wiederholt und die Bedeutung der Inspiration gestärkt.

Die verhärtende Betonung einer alten Lehre, und das im sechzehnten Jahrhundert, wirkt wie eine Vorwärtsverteidigung der Orthodoxie. Mit dem Erstarken der exakten historischen Wissenschaft mußten auch Zweifel an der verbalen Richtigkeit der biblischen Bücher aufkommen. Wer jetzt nach der Wahrscheinlichkeit der Berichte fragte, operierte freilich von einem ganz anderen Standpunkt aus als die frühen Christen. Diese wollten durch Abwehr von Unstimmigkeiten die rechte Lehre, also die Orthodoxie, aufbauen. Die Forscher der Neuzeit hingegen waren Feinde der Orthodoxie. Sie wollten einen wahrheitsgetreuen Gottesglauben oder auch ein Stück weniger Gottesglauben und dabei viel Natur und wenig Offenbarung.

Es ist hier nicht möglich, alle Kämpfe nachzuzeichnen, die sich in den letzten Jahrhunderten zugetragen haben, um das Wort, das man »lassen stahn« sollte. Es sei nur darauf verwiesen, daß dort, wo die Orthodoxie über einen geistlichen Herrschaftsapparat verfügte, also in der katholischen Kirche, sich die Lehre von der wörtlichen Richtigkeit besonders lange hielt. Erst 1949 wurde die Bibelkritik von Papst Pius XII. legalisiert.[1]

Die Lehre von der Inspiration, die ja nicht unbedingt mit der Richtigkeit jedes einzelnen Satzes verbunden sein muß, ist geblieben. Der Heilige Geist hat sich dem Verständnis seiner

Schreiber angepaßt wie die Kirche den Notwendigkeiten der Moderne. Er war wohl doch etwas unwillig. Und so ist es schon ein Trost, daß man heute die Christen, die ihre Bibel ganz und gar wörtlich glauben wollen, als Fundamentalisten bezeichnet, sie als eine Sondergruppe sogar unter den Rechtgläubigen empfindet.

Nun macht es aber einen Unterschied, welchen Abschnitt der Bibel man als Menschenwerk nimmt. Wir können uns damit abfinden, daß Josua im Tale Gibeon die Sonne nicht anhielt, wie es doch geschrieben steht, und wir können damit unseren Verstand vorurteilsfrei der Theorie des Galilei öffnen, daß die Erde sich um die Sonne dreht und nicht die Sonne um die Erde. Letzteres wäre nämlich die Vorbedingung von Josuas Wunder.

Selbst, daß nicht alle Briefe, die man dem Apostel Paulus zuschreibt, von diesem verfaßt worden sind, ist nicht allzu schwer zu ertragen. Dann schrieben andere frühe Christen den Hebräerbrief. Schwieriger wird es, wenn man sich den Evangelien nähert, wenn man die Worte Jesu und die Ereignisse, die für die Christen ein Heilsgeschehen sind, mit wissenschaftlicher Kritik überprüft.

Und doch legen die Evangelien wie kein anderer Teil des Neuen Testaments diese Betrachtungsweise nahe. Es sind vier unterschiedliche Schriften. Zwar sind sich drei der Bücher ähnlich. Die Evangelisten Matthäus, Markus und Lukas werden die Synoptiker genannt, weil man in ihre Bücher zusammen hineinsehen kann, sie nebeneinanderlegen, das Gemeinsame erkunden und das jeweilige Sondergut benennen kann. Sie sind auf den gleichen Ursprung der Tradition zurückzuführen. Man kann das Markus-Evangelium als das erste uns überlieferte Evangelium ansehen. Es muß aber außer ihm noch eine schriftliche Quelle für die Synoptiker existiert haben. Die Theologen nennen sie die Logienquelle oder auch Spruchquelle. Hier wurden Aussagen von Jesus zusammengefaßt; die Verfasser der Evangelien übernahmen sie.

Wir sprechen hier von den Verfassern der Evangelien. Diese

sind nicht identisch mit den Personen, deren Namen die Evangelien tragen. In den frühen Auseinandersetzungen war es naheliegend, sich darauf zu versteifen, daß Augenzeugen oder direkte Schüler von Augenzeugen die verbindlichen Berichte verfaßt haben. Aber wir können heute die Entstehungszeit der Evangelien rekonstruieren, und damit werden die Zuschreibungen falsch. Das Markus-Evangelium wurde um das Jahr 70 herum verfaßt, die beiden anderen synoptischen Texte nicht allzu lange vor dem Jahre 100.

Das Johannes-Evangelium, das sich in den meisten Geschichten, aber auch in seiner ethischen Akzentuierung von den Synoptikern unterscheidet, ist als letztes Evangelium entstanden. Es ist der Text einer Gemeinde, die sich um einen heiligen Mann gebildet hatte, der entweder der Jünger war, »den Jesus liebte«, oder Künder der Lehre dieses Jüngers. In dieser Gemeinschaft der brüderlichen Liebe entwickelte sich eine theologische Weltsicht eigener Art.

Verglichen mit diesem Evangelium der geistlichen Offenbarung wirken die Synoptiker realitätsbezogen. Aber das darf nicht täuschen. Der Theologe Ernst Käsemann faßt den gegenwärtigen Stand der Forschung zusammen: »Wir können nicht mehr die Zuverlässigkeit der synoptischen Überlieferung über Jesus im allgemeinen voraussetzen. Mehr noch, mit kritischen Korrekturen der Tradition ist hier auch nicht mehr zu helfen. Auf Grund der formgeschichtlichen Arbeit hat sich unsere Frage derart zugespitzt und erweitert, daß wir nicht mehr die etwaige Unechtheit, sondern gerade umgekehrt die Echtheit des Einzelgutes zu prüfen und glaubhaft zu machen haben.«[2]

Das hat seinen Grund. Es war nicht so, daß die Verfasser der Evangelien sich einfach irrten oder falschen Erinnerungen aufsaßen. Es war ihre Gemeinde, die »nicht zunächst an den bruta facta der Vergangenheit interessiert war, sondern sich an der Vergangenheit das Wesen ihres Glaubens und ihrer eigenen Geschichte verdeutlichte.«[3] Mit anderen Worten: Die Aussprüche Jesu, die Geschehnisse und die Geschichten der Evangelien verdeutlichen das, was der Gemeinde für ihren Glauben wichtig war, für den Glauben an den gekreuzigten und auferstandenen Jesus.

An dieser Stelle ist das Wort *Kerygma* fällig. Und der Name Rudolf Bultmann. Wer heutzutage Bibelkritik sagt, denkt zuerst an diesen evangelischen Theologen, der von 1884 bis 1976 lebte, als Professor für Neues Testament an der Universität Marburg wirkte. Er wird als Begründer einer Theologie betrachtet, die durch die sogenannte Entmythologisierung die Botschaft der Evangelien von den umstrittenen, im Grunde unwesentlichen Überlagerungen der Erzählung reinigte und jenes Kerygma, jene Verkündigung, herausarbeitete, die das Christliche verbindlich ausmacht.

Ganz gleich, ob eine solche Charakterisierung der Vielschichtigkeit des Bultmannschen Denkens gerecht wird, so wurde doch in dieser Art seine Reduktion empfunden. Der tiefe Schnitt hinein in das Fleisch der Tradition mußte Verstörung und Protest hervorrufen. Und dabei konnte der Eindruck entstehen, Bultmann habe die Bibelkritik erfunden und sie in einem altmodischen protestantischen Ressentiment gegen die katholische Kirche und alles, was dieser ähnlich sah, angewandt. Das ist nicht wahr. Bultmann war zuerst einmal Gegner einer kompromißlerischen und sentimentalen Bibelkritik, die sich in der Leben-Jesu-Forschung und in den Leben-Jesu-Darstellungen kundtat. Es gab im neunzehnten Jahrhundert viele Versuche, das heiligste Leben nachzuzeichnen und dabei Widersprüchlichkeiten und Härten zu meiden. Die berühmtesten Beispiele sind die »Leben Jesu« des evangelischen Theologen David Friedrich Strauß und des ursprünglich katholischen Theologen Ernest Renan.[4]

Die Jesusverehrung sollte hier einem liberalen Zeitalter nahegebracht werden. Man könnte nicht mehr das Wort »stahn lassen«, man nahm viele historische Einsichten auf, versah das Szenarium mit der Exotik des Palästinerlandes und siedelte schöne Seelen an. Und da der heilige Stoff ja ewig, also auch gegenwärtig, ist, mischten die Autoren noch fleißig ihre Weltanschauung und die ihrer ihnen sympathischen Zeitgenossen hinein. Das Wort Gottes paßte sich dem Erwartungshorizont der Leser an.

Die Gegner Jesu waren finstere Gestalten, auch dort, wo zum Beispiel Ernest Renan psychologisch die Zusammenhänge erklärt, ja sogar dem Erlöser selbst eine gewisse Schroffheit im Umgang mit ihnen, den Schriftgelehrten, mißbilligend nachsagt.

Als die liberale Theologie in eine Krise geriet, entstanden jene neuen theologischen Vorstellungen, die etwa von Karl Barth und Rudolf Bultmann getragen wurden. Mit den Kompromissen wurde Schluß gemacht. Und so ging es Bultmann auch nicht darum, die Fragwürdigkeit einer Überlieferung im narrativen Bereich nur aufzuzeigen. Seine Auseinandersetzung war eine Überwindung der Frage, was man gerade noch glauben *könne* oder was man glauben *muß*.

Es geht ihm um das Kerygma, das historisch hervorgegangen ist aus der Urgemeinde. Das umfaßt die Vorstellung der βασιλεία, der Gottesherrschaft »als das wunderbare Ereignis, das für den Menschen das große Entweder-Oder bedeutet, das den Menschen in die Entscheidung hineinstellt.«[5]

Daß der Kern von Bultmanns Theologie, seine Lehre vom Wort Gottes, auch aus der Zeit herausgewachsen ist, steht hier nicht zur Debatte. Natürlich ist Bultmann von Kierkegaard beeinflußt, und seine Entschlossenheit hat mit dem Denken seines Zeitgenossen Martin Heidegger zu tun.[6] Wenngleich Bultmanns Entscheidung für das Wort etwas sehr anderes darstellt als die Konsequenz, die Heidegger aus seinem neuen Denken zog.

Für uns bleibt wichtig, daß im Schatten der Theologie Bultmanns der Konflikt zwischen dem Religionswissenschaftler, der die Evangelien einordnet, und dem Theologen, der von der Heilserwartung ausgeht, sehr viel von der ursprünglichen Schärfe verloren hat. Mit anderen Worten: Wer die allgemein hellenistischen und die gnostischen Einflüsse und Schichten in den Evangelien nachweist, gerät nicht in das Dilemma, entweder Glaubens- und Kirchenkritiker sein zu müssen und sich mit den weltanschaulichen Konsequenzen herumzuschlagen oder als ein ›Restgläubiger‹ die Versatzstücke dessen, was dann doch noch wahrscheinlich ist, als Abwehr zusammenzubasteln.

Was also ist Wahrheit? Das Vorhandensein einer christlichen Urgemeinde, die viele Geschichten und die eine Botschaft von Jesus tradierte. Diese Botschaft war der Osterglaube. Das wird besonders bei jenem Mann deutlich, der als Völkerapostel, als großer Theologe, ja als Religionsstifter des Christentums bezeichnet wurde, also bei Saul von Tarsus, der unter seinem römischen Zusatznamen Paulus in die Geschichte einging. Von ihm stammen die ältesten uns erhaltenen Schriften des Neuen Testaments, seine Briefe.[7]

Der jüdische Religionswissenschaftler Schalom Ben-Chorin hat in seinem Buch über Paulus geschrieben: »Die Auferstehung des Jesus von Nazareth ereignete sich nicht in Jerusalem, sondern vor Damaskus. So frappierend dieser Satz wirkt, so ist er doch im Lichte der Religionsgeschichte und der Geschichte haltbar, denn nur die Vision des Auferstandenen, die dem Paulus auf seinem Wege nach Damaskus unmittelbar vor Betreten der Stadt widerfahren ist, wurde wirklich geschichtsträchtig.«[8] Paulus, der ursprünglich die christliche Gemeinde verfolgt hatte, hatte eine Vision. Von da an verkündete – ja, was verkündete Paulus? Keine Wundertaten und keine Gleichnisse, weder die Bergpredigt noch die Gespräche mit den Pharisäern, sondern die eine Heilstat: Jesus, der Sohn Gottes, Messias-Christus und Herr, ist für uns gestorben, und er ist für uns von den Toten erweckt worden. Wir sind gerettet, wenn wir uns dieser Auferstehung glaubend anvertrauen. Gerettet für die Herrschaft Gottes, die schon nahe ist, die bald anbrechen wird, um das Heilsgeschehen zu vollenden. Für Paulus ist Jesus der *Messias*; *Christus* ist die griechische Übersetzung des hebräischen Wortes: Messias, der Gesalbte. Jesus ist der κύριος, der Herr.

Und diesen Herrn den Menschen zu verkünden, ist die Aufgabe des Paulus, und zwar nicht nur dem Volke Israel, sondern auch den Heiden.

Hier vollzieht Paulus eine Konsequenz, die sich aus der israelitischen Gottesvorstellung ergibt. Anfangs mag der Gott, den die Israeliten verehrten, ein besonders großartiger Stammesgott gewesen sein, ein einzigartiger unter den anderen Göttern, die es wohl auch gab, mit denen aber Israel nichts zu tun haben sollte und die auch schwächer waren als Jahwe. Im Lauf der Jahrhunderte aber wuchs die Erkenntnis, daß dieser Gott nicht nur ein eifernder Gott ist, der keine Verehrung für andere Götter neben sich duldet, sondern daß dieser Gott einzig ist, daß es seine Göttlichkeit ausmacht, daß es ihn und nur ihn gibt.

Wenn dieser Schritt zum Monotheismus voll und ganz vollzogen ist, dann ist der Gott Abrahams, Isaaks und Jakobs auch der Gott Adams und Noahs und deren Nachkommen, also der Gott der Menschen. Israel, dem er sich offenbarte, ist das erstgeborene Volk, das Volk, mit dem Gott seinen besonderen Bund schloß und das er damit vor allen Völkern auszeichnete. Aber im Lauf der Zeit müßten auch die anderen Völker zu diesem Gott finden – selbst wenn das Verhältnis der Israeliten zum Missionsgedanken ambivalent war. Ihr Gottesverständnis war eine Kraft, die auf eine religiöse Integration der Völker, der Heiden, hindrängte.

Insofern war der Schritt des Paulus, sich mit seiner Predigt an die Heiden zu wenden, nur die logische Konsequenz des jüdischen Glaubens. Freilich war das, was Paulus verkündete, mehr als der Glaube an den Gott Israels, der ein Einziger ist. Es war der Glaube an den Kyrios, den Herrn Christus Jesus, durch den Gott erfahren wird und der selbst Gott ist.

Wenn man rein religionswissenschaftlich den Durchbruch der christlichen Lehre in der hellenistischen Zeit bei den Völkern der hellenistischen Kultur erklären möchte, dann wird man die Vorstellung des Kyrios Jesus als positiven Faktor ansehen: Gerade die Heldengestalt, die sich auch im Leidenden zeigt, die herakleische Funktion eines übermenschlichen Menschen, der ein Mittler zur göttlichen Welt ist, konnte die Völker auf den Monotheismus einstimmen; die Vorstellung des Einen Gottes verlor etwas von ihrer Härte, von der Absolutheit der emotionalen und intellektuellen Forderung.

Aber Paulus und die Menschen der Urgemeinde waren keine Religionswissenschaftler – so wenig wie ihre israelitischen Gegner. Für sie mußte jeder, der sich zu Jahwe bekennt, auch berufen sein, den Kyrios Jesus als den Christus zu erkennen, als den Messias, den Erfüller der Geschichte und des Gesetzes Israels. Für die gläubigen Israeliten wäre dies vielleicht eine Erweiterung ihres Bekenntnisses gewesen; aber für die meisten unter ihnen war es eine unannehmbare Erweiterung, da sie Wesentliches zu verfälschen schien. Auch hier kann der Religionswissenschaftler eine Erklärung anbieten. All das, was den Griechen die Gestalt des Kyrios Jesus verständlich macht und lieb, so daß durch ihn auch Jahwes einzige Göttlichkeit annehmbar wird, mußte auf Israel abstoßend wirken. War hier nicht die Einzigkeit Gottes aufgeweicht worden? Wird hier nicht ein Sohn Gottes eingeführt, ein Herr, der mehr ist als der Messias in der israelitischen Vorstellung? Obwohl der Jesus, an den man sich erinnerte, weniger war.

Sicher konnte man den Gesalbten der jüdischen Erwartung, den Messias, auf den sie hofften, auch mit dem Ausdruck ›Sohn Gottes‹ verehren. Aber nur in einem übertragenen Sinn, so wie David ein Sohn, ein Erwählter Gottes war, so wie Jesus selbst in der Bergpredigt die Friedensstifter Söhne Gottes nennt. Die Absolutheit und Direktheit der frühchristlichen Sohn-Gottes-Vorstellung mußte sich wie ein Rückfall in das Heidentum ausnehmen, zumal, wenn sie auf einen Menschen angewandt wurden, der die Taten eines Davidsohnes, also die bitter notwendige Befreiung der Juden aus der Knechtschaft Roms, nicht vollbracht hat. In diesem Sinne waren die Gedanken des Paulus den Juden ein Ärgernis.

Für Paulus und andere Mitglieder der Urgemeinde war die Ablehnung der Christus-Sohn-Gottes-Lehre durch die Juden eine schreckliche Qual. Paulus hat sie beschrieben: »Ich sage die Wahrheit in Christo und lüge nicht, des mir Zeugnis gibt mein Gewissen in dem heiligen Geist, daß ich große Traurigkeit und Schmerzen ohne Unterlaß in meinem Herzen habe. Ich habe gewünschet, verbannet zu sein von Christo für meine

Brüder, die meine Gefreundeten sind nach dem Fleisch; die da sind von Israel, welchen gehört die Kindschaft und die Herrlichkeit und der Bund und das Gesetz und der Gottesdienst und die Verheißungen, welcher auch sind die Väter, und aus welchen Christus herkommt nach dem Fleische, der da ist Gott über alles, gelobet in Ewigkeit. Amen.« (Röm 9,1–5).

Es waren ja nicht irgendwelche Heiden, die noch nicht erleuchtet waren, sondern es war Gottes eigenes Volk, das sich der Verheißung verschloß. Wurde damit nicht etwas im Grund Ungeheuerliches getan? Wurde damit nicht entweder die glaubensnotwendige Erwählung des israelitischen Volkes oder die Richtigkeit der Verkündigung in Frage gestellt? Mußte man nicht um eine Erklärung ringen, durch die beides sich vereinen ließe: der Rang Israels, von dem die Bedeutung des auferstandenen Jesus als Messias abhing, und die brutale Tatsache, daß dieses Israel Jesus nicht als Messias-Christus anerkannte, geschweige denn als Kyrios, als Gottessohn, oder gar als Gott?

Auf diese Frage gibt es zwei Möglichkeiten einer Antwort. Die erste gibt in voller Deutlichkeit jener Blutzeuge Stephanus, bei dessen Ermordung der noch nicht bekehrte Paulus zugegen war. Stephanus wirft den Juden vor: »Ihr Halsstarrigen... Ihr widerstrebt allezeit dem heiligen Geist, wie eure Väter, also auch ihr. Welchen Propheten haben eure Väter nicht verfolget? Und sie haben getötet, die da zuvor verkündigten die Zukunft dieses Gerechten, welches ihr nun Verräter und Mörder worden seid.« (Apg, 7,51–52).

Stephanus kennt die Stellen der Schrift, in denen Israel sich seinem Gott entziehen wollte, dessen Propheten verfolgte. Er sieht in der Tatsache, daß Jesus nicht erkannt und deshalb gekreuzigt wurde, nur die Fortsetzung einer vehementen Abwehr der Erlösung durch Israel. Auch Stephanus war kein Religionswissenschaftler, sonst hätte er die einschlägigen Stellen als die typische Reaktion der Menschen erkannt auf eine Offenbarung, die ihre Erkenntniskraft übersteigt. Das Gottesbild Israels war in seiner Höhe immer dem menschlichen Streben voraus. Durch Gottes Diener und Propheten mußte das Volk dem eigenen Ideal nachgezerrt werden. Aber diese Bekehrung gelang jedesmal.

Man könnte daher dem Autor der ursprünglichen Stephanusgeschichte durchaus den Gedanken unterstellen, daß auch diesmal Gott und sein auserwähltes Volk wieder zusammenfinden werden. Jedesmal noch hat Israel seinen Gott erkannt. Das Nicht-Genügen hatte stets vorläufigen Charakter.

Die zweite Antwort findet sich bei Paulus im Römerbrief. Auch er glaubt an eine Vorläufigkeit. Er zieht Belege aus der Bibel heran, um Israels Verstocktheit zu erklären. Er bezieht sich auf einen Psalm, wenn er sagt: »Und David spricht: Laßt ihren Tisch zu einem Strick werden und zu einer Berückung und zum Ärgernis und ihnen zur Vergeltung. Verblende ihre Augen, daß sie nicht sehen und beuge ihren Rücken allezeit.« (Röm 11, 9–10). So erscheint Israels Verblendung zum Teil von Gott verhängt, dessen Willen wir – wie Paulus betont – nicht verstehen. Zum Teil rührt sie daher, daß Israel sich an die Gerechtigkeit aus den Werken klammert und dadurch die Gerechtigkeit aus dem Glauben versäumt (der Tisch der Verehrung wird zum Strick). Der Gegensatz von Werkfrömmigkeit und Ergriffenheit durch den Glauben ist ja das Hauptthema des Römerbriefes, die große theologische Idee des Paulus, die weit über die Spannung zwischen Israel und der Urgemeinde hinausführt. Später freilich werden oberflächlich die dem Psalm entlehnten Schmähworte absolut genommen und Israels Gesetzestreue mit einem harten und leeren, bösen Gesetz verwechselt, das man den Juden als ihren Glauben der Verblendung nachsagte.

Aber gerade in dieser Auseinandersetzung um Gesetz und Glaube bleibt Paulus völlig im Rahmen des jüdischen Denkens. Er spielt Abraham, der vor dem Gesetz war und von Gott ergriffen wurde, gegen Moses aus, der das Gesetz schuf. Aus diesem Gegensatz der alten Bibel läßt sich sicher eine Philosophie des Glaubens ableiten. Aber Paulus sieht auch einen höheren Plan in Israels Verstocktheit: »So sage ich nun: Sind sie darum angelaufen, daß sie fallen sollten? Das sei ferne! Sondern aus ihrem Fall ist den Heiden das Heil widerfahren, auf daß sie denen nacheifern sollten. Denn so ihr Fall der Welt Reichtum ist, wie viel mehr, wenn ihre Zahl voll würde.« (Röm 1,11–12). Wieviel mehr Reichtum brächte es der Welt, wenn auch Israel sich zum Herrn bekehrt! Erst durch diese Anerkennung würde die Fülle des Heils, das auch ein Heil der Heiden ist, offenbar werden.

Man muß die Folgerung aus diesem Satz, der im Versagen der Juden eine Chance für die Heiden sieht, bedenken, um die Fallhöhe zu beurteilen, die zwischen Paulus und dem christlichen Empfinden unserer Zeit besteht. Im Jahre 1979 veröffentlichte der katholische Theologe Franz Mußner einen »Traktat über die Juden«, der bewußt einer christlichen Theologie nach Auschwitz dienen soll. Hier findet sich der Satz: »Christus ist nicht bloß für die Sünden der Heiden gestorben, sondern auch für die Sünden der Juden.«[9] Paulus hätte dieses ›auch‹ nicht verstanden. Denn er wußte, wen Gott zuerst erkannt hat, welches Reis ursprünglich zum Baum des Heiles gehörte und dem Baum stets ähnlich bleibt.

Sicher hatten nicht alle Christen der Urgemeinde das hohe intellektuelle Niveau des Paulus. Doch man begegnet stets der Vorstellung, daß Israels Erwählung sich schließlich beweisen wird (das Johannes-Evangelium muß hier aus noch zu erörternden Gründen ausgeklammert werden), aber auch der Vorstellung seiner temporären Verworfenheit. Und aus Paulus ging das hervor: Die Abwehr und die Verfolgung des Glaubens an Christus durch das offizielle Israel war nicht nur ein historisches Geschehen, sondern es war ein fundamentales Stück Theologie.

Und diese Theologie des jungen Christentums war nicht das Ergebnis ruhiger Überlegungen, sondern ist hervorgegangen aus einer Zeit der Übereilung, der heiligen Hektik. Das Himmelreich war nahe. Paulus' eigene Missionsreisen, seine Gemeindegründungen, seine Kontaktaufnahme mit den Gemeinden, die andere Judenchristen zusammen mit Heidenchristen haben entstehen lassen, wurden von dem Willen angetrieben, der baldigen Wiederkehr des Herrn zuzuarbeiten, der messianischen Verheißung, die sich erfüllen muß.

Dieser Unruhe entsprach die Unruhe der Welt. Die Situation in Palästina war günstig für messianische und apokalyptische Erwartungen. Politisch gesehen war sie verzweifelt. Die Aufstände gegen die Römer nahmen zu. Die Unmöglichkeit einer imperialen Befriedigung wurde immer offenkundiger. Die Religion des Einen Gottes ließ sich nicht mit dem sturen Herrschaftswillen eines Imperiums vereinen, das die Vielgötterei als bequemes synkretistisches Mittel zur Integration der hellenistischen Welt einsetzte.

Rom konnte seine Kunst des Arrangements hier nicht anwenden. Die Juden fühlten sich religiös unterdrückt, während die Römer nur machtpolitische Intentionen hatten; und die Römer konnten zwischen religiösen Bewegungen und politischen Aufständen nicht unterscheiden.

Paulus' Briefe sind nach dem Jahre 50 geschrieben. Der Römerbrief läßt sich auf das Jahr 56 datieren. Bald darauf dürfte Paulus durch die Intrige seiner jüdischen Gegner in Jerusalem verhaftet und angeklagt worden sein. Er wurde nach Rom gebracht, wo er, vermutlich nach längerer Gefangenschaft, unter der Herrschaft des Kaisers Nero hingerichtet wurde.

In den Jahren 67 und 68 rang Neros Feldherr Vespasian in Galiläa und Judäa Aufstände, die sich zu einem Krieg auswuchsen, blutig nieder. Es müssen grausame und verzweifelte Kämpfe stattgefunden haben. Vespasian bot alle unbarmherzige Kraft auf, um den Erfolg zu erringen, den er nötig hatte. Und hierin war er erfolgreich. Im Jahre 69 wurde er selbst römischer Kaiser. Er ließ seinen Sohn, den späteren Kaiser Titus, das Werk der Zerstörung Judäas vollenden. Es gab noch den schrecklichsten Kampf, den um die heilige Stadt Jerusalem. Im Jahre 70 siegte Titus, eroberte die Stadt und zerstörte sie. Zum zweitenmal in der israelitischen Geschichte wurde der Tempel vernichtet. Das Volk, soweit nicht hingerichtet oder hingeschlachtet, wurde verschleppt und verjagt.

Es war die große Katastrophe Israels, das schlimmste Ereignis der jüdischen Geschichte vor Auschwitz. Das Judentum lebte seit dieser Zeit im Exil, unter fremden Völkern in einer fremden Welt – auch und besonders dort, wo die Welt sich christlich nannte, also von einer Religion geprägt war, die ursprünglich einen jüdischen Sonderglauben darstellte.

Die Evangelien wurden nach dem Untergang Jerusalems geschrieben, nur das Markus-Evangelium entstand ungefähr gleichzeitig; sie wurden nach den Auseinandersetzungen mit der nicht bekehrbaren Mehrheit Israels und nach der theologischen Konsequenz verfaßt. Von diesen historischen Voraussetzungen her muß man an die Texte herangehen. Die schriftlichen und mündlichen Quellen wurden mit dem angereichert, was man selbst erlebt oder erfahren hatte. Auch Wunschträume und Ängste wurden in die Texte projiziert.

Wir haben heute neben den Erkenntnissen der klassischen Bibelkunde durch die Entdeckung der Qumranschriften ein zusätzliches Instrument an der Hand, um den Geist der Zeit zu rekonstruieren. Uns fällt es auch dadurch leichter, nicht nur das Falsche zu eliminieren, sondern das Ursprüngliche zu rekonstruieren.[10]

Ich möchte hier einige Ergebnisse der Bibelwissenschaft zusammenfassen, die mit unserem Thema zu tun haben. Vordergründig am deutlichsten ist die Spur, die der Untergang von Jerusalem in den Berichten hinterlassen hat. Wenn Jesus von der Belagerung und dem Ende der Stadt spricht, von den Klagen der Frauen, dann wurden zweifellos echte apokalyptische Reden mit dem Geschehnis in Verbindung gebracht, das die Gemüter zur Zeit der Niederschrift erschütterte. Die Klage Jesu über die Stadt ist eine Prophezeiung *ex eventu* und entspricht gleichzeitig dem Verlangen, dem Untergang Jerusalems einen möglichst christenfreundlichen Sinn zu geben.

So wird auch der Satz aus der Passionsgeschichte verständlich, »das Blute komme über uns und seine Kinder«. Warum mußte das ganze Volk dies rufen? Weil das ganze Volk, nicht nur der Hohe Rat, von dem Untergang Jerusalems getroffen war. Hier ist auch das Gleichnis von den bösen Winzern einzuordnen: Die Winzer sind die Israeliten, die schon die Boten des Herrn, d. h. die Propheten, verfolgten, die dann Gottes Sohn ermordeten und jetzt ihre gerechte Strafe empfangen.

Auf die Auseinandersetzungen der Gemeinde mit den Juden gehen auch die vielen Stellen zurück, in denen Jesus von den Pharisäern und Schriftgelehrten scharf befragt wird. Rudolf Bultmann führt dazu aus: »Mit der Neigung, unbestimmte Personen bestimmter zu charakterisieren, verbindet sich in der christlichen Überlieferung eine schematische Vorstellung vom Verlauf der Wirksamkeit Jesu, daß nämlich die Leute, die mit Jesus disputierten, stets Pharisäer und Schriftgelehrte gewesen seien, und daß sie stets Jesus in feindlicher Absicht genaht seien.«[11]

Die Feindlichkeit der Pharisäer wurde vorausgesetzt und darum immer wieder geschildert. Das hat natürlich auch eine erzähltechnische Komponente. Die Erzählung wirkt farbiger, und die Hauptperson gewinnt dadurch, daß sie nicht nur Lehren formuliert, sondern dabei konstant böswillige Gegner intellektuell besiegt.

Daß die Pharisäer keineswegs das waren, was man heute mit dem Worte bezeichnet, daß sie auch keine vorweggenommene schlimme Amtskirche waren – sozusagen ein Amts-Israel –, ist historisch belegt. Sie waren selbst Reformatoren, kämpften um eine Erneuerung und Vertiefung des Glaubens. Allenfalls ist ihrem Denken eine elitäre Tendenz nachzusagen: Über die Schrift soll nur der Schriftgelehrte sprechen. Dagegen wandte sich Jesus, der den Armen und Ungebildeten das Wort Gottes verkündete.

Dies führte sicher zu Zusammenstößen. In der gesamten Religionsgeschichte der Menschheit sind die Dispute um Glaubensfragen mit lebhaftem, oft verbissenem Streit verbunden.

Die Verwerfungen der Pharisäer sind häufig schon dadurch als spätere Einfügungen erkennbar, weil sie nicht im erzählerischen Zusammenhang stehen. Das sieht man besonders deutlich bei den beiden Fassungen der Geschichte des Hauptmanns von Kafarnaum. Lukas umgibt das Geschehen mit Lokalkolorit, schildert seinem heidenchristlichen Publikum die religiöse Umwelt der Zeit. Bei Matthäus ist die Geschichte mit einer Ablehnung des gläubigen Israel verbunden, die völlig unmotiviert erscheint. Der Schreiber wußte etwas von der angeblichen Verblendung Israels und brachte diese Ansicht in den Text ein.

Die lange Auseinandersetzung in der frühen Gemeinde über die Aufnahme von Heiden klingt noch in der Geschichte vom griechischen Weib und den Brosamen, die vom Tisch fallen, nach. Würde man hier die Aussprüche Jesu als echt annehmen, so müßte sich der gläubige Leser in den Widersprüchlichkeiten verlieren. Jesus als Wahrer der jüdischen Tradition steht neben einem Jesus, der die Sabbatgesetze, also ein Herzstück des Judentums, souverän verwirft. Die verschiedenen Fassungen der Evangelien sagen wenig über die Ansichten Jesu, aber viel über den Stand der Diskussion in den frühen Gemeinden aus.

Ein geradezu klassisches Beispiel eines Evangelienberichts aus dem Geist der Gemeinde heraus stellt das Gespräch mit der Samariterin am Brunnen dar. Die Johannesgemeinde, aus der die Geschichte hervorging, war im allgemeinen frauenfreundlich. Sie muß außerdem mit den Samaritern bessere Erfahrungen gemacht haben als die Stofflieferanten der Synoptiker. Der Satz »Das Heil kommt von den Juden« betont nun freilich, daß der jüdische Teil der Gemeinde sein Glaubensprimat verteidigte – wenn auch im Stil der diesem Evangelium entsprechenden brüderlichen Liebe. Aber als das Evangelium niedergeschrieben wurde, war die Frage nach dem Ort der Verehrung hinfällig. Die Truppen Vespasians hatten Samaria und seinen heiligen Berg erobert, die des Titus den Tempel zerstört. Es bleibt die Anbetung im Geist und in der Wahrheit.

Man mag sich darüber wundern, daß ausgerechnet im Johannesevangelium, in dem die Juden als Kinder des Teufels bezeichnet werden, sich der Satz von ihnen als Ursprung des Heils findet. Aber hier mischen sich verschiedene Schichten. Die Juden waren die Menschen Gottes, die das Wort nicht aufnahmen. Sie werden im Lauf der Geschichte zum Ausdruck jenes Bösen, das in der Welt vorhanden ist und das in einer theologischen Schau immer die kleine Gemeinde der schwesterlich und brüderlich sich Liebenden bedroht. Man muß gerade hier sehr differenzierend vorgehen: Es gibt bei Johannes auch die Juden, die ergriffen und gerührt von der Liebe Jesu zu Lazarus sprechen. Aber diese differenzierende Interpretation paßte nicht in eine Entwicklung, die nach Schlagworten sucht. Und die finden sich nun einmal in diesem Evangelium zu Hauf.

Ein Beispiel dafür, wie theologische Ansichten und der Ritus der Gemeinde die Überlieferung einfärbten, bietet die Schilderung des letzten Abendmahls bei den Synoptikern. Und zwar jene Szene, deren Geschehen als »Einsetzung des Allerheiligsten Altarsakramentes« zu einer Lehre gefror. Die Rede von einem Bund im Blute, ja von einem Neuen Bund, ist von einer Auffassung bestimmt, die sich in der Gemeinde durchsetzte, daß nämlich durch Jesu Opfertod der Alte Bund aufgehoben sei in einem Neuen Bund, der seine Vollendung wie seine Auslöschung bedeutet.

Die folgenden Worte Jesu, daß er nicht mehr von der Frucht des Weinstocks trinken werde bis zu dem Tag, an dem er davon im Reiche seines Vaters trinke (Mk 14,25), dürften wirkliche Jesus-Worte sein. Er erwartete das Reich Gottes, das bald kommen wird – noch vor dem nächsten Festtag.

Aber der wichtigste Teil der Evangelien, der am meisten zur Diffamierung der Juden beitrug, ist der Prozeß Jesu. Bultmann machte gerade angesichts der großen Bedeutung dieser Szenen darauf aufmerksam, wieviel in das frühe Markus-Evangelium schon an kultischer Überlieferung eingegangen sei. In seinem Buch »Jesus« hat er die Frage wie einen gordischen Knoten zerhauen: »Jesus wurde durch den römischen Prokurator Pontius Pilatus gekreuzigt. Welche Rolle dabei die jüdische Behörde gespielt hat, der die christliche Überlieferung die Hauptschuld zuschiebt, ist nicht mehr klar zu erkennen. Es ist wahrscheinlich, daß sie, wie sonst, im Interesse der politischen Ruhe mit den Römern Hand in Hand arbeitete. Es kann aber kaum zweifelhaft sein, daß Jesus wie andere Aufrührer als messianischer Prophet am Kreuze starb.«[12]

Bultmann bringt das Ereignis hier auch in einen Zusammenhang mit einem Bericht über die Hinrichtung von Johannes dem Täufer, die nicht nur in den Evangelien bezeugt ist. Josephus Flavius, der jüdische Historiker, schilderte, daß Herodes »angesichts der Scharen, die zum Täufer strömten, fürchtete, Johannes werde das Volk zum Aufruhr treiben, und dem durch die Hinrichtung zuvorkam.«[13]

Angesichts der ungeheuren Bedeutung, die der Prozeß Jesu für die Geschichte hat, muß man freilich den gordischen Knoten der Überlieferung langsam auflösen.

Sicher ordnete Pilatus oder die römische Besatzungsmacht die Hinrichtung an. Da war ein Mann, der Leute um sich scharte und das Volk in Unruhe versetzte, von einem Reich Gottes sprach, das nahe war. Welcher Art diese Unruhe und diese Erwartung waren, dürfte die Römer, die den Anfängen wehrten, kaum interessiert haben. Dieses Reich war nicht ihr Imperium.

Wieweit ein Synedrion, das mit den Römern kollaborierte, sich darüber Gedanken machte, wissen wir nicht. Neid auf den religiösen Erfolg des Galiläers kann eine Rolle gespielt haben. Wir wissen aber, daß der Hohepriester wohl kaum die Frage gestellt hat, ob er, Jesus, der Sohn Gottes sei und daß er die positive Beantwortung kaum entsetzt als Gotteslästerung aufgenommen hätte. Denn das hätte vorausgesetzt, daß Kaiphas mit dem Ausdruck Sohn Gottes genau das verbunden hätte, was erst die Christen in die Worte hineingelegt haben. Anders gesagt: Kaiphas müßte die Briefe des Paulus gekannt und dann beschlossen haben, die Rolle des verblendeten Israel zu übernehmen.

Weder sich als Messias zu bezeichnen noch sich den schmükkenden Titel »Sohn Gottes« zuzulegen war eine Gotteslästerung. Nur die Handlungsweise eines Messias, also ein politischer Akt, oder etwas, das so ähnlich verstanden werden konnte, führte zu einer Verurteilung, besonders zu einer Hinrichtung am Kreuz. Dies aber ging den Prokurator an.

Schon sehr früh wurde beobachtet, daß Pilatus von den

Evangelisten wohlwollend behandelt wird; die Schuld wurde von ihm fast ganz genommen und den Juden aufgebürdet. Die Erklärung dafür liegt auf der Hand. Die Christen hatten bereits Römer bekehrt, und sie wollten bei ihnen noch mehr Anklang finden. Es war schließlich leichter, Menschen zum Christentum zu überreden, die in einem religiösen Vakuum lebten, als solche, die wie die Juden fest in einem Glauben standen. Darum sollte Pilatus als schwach, aber nicht als böse geschildert werden.

Man könnte ergänzend sich vorstellen, daß auch die Evangelisten einen alten Topos aufnahmen. Der Hauptgegner soll bekehrt werden, der schlimmste Widersacher sich in einen Freund verwandeln. Das Motiv taucht immer wieder in Geschichtslegenden auf. Die Ursehnsucht, vom Feind geliebt zu werden, ist die utopische Umkehr des Gebotes der Feindesliebe in der Bergpredigt.

Erst liebt mich der Feind – und dann kann und darf ich ihn lieben.

Eine solche Interpretation wäre ein Indiz für die Hauptschuld der Römer an der Kreuzigung. Denn nur bei dem Hauptschuldigen lohnt sich die emotionale Inversion.

Von jenen Passagen der Evangelien, die antijudaistisch interpretiert werden können, ist nur eine als sicheres Wort Jesu anzusehen. Es ist der Ausdruck, der nur allzuhäufig mit antisemitischem Akzent zitiert wird: Da sind die einen, die »Auge um Auge, Zahn um Zahn« sagen, und da sind die bösen Juden, rachsüchtig entsprechend ihrem alten Gesetz. Im Laufe der Auseinandersetzungen um gerade dieses Zitat hat man den altbiblischen Kontext des Ausdrucks herangezogen, Rechtsgeschichte betrieben. Es ging um die Rechtsvorstellung des *Talion*. Im Strafrecht bedeutet dies, daß dem Menschen das als Strafe zugefügt wird, was er dem anderen antat. Also wird der Mörder hingerichtet. Diese Rechtstheorie war in der Antike allgemein, nicht nur in Israel, verbreitet. Sie war damals auch nicht reaktionär, da sie den Overkill der Blutrache ablöste (Motto: Für meinen Vater müssen die acht Brüder des Mörders sterben). Heute trifft man sie noch beim Volksempfinden an.

Schon im alten Israel wurde diese Art einer direkten Vergeltung variiert. Als Ersatz wurden Geldbußen entrichtet. Im christlichen Raum entstand aber der Eindruck, daß erst durch Jesus das Talionrecht in Frage gestellt und durch Maßnahmen der gerechten Menschenliebe ersetzt wurde.

Aber wenn wir hier ganz fundamentalistisch vorgehen, uns an den Text halten, so erscheint eine solche Interpretation nicht recht möglich zu sein. Jesus hat alles andere im Sinn, als eine Strafrechtstheorie aufzustellen. Er scheint im Gegenteil die Vergeltung mit Gleichem als die übliche Handlungsweise des normalen Menschen anzusehen: So hat man es gesagt. Und was er dagegen sagt, geht weit über eine Überwindung des Talionrechts hinaus, ja hat mit ihm überhaupt nichts zu tun. Halte die andere Wange hin! Das heißt: Gib dich völlig auf, mach dich zum Gespött, denke nicht mehr an dich in irgendeinem Sinn! Negativ ausgedrückt: Habe keine Würde mehr! Denn selbst in der Flucht vor dem zweiten Schlag, in einer vielleicht sogar klugen Feigheit ist noch ein Stück Menschenwürde gewahrt. Im Hinhalten der anderen Wange ist sie verschwunden.

Der Forderung Jesu könnte nur ein Masochist nachkommen oder einer, der sich selbst krankhaft haßt. Die Erfüllung des Gebotes wäre ein Problem der Psychopathologie, das es auch im religiösen Umfeld gibt. Wenn man Jesus richtig verstehen will, dann muß man hier von einem göttlichen Postulat sprechen, das über alles menschliche Vermögen hinausgeht. Es ist deswegen auch wenig sinnvoll, darauf zu verweisen, daß die Christen dies Gebot der Bergpredigt im Laufe der Geschichte nicht erfüllt haben. Sie konnten dies nicht tun. Und im allgemeinen sollte man froh sein, wenn die Glaubensgemeinschaften vom religiösen Overkill Abstand nehmen.

Vielleicht hängt auch mit dieser Unmöglichkeit des Gehorsams die judenfeindliche Zitation von »Auge um Auge...« zusammen. Wenn ich schon nicht dem göttlichen Gebot folgen kann, dann will ich mich wenigstens mit Haß und Verachtung von den Leuten absetzen, die dieses Gebot nicht auf sich beziehen.

Wenn man so den Text und die Ergebnisse der Bibelkritik heranzieht, dann verliert sich vieles vom Antijudaismus der Evangelien, vornehmlich kann man ihn nicht mehr auf Aussprüche Jesu zurückführen oder auf die Realität des Prozesses gegen ihn. Aber die Bibelkritik ist eine Sache, das Charisma der Überlieferung eine andere. Einmal blieb die Bibelkritik eine Sache der Theologen und der besonders interessierten Laien. Darüber hinaus ist trotz einiger auflockernder Texte des II. Vaticanums die katholische Kirche ein Bollwerk der Orthodoxie geblieben. Die paar Mauereinbrüche, die es selbst bei ihr gab, werden inzwischen wieder ausgebessert.

Und es gibt ein noch viel stärkeres Bollwerk: das Herz, die kulturell vererbte Empfindung des Menschen, die emotionale Bezugnahme auf die heiligen Texte und die lieben, liebgewordenen Bilder. Das Postulat, sich von den Vorstellungen zu trennen, die sich aus der historischen Verwicklung von Textautoren ergaben, ist schwer zu erfüllen, wenn der Text jahrhundertelang für den Christen das Hauptstück der Bibel ausmachte. Davon kommt selbst der Atheist nicht los, wenn er unserem Kulturkreis angehört. Der Kopf mag bultmannianisch sein, das Herz liebt seine Fundamente.

Hans Blumenberg hat in seinem Buch »Matthäuspassion« geschrieben: »So wenig hat sich auch unter dem subtilen Handwerk der historisch-philologischen Bibelkritik daran geändert, daß wir – obwohl selbst Erben und Schuldner dieser Zerlegungen weniger Verfasser in viele – den Konsumenten eines einzigen Autors wahrnehmen, der alles verbürgt und erschließt, was da an unübersehbar Heterogenem vor ihm liegt. Noch den modernen Theologen überrascht man immer wieder bei einem Bibelumgang, der wie der frühe Kirchenvater Zitat an Zitat, Bild an Bild fügt, als sei ›das Gotteswort‹ eben doch das eines einzigen Urhebers, der sich nur aus zweckmäßigen Gründen so vieler Sprecher, so sich vermehrender Quellen, Urquellen und Bearbeiter bedient hätte – ein Autor, der nur um das Spiel der Geschichte nicht zu verderben sich zurückhielt, indem er sich verstellte, als sei er viele.«[14]

Und dieser eine Autor der Einen und wahren Geschichte steht doch sehr im Verdacht, der Heilige Geist zu sein, wenn schon nicht die dritte Person der christlichen Trinität, so doch der Geist der Wahrheit und der Kultur, der weht, wo er immer schon geweht hat. Jahrhundertelang tat er dies bei den Recht- und Gutgläubigen, die man heute Fundamentalisten nennt.

Die bösen Worte der Väter

Jahrhundertelang glaubte man jedes Wort der Bibel. In einem ganz anderen Sinn als in dem einer archäologischen Stimmigkeit hatte die Bibel recht. Sie verkündete eine Wahrheit, und sie prägte die Herzen und Hirne, die Emotionen und die Erwartungshorizonte der Menschen unseres Kulturkreises. Das Abendland war christlich, lange bevor es das Schlagwort vom christlichen Abendland gab, und es blieb christlich aller Entchristianisierung zum Trotz. Schon der Name Entchristianisierung enthält ja eine Bezugnahme auf das Christentum. Der Mensch hat immer auch Anteil an dem, wovon er sich absetzt.

Redewendungen sind ein oberflächliches Indiz, aber sie sind immerhin ein Indiz: Man nutzt die Talente, und man nimmt das Kreuz auf sich; die Letzten werden die Ersten sein, und darum ist es auch besser, nicht den ersten Stein zu werfen. Die Schubkraft der Tradition ist immer erkennbar. Und natürlich gehört zu dieser Tradition die ganze Bibel, also auch jener Teil, den die Christen und die Juden gemein haben. Daß der kleine David über den großmächtigen Goliath siegen kann und siegen muß, ist eine so hübsche Vorstellung der alltäglichen Utopie. Und die Spruchweisheit des Buches Jesus Sirach lebt im Volksmund und in der Gescheitheit des gemeinen Mannes fort.

Aber den Hauptanteil, die größte Prägungskraft besitzen die Evangelien. Der Tod des Jesus wurde zum Urdrama, die Interpretation dieses Todes als Erlösungstat des Gottessohnes zur Urhoffnung einer Kultur. Die Vorstellungsstrukturen sind so in unser Denken eingegangen, daß wir uns des Ursprungs nicht mehr bewußt sind.

Es gibt einen vornehmen Liberalismus, der mit dem neunzehnten Jahrhundert in Europa zu tun hat, aber auch mit dem Mythos der amerikanischen Ostküste im zwanzigsten Jahrhundert, dessen Anhänger sich konsequent dem Gesetz der Gruppenzugehörigkeit entziehen wollen; für sie hat im Zweifelsfall der Andere recht oder die Anderen. Die Ablehnung des Gruppenegoismus wird zum fast absoluten ethischen Gebot.

Diese Haltung ist bestimmt von der Tradition der Bergpredigt, obwohl oder weil ihre Vertreter nicht fromme Kirchgänger sind. Ich sage »weil«; denn die Vorstellung, daß gerade nicht der Kirchgänger der Gerechte ist, hat eine starke evangelische Herkunft. Es gehört freilich auch zu der christlichen Gewordenheit, daß die Aussage einer Richtigstellung bedarf. Und diese lautet so: Natürlich wird hier die Bergpredigt Jesu als Konsequenz der jüdischen Ethik verstanden.

Dieser richtigstellende Zusatz ist nicht nur ein Zugeständnis an den jüdisch-christlichen Dialog und das darin enthaltene Wiedergutmachungsbedürfnis, sondern er entspricht der historischen Entwicklung des Judentums, erklärt die Situation, aus der heraus die Bergpredigt entstanden ist. Er widerspricht freilich einer jahrhundertelangen Rezeptionsgeschichte der Bergpredigt, die einen Gegensatz zwischen der Lehre Jesu und dem Judentum konstituierte. So wird die historische Kritik zur Negation der Wirkungsgeschichte. Aber die Wirkung der historischen Kritik ist geringer als die der Tradition.

Das ›man‹ der eurozentrischen christlichen Kultur glaubte der Bibel und vor allem den Evangelien und Apostelbriefen. Der Satz stimmt allerdings nicht ganz. Es gibt eine Ausnahme, und die bezieht sich nicht auf eine Marginalie oder auf ein schwer verständliches Gleichnis (wie das des ungerechten Verwalters). Es geht um ein wesentliches Moment, um einen Teil des Kerns der Verkündigung, um die *Parusie*, die Ankunft. Es ist die Vorstellung von einer endgültig erlösenden Wiederkunft des Herrn. Eine kleine Weile, eine kurze Zeit, sollte vorübergehen, und die Gläubigen werden ihren Herrn wiederhaben. Dann aber in der ganzen Macht und in dem Glanz, der ihm zukommt. Und sie, die Gläubigen seiner Gemeinde, werden Anteil haben an dem Reich des Gottes, das auf Erden sein wird, das zu den Menschen gekommen sein wird. Sie werden Gäste sein bei dem ewigen Hochzeitsmahl.

Wenn die Theologie hier von der Naherwartung spricht, so beinhaltet die Wortwahl bereits ein historisches Urteil, das, indem es Geschichtliches meint, das Erwartungsgeschehen in die Historizität (die ›bloße‹) hineindrängt. Man kann die Frage semantisch lösen. Dann muß nur die Vorsilbe ›nah‹ hinweggenommen, von der eigentlichen richtigen Erwartung gelöst werden. Die Vorsilbe bezog sich auf etwas Vorläufiges, das sich als falsch herausstellen mußte. Aber damit ist die Hauptsache, die Erwartung selbst, nicht aufgehoben. Nur das allzu Heftige, Stürmische und damit die richtige Erwartung Entwertende ist hinweggenommen. Es ist immer leicht, eine Erwartung zu denunzieren, wenn sie nicht in Erfüllung ging und man sich den Kern der Verheißung bewahren möchte.

Es wirkt wie eine Ironie, daß das erste christliche Zeugnis, das wir besitzen, bereits eine Reaktion auf die Verzögerung der Parusie und damit auf die mögliche Kleingläubigkeit einer Gemeinde darstellt. Im ersten Brief des Paulus an die Thesallonicher, den der Apostel Ende 49 oder Anfang 50 verfaßt hat, findet sich eine Vertröstung. Die frisch bekehrten Menschen haben sich an Paulus gewandt, weil einige aus der Gemeinde gestorben waren. Und Paulus beruhigt sie, auch diese Toten werden teilhaben an der Wiederkunft. Sie werden auferstehen und dann zusammen mit den Lebenden auf Wolken dem Herrn entgegeneilen. Und Paulus fügt hinzu, der Herr käme wie ein Dieb in der Nacht. Das heißt, er kommt ohne Vorankündigung, ohne daß es sich berechnen ließe, gerade dann, wenn man ihn am allerwenigsten erwartet, wenn man sich in irdischer Sicherheit wiegt. Und diesem Pauluswort entsprechen viele spätere Aussagen. In dem evangelischen Gleichnis von den klugen und törichten Jungfrauen wird dem Gläubigen nahegelegt, sich mit viel Öl auszustatten, um die Lampe hell halten zu können in der Nacht der Erwartung des Bräutigams.

Im frühen Christentum wird die wilde Hoffnung auf die Parusie immer mehr zu einem chiliastischen Moment, das später von den Theologen zurückgedrängt wird. Texte, in denen Jesus das Reich Gottes ausmalt, seine irdisch anmutenden Genüsse schildert, werden als unecht abgedrängt, textkritisch zu Recht, aber doch nicht ohne Tendenz. An die Stelle der Urgemeinde, der Schar der Erwartungsvollen, die sich alles und dies sofort erhofft hatten, trat eine Vielzahl von Gemeinden, von Kirchen; eine eigene Ordnung, eine Ethik mußten entwickelt werden. Ein Leben wurde ermöglicht zwischen den Heiden und den Juden. Aus der Geschichte der Erwartung wurde eine Geschichte der Verdrängung.

Es muß eine Urenttäuschung gegeben haben. Aber die Quellen der Kirchengeschichte sind hier nicht ergiebig. Es gibt fast nur indirekte Beweise, Stellen, in denen falsche Erwartungen zurückgewiesen werden. Und es ist eine Entwicklungslinie festzustellen, deren Verlauf bestimmt, was gültige theologische Aussagen sind und was bedauerliche Zugeständnisse an den Zeitgeist. Diese Entwicklungslinie führt von Paulus' sanfter Vertröstung hin zu dem großen Theologen des dritten Jahrhunderts, zu Origenes, der sich schon gegen den Chiliasmus wandte, gegen die Vorstellungen von Weltkatastrophen, die zur Apokalypse, zur endgültigen Offenbarung des Herrn führen sollten. Nicht mehr die Welt wird durch einen göttlichen Kraftakt in das Reich Gottes verwandelt, sondern die einzelne Seele erfährt ihre Erlösung. Der Einzelne ist gerettet.

Nicht mehr die himmlische Hochzeit wird die Gläubigen am Tisch versammeln; die Gemeinde der einzelnen Gerechtfertigten wird zur Kirche. Es entsteht in diesen ersten christlichen Jahrhunderten eine geistliche Institution im irdischen Raum, die keine Interimsgesellschaft der Erwartung ist, sondern eine Aufgabe hat, die nun wichtig wird: Sie wird Künderin und Hüterin der Wahrheit. Die Konstitution vollzog sich in einem verwirrenden Chaos von sich bekämpfenden Lehrmeinungen.

Man wollte die rechte *Doxa*, die rechte Lehre entwickeln darüber, was Jesus war.

Die Vorstellungen des Chiliasmus, der erlösenden Endkatastrophe, die sich mit dem Bild des wiederkehrenden Christus so eng verbunden hatte, wurden zu jenem abgesunkenen Religionsgut, das immer weiter wirkte, von Ketzern und Schwärmern immer aufgegriffen wurde, bis hin zu jenen Vorstellungen von einem *Dritten Reich des Heiligen Geistes* oder einem *Tausendjährigen Reich des letzten Glanzes* auf dieser Erde. Daß uns die Termini auch dann bekannt sind, wenn wir uns nicht mit der Ketzergeschichte des Mittelalters befaßt haben, darf nicht zu dem Trugschluß verführen, man könne hier eine einfache Entwicklungslinie ziehen. Es ist freilich ebenso falsch, bestehende Ähnlichkeiten in den Bereich des Zufalls abzudrängen. Aber das soll später untersucht werden.

Die chiliastische Vorstellung lebt auf jeden Fall weiter; die offizielle Lehre wurde dafür purifiziert von einem Übermaß an Erwartung. Die Verinnerlichung ermöglichte die Gemeinschaft, die als *ecclesia militans* irdisch wirkte. Und es gab eine Tradition des Bruchs, der Enttäuschung, die nicht ketzerisch war und auch nicht apologetisch. Im kulturellen Bewußtsein lebt die Ahnung fort, daß die Bitte des Vaterunsers um das Reich Gottes utopisch ist und daß wir uns an das Gebet halten müssen, das die katholische Kirche in ihrer Meßliturgie dem Vaterunser nachstellt: Es ist die Bitte um »pax in diebus nostris«, um den Frieden in unserer Zeit.

Der Schatten der Enttäuschung bleibt. Man spürt ihn in der Auseinandersetzung der sozialistischen Fundamentalisten und der Revisionisten, denen, die das Paradies auf Erden und denen, die eine Fünfunddreißig-Stundenwoche erstreben.[1] Irgendwann besiegt die Annehmlichkeit die Hoffnung. Jürgen Habermas sagt einmal über die kognitivistischen Ethiken, sie »scheiden die Probleme des guten Lebens aus, so daß vom Guten nur das Gerechte übrig bleibt.«[2] Aber das sind Sublimierungen einer alten Erfahrung, die in ihrer Realität wahrscheinlich viel grausamer, brutaler war.

Was hat aber diese Erfahrung mit unserem Thema zu tun? Ich möchte hier eine These heranziehen, die Manès Sperber aufgestellt hat. Er schreibt in seinem Aufsatz »Über den Haß«, der sich mit dem Antisemitismus auseinandersetzt, über die christliche Komponente: »Weil die getaufte Menschheit von denselben Schrecken und Katastrophen heimgesucht wurde wie vor der Erlösung, weil die Erde sich nicht in das Reich Gottes verwandelte, weil der Tod herrschte wie eh und je, ... mußte die eschatologische Hoffnung aufgegeben und durch zwingende Vorwände ersetzt werden, die den Zweiflern Angst einflößten. So wird man sagen, daß es die ›Verhärtung‹ der Juden war, die sich weigerten, an die Geburt und die Göttlichkeit ihres Bruders Jesu von Nazareth zu glauben; man wird sagen, daß es das Verbrechen dieses Volkes war, das sein geistiges und weltliches Erbe verspielte und dadurch die zweite Wiederkunft verhinderte. Und man wird den Fluch verkünden, der auf dieser ›gottesmörderischen‹ Rasse lastet.«[3]

Manès Sperber formuliert hier von der Negation her das, was positiv im Römerbrief steht: Erst die Anerkennung des Christus durch den Rest des Volkes wird die Erfüllung bringen, so sieht es Paulus. Daß die Erfüllung nun nicht kam, daß die Schrecken und Katastrophen nicht verschwunden sind, muß als Schuld jener angesehen werden, die ihren Messias nicht anerkannten. Eine solche These bietet sich an. Man kann sie auch belegen, wenn man der Linie der Geschichte folgt, also die mittelalterliche Verbindung von eschatologischen Glaubensverwirrungen mit einem massiven Judenhaß im Blick hat. Wir haben gesehen, daß die Lehre von der Bekehrung der Juden als Vorbedingung der Wiederkehr des Herrn im Denken der Edith Stein auftaucht. Durch ihre Abstammung und durch die verzweifelte Stimmung einer Zeit, die aus den Fugen geraten war, konnte sie die alte Glaubensvorstellung mit einer Emotion wieder lebendig machen, die den Vertretern der offiziellen kirchlichen Meinung fremd ist.

Und gerade hier liegt die Schwierigkeit, die wir mit Sperbers These haben. Jene Theologen, die wir heute im Rahmen der kirchengeschichtlichen Aufarbeitung als besonders wichtig und ehrfurchtgebietend ansehen, haben mit der Eschatalogie, der direkten Erwartung, nicht viel zu tun. Die Entwicklung war folgerichtig. Die Etablierung einer Kirche verlangte die Zurückdrängung, ja Verleugnung der Endzeitvisionen. Und wenn ein Theologe sich dennoch chiliastischen Vorstellungen hingab, so konnte eine zensierende Überlieferung diese Peinlichkeit aus dem Werk des Hochverehrten entfernen. So geschah es dem Irenäus von Lyon, einem griechischen Kirchenvater des zweiten Jahrhunderts (er stammte aus Kleinasien, wurde Bischof in Lyon). Aus seinem Buch »Gegen Irrlehren«, das sich hauptsächlich gegen die Gnostiker richtete, wurden die chiliastischen Stellen ausgemerzt. Nur durch einen Zufall blieb eine vollständige Handschrift erhalten, die im sechzehnten Jahrhundert entdeckt wurde.[4]

Man kann natürlich darüber Spekulationen anstellen, ob diese nachträgliche Zensur sich auf die Schriften des Irenäus beschränkte oder wie viele Abschnitte, die nicht in die späteren Glaubensschemen paßten, mit Erfolg aus Schriften der Kirchenlehrer entfernt wurden. Denn dies geschah im Geist der Zeit aus gutem Glauben heraus. Auf der einen Seite gab es die von der Kirche erkannte Wahrheit, auf der anderen die von der Kirche verehrten Männer, die nicht nur Gelehrte, sondern oft auch Martyrer waren wie Irenäus. Sollte und konnte man sie bloßstellen? Ihnen nachsagen, daß sie, die für Christus zeugten und starben, falsch Zeugnis abgelegt haben?

Obwohl also auf jenes Urtrauma des Christentums kaum eingegangen wird, ist die Vorstellung Manès Sperbers keineswegs abwegig. Zumindest läßt sie sich durch Ereignisse des Mittelalters belegen. Und daß es einen Zusammenhang zwischen dem Traum vom ›Tausendjährigen Reich‹ und einem fundamentalen Judenhaß gibt, kann man in unserem Jahrhundert nicht bestreiten. Freilich muß man sich hier vor einer theoretisch ansprechenden Verkürzung hüten. Die historischen Verhältnisse sind nicht immer so einleuchtend, wie es die Theoretiker gerne hätten. Aber eine These muß dennoch nicht falsch sein, nur weil sie sich nicht sofort verifizieren, mit Zitaten spicken läßt. Der Judenhaß hängt mit dem christlichen Urtrauma der nicht sichtbaren Erlösung zusammen.

Zudem finden sich genügend Stellen eines wilden Judenhasses in den frühen Texten der Christen. Das hing auch damit zusammen, daß die Christen sich voll auf die Thora stützen, von ihr her ihren Glauben erklärten; ihr Neuer Bund, ihr Neues Testament, sollte das sein, was der Prophet Jeremias, der zuerst vom Neuen Bund spricht, verheißen hatte. Es gab eine Tendenz, die zu einer Loslösung von der jüdischen Vergangenheit hatte führen können. Markion, der Sohn eines kleinasiatischen Bischofs, der stark antijudaistisch eingestellt war, wollte eine christliche Religion begründen mit einem Erlösergott, der nichts mit dem Schöpfergott des Moses gemein haben sollte. Er wollte ein neues Evangelium, gestützt auf Paulus-Briefe und den Bericht des Lukas, ohne Anknüpfung an die alten Verheißungen. Aber er konnte sich nicht durchsetzen; er wurde 144 aus der Gemeinde von Rom ausgeschlossen und damit der großen Schar der verwerflichen Häretiker zugeordnet.

Und auch ohne Bezug auf chiliastische Hoffnungen und Verzweiflungen bedeutete die Verbundenheit mit der jüdischen Tradition, daß die Juden gehaßt wurden, da ihre Bekehrung von besonderer Wichtigkeit gewesen wäre und da ihre Ablehnung der Bekehrung schlimmer war als die Haltung von Heiden, die weiter allen christlichen Botschaften zum Trotz dem Jupiter opferten. Denn die Juden kannten ja Moses und die Propheten; sie waren eingeweiht in die Schriften, die man nach Ansicht der Christen nur richtig auslegen mußte, um das Geheimnis von Tod und Auferstehung zu erfassen. So hat es der Heidenchrist Lukas geschildert: Als die beiden Jünger verzagten Sinnes nach Emmaus gingen, begegnete ihnen der Herr und erklärte ihnen, daß in den alten Schriften bereits alles zu erkennen ist (Lk 24,13–30). Warum wollten die Juden das nicht annehmen?

Ihre Verweigerung der Bekehrung mußte für den Christen das sein, was man heute *credibility gap* nennt, ein Riß in der Glaubwürdigkeit. Nur das erklärt die Intensität und die Brutalität, mit der die Christen durch die Jahrhunderte hindurch die Judenbekehrung forciert haben. Seien es die glaubenswütigen Spanier des Mittelalters, die mit Flamme und Schwert die Taufe der Juden erzwangen, sei es Martin Luther, der sich zu seinem Judenhaß hinreißen ließ, weil die Kinder Israels auch seine reine Lehre ablehnten, sei es der sanfte Philosoph Lavater, der im achtzehnten Jahrhundert den jüdischen Philosophen Moses Mendelssohn, den Freund Lessings, unsanft aufforderte, zum Christentum überzutreten.

Wenn Israel sich nicht beugte, dann konnte es dafür nur eine Erklärung geben: Aus der Verblendung mußte doch eine Verworfenheit geworden sein. Und das wußten schon bald die Theologen und wüteten entsprechend. Melito von Sardes war ein hochangesehener Bischof in Kleinasien, der zur Zeit des Kaisers Marc Aurel in der zweiten Hälfte des zweiten Jahrhunderts lebte. Er verfaßte einen Text zur christlichen Feier des Passah-Festes. Dabei beginnt er mit dem jüdischen Inhalt dieses Festes, also mit der Erinnerung an den Auszug der Israeliten aus Ägypten. Und er spricht von dem Lamm, das damals geopfert wurde. Doch dieses Opfer sei nun wertlos, da Jesus das wahre neue Gotteslamm sei. Und nun steigert Melito sich in einen glühenden Eifer hinein: »Hört es, alle Geschlechter der Völker, und seht es: Ein nie dagewesener Mord geschah in Jerusalem, in der Stadt des Gesetzes, in der hebräischen Stadt, in der Stadt der Propheten, in der Stadt, die als gerecht angesehen wurde! ... Der, welcher die Erde aufgehängt hat, ist selbst aufgehängt worden; der, der die Himmel anheftete, ist selbst angeheftet worden; der, der das All festgemacht hat, ist am Holz festgemacht worden! ... Gott ist getötet, der König Israel ist durch Israels Rechte beseitigt worden.«[5]

Hier wird zum erstenmal das Verbrechen benannt, das mehr ist als Bosheit oder als ein fahrlässiger Justizirrtum: Es heißt Gottesmord. Und dieser Vorwurf wird durch die Jahrhunderte hindurch immer wieder verwandt werden: Sie haben Gott getötet. Nicht mehr der Mensch Jesus von Nazareth, der in Galiläa und im Tempel predigte, wurde ausgeliefert, sondern es wurde der Schöpfer von Himmel und Erde ermordet. Die Juden hatten das Gesetz und die Propheten; sie hätten also entsprechend der christlichen Logik erkennen müssen, daß dieser Jesus Gottes Sohn ist. Wenn sie ihn dennoch ablehnten, wenn sie ihn verfolgten und schließlich dem Tod überantworteten, dann töteten sie *ihren* Gott. Und nicht nur *ihren Gott*, sie töteten den Schöpfer von Himmel und Erde.

Mit dem gleichen Pathos, mit dem Melito die Ungeheuerlichkeit des Todes wiedergibt, wird auch der Auferstandene gefeiert. Der Theologe Karl Heinrich Rengstorf, der Herausgeber des Handbuches »Kirche und Synagoge«, einer der besten Kenner der Materie, spricht hier von einer »triumphierenden Doxologie«.[6]

Doxologie heißt ›Lehre von der rechten Lehre‹. Die Begeisterung gilt der *Doxa*, gilt dem Gefühl, die Wahrheit erkannt zu haben. Dieses Gefühl bleibt nicht auf Melito von Sardes beschränkt. Die ersten nachchristlichen Jahrhunderte sind bestimmt von dem Kampf um die richtige Doxa, um das wirkliche Wissen, das Heilswissen ist. Der Gott der christlichen Antike ist kein Gott des Gefühls, kein abstrahierter Gott, der für alle da ist, die guten Willens sind, kein durch die Philosophie entfremdeter Gott der edlen Seelen. Er ist ein real existierender Gott, dessen Wirklichkeit man erkennen kann und erkennen muß – selbst, wenn man erkennt, daß die Erkenntnis sich im Rahmen des irdisch Möglichen hält. In welcher Form Jesus Christus zu diesem Gott stand, wird zum Gegenstand des Disputs. Der Ausgang des Disputs ist die Erkenntnis der einzigen und für alle verbindlichen Wahrheit.

Die frühen Christen glaubten diese Wahrheit erkennen zu können, sie auszumachen im vielfachen Kampf. Es ist ein Kampf gegen die Juden und gegen die Heiden; aber es ist auch ein Kampf gegen die Menschen, die sich zu Christus bekennen, die aber nicht das Richtige, das Wahre an Christus erkennen wollen, also ein Kampf gegen die Häretiker. Die Konzilien, die Versammlungen der christlichen Bischöfe, werden zur Arena: Das Wahre muß siegen. Man muß die Bedeutung des Christus erkennen in ihrer unverrückbaren Faktizität. Wer heute das Wort Christus ausspricht, denkt fast nicht mehr an den Messias, obwohl ›Christus‹, der Gesalbte, eine griechische Übersetzung des hebräischen Worts darstellt. Er denkt an den Gottessohn, an die zweite Person der Trinität, an den Herrn, der im großen Credo, dem Glaubensbekenntnis des Nizäischen Konzils, benannt und gefeiert wurde.

Es ist für uns heute schwierig, die Nuancen der frühen Christologie zu erfassen. Es ging ja nicht nur um Gottgleichheit und Gottähnlichkeit, nicht nur darum, ob Jesus schon von der Geburt an oder erst von seiner Taufe im Jordan an als Sohn Gottes bezeichnet werden kann. Es gab so viele Auseinandersetzungen, die in erster Linie gar nichts mit den Juden zu tun hatten, sondern mit diesen Christen, die das ganze disparate Denken der Antike einbrachten. Gnostische und neuplatonische Vorstellungen verbanden sich mit den alten Traditionen; Ansichten über die Welt, über ihre Verworfenheit oder über eine mögliche Akzeptanz der realen Schöpfung wurden aufgegriffen, verarbeitet oder mit aller Vehemenz abgelehnt.

Das Chaos der antiken Wahrheitsvermutungen brach auf das junge Christentum ein. Und das setzte sich mit allen Möglichkeiten des Weltverständnisses auseinander und verlor darüber den Bezug auf Christus nicht, der allmählich mehr Bedeutung gewann als der Bezug auf den Gott des alten jüdischen Monotheismus. Gerade das Ringen um die rechte Doxa, um die Orthodoxie über Christus, entfernte die christlichen Gläubigen immer mehr von den Juden. Sie hielten fest an der alten Überlieferung; sie ließen die Propheten für Christus sprechen. Aber sie setzten auch alle Argumente der Philosophie für den Gottesbezug des Christus ein, die nichts mehr mit Jeremias gemein hatten und seinem Traum von einer Erneuerung des Bundes Israels mit Gott.

Es ging immer um die Wahrheit, die auch Wirklichkeit war. Die rechte Doxa mußte so stimmig sein wie das Gesetz von der Schwerkraft, wenn wir es so verstehen, wie es Sir Isaak Newton verstand. Wenn wir heute das Wort Dogmatik gebrauchen, so stellt sich rasch die Vorstellung von Starrheit ein: Lehrmeinungen der Kirche werden als Ausdruck eines intellektuellen Hoheitsanspruch angesehen. Entsprechend ablehnend wird darauf auch reagiert.

Aber in der frühen Zeit war die Doxa nicht Beengung, sondern Heil und beglückender Durchbruch des Denkens. Sie wurde nicht von finsteren Patriarchen bewacht, sie wurde von dem ergriffen und begriffen, der das Kommende bestimmen konnte. Die Erkenntnis, das Gewahrwerden eines in sich wahren Tatbestandes, wurde beglückend, da sie auch das Heil der Seele bedeutete. Die Polemik, die angesichts der totalen Verbindlichkeit der Wahrheit aufkommen mußte, war bestimmt von diesem Ringen um die letzte verbindliche Wahrheit.

Mußte der Mensch, der sich im Besitz der Wahrheit fühlte, nicht auch Güte entwickeln können gegenüber den (noch) Unwissenden? Eine solche Empfindung hat nichts mit Toleranz, aber sehr viel mit Mit-Leid, mit Sympathie zu tun. Es gibt einen Text aus dem dritten Jahrhundert, der eine solche Sympathie für die Juden formuliert. Auch in dieser »Syrischen Didaskalie« ist es die Feier des Passah-Mahles, die zum Anlaß genommen wird, um über die Juden zu sprechen. Der Tonfall ist anders als bei Melito von Sardes: »Wir müssen also mit ihnen Erbarmen haben, glauben und für sie beten. Denn als unser Herr zu dem [auserwählten] Volk gekommen war, glaubten sie ihm nicht, als er sie lehrte, sondern sie ließen ihre Lehre an ihrem Kopf vorübergehen. Weil also dieses Volk nicht gehorchte, hat er euch, ihr Brüder, die ihr aus den Heidenvölkern stammt, aufgenommen... Darum also betet und bittet für sie, besonders aber in den Tagen des Passah, damit sie durch eure Gebete der Vergebung würdig werden und sich unserem Herrn Jesus Christus zuwenden... Darum so sollt ihr um sie trauern am Sabbat des Passah bis zur dritten Stunde der kommenden Nacht.«[7]

Man spürt in diesen Sätzen noch eine nicht nur polemisch aufgeheizte und damit pervertierte Verbundenheit mit den Juden, spürt noch die Vorstellung, daß die Juden das auserwählte Volk sind, für das vor allem das Heil bestimmt war. Ihr Fernbleiben vom Glauben wurde zur heilgeschichtlichen Chance für die Heiden. Aber diese müssen auch die Last auf sich nehmen, daß sie nicht die erstgeborenen Söhne sind; sie müssen sich dankbar zeigen, müssen für die Juden beten, damit die eigentlichen Erben das Erbe annehmen und es dadurch mit der vollen Würde ausstatten.

Das ist ein schöner Gedanke; aber er trägt den Keim der Heuchelei in sich. Jedes Mitleid hat einen ambivalenten Charakter. Der wird dadurch verstärkt, daß sehr oft der von der Sympathie Betroffene das Mitleid gar nicht annehmen will. Etliche Jahrhunderte später mochte ein Jude gerührt sein, daß Christen sich erinnerten; es mag heute noch ein Zeichen von Toleranz sein, wenn Christen betonen, daß Jesus auch für Israel sein Leben hingab. Aber man kann doch daran zweifeln, daß jüdische Menschen, die noch nicht die Erniedrigungen erlebt haben, die ihnen von den Christen angetan werden sollten, eine solche Ermahnung als gütige Sympathie verstanden. Die Christen sollten für die armen Juden beten ... Aber waren die Juden arm?

Der Autor der »Didaskalie« unterstellt dies und baut darauf seine Intention auf. Wir Christen, die wir im Heil sind, müssen für die Menschen beten, die das Heil abgewiesen haben. Das klingt sehr gut; aber die Tendenz kann sofort umschlagen. Die »Didaskalie« ist in einer Zeit verfaßt worden, als die politische, die weltliche Macht von den jüdisch-christlichen Auseinandersetzungen relativ wenig angerührt war. Die Kaiser des Römischen Reiches verfolgten bald die Juden, bald die Christen, bald beide als Anhänger monotheistischer, also jupiter-feindlicher Religionen, bald keine der beiden Glaubensgruppen. Das Verhalten der Kaiser war avant la lettre bestimmt von der Staatsraison. Das änderte sich. Und nach dieser Veränderung, nach der Christianisierung der europäischen Welt, mußte aus dem anfangs vielleicht guten Gebet ein Gebet der Drohung werden.

Die Überlieferung der »Didaskalie« mündete in einen Teil der Karfreitagsliturgie, die im zehnten Jahrhundert entstand. Dieser Teil – das Gebet »pro perfidis Judaeis« hat sich bis in unsere Zeit, bis in die Jahre des Papstes Johannes XXIII., in der katholischen Kirche erhalten. In der Feier des Karfreitags, in der des Erlösungstodes Christi gedacht wird, bittet man mit besonderer Intensität für alle Menschen, nicht nur für jene, die im Raum der Kirche versammelt sind. Man bittet auch für die Verlorenen, für die, die sich verirrt haben. Diese großen Fürbitten gehören zu dem Eindrucksvollsten des Gottesdienstes. Gott wird angerufen, um zu helfen. Das Opfer des Christus ist Bürgschaft dafür, daß Gott helfen kann und helfen will. Und die Nähe zu dem intensivsten Gedächtnis dieses Opfers verleiht den Fürbitten ihre besondere Würde und macht den Tonfall eindringlich. Man betet für die Herrschenden, man betet für die Heiden, man betet für die Häretiker. Und jedesmal wird nach der Aufforderung zum Gebet, die jede Gruppe, um die es geht, kurz charakterisiert, liturgisch befohlen: »Flectamus genua.« Beuget die Knie! Die Gläubigen knien sich hin und gedenken in einem stillen Gebet der Betroffenen. Dann wird verkündet: »Levate.« Erhebet euch! Die Gläubigen stehen wieder auf, und der Priester richtet sein Gebet an den allmächtigen und ewigen Gott und wiederholt die Bitte. Blicke auf die Menschen herab, für die wir beten, hilf ihnen, bekehre sie, wenn sie nicht zu dir sich schon bekennen! So wurde und wird die Fürbitte dargebracht für die Mehrheit der Menschen.

Es gab nur eine Ausnahme, nur eine Abweichung von dem Schema. Man betete sehr wohl auch für die Bekehrung der Juden ganz im Sinne der syrischen »Didaskalie«. Aber im Wortlaut des Gebets war nichts mehr von dem Gedanken enthalten, daß durch die Verzögerung der Glaubensannahme durch die Juden den Heiden eine Chance geboten wurde. Die Juden sind nur noch die *perfidi Judaei*, die ungläubigen Juden. Obwohl diese Übersetzung bereits den Sinn des Wortes verharmlost. Die *perfidi Judaei* sind die den Glauben durchkreuzenden Juden. Zwar spricht der Vorbeter noch davon, daß der Herr den Schleier von ihren Herzen nehmen möge, aber es folgt die große Unterscheidung: Dieser liturgische Befehl »Flectamus genua!«, der alle anderen Fürbitten auszeichnet, wurde hier nicht ausgesprochen. Man beugte die Knie nicht für sie, man blieb stehen. Und der Priester betete fast verwundert: »Omnipotens sempiterne Deus, qui etiam judaicam perfidiam a tua misericordia non repellis: exaudi preces nostra, quas pro illius populi obcaecatione deferimus; ut, agnita veritatis tuae luce, quae Christus est, a suis tenebris eruantur.« Verwundert darüber, daß der Herr selbst die jüdische *perfidia*, die Glaubensdurchkreuzung, die sich aber im Ohr des Laien auch wie Perfidie anhören konnte, aus seiner Barmherzigkeit nicht ausschloß. Und dieser Herr möge die Bitten erhören, die seine Gläubigen wegen der Verblendung dieses Volkes darbringen, damit es durch das Licht der Wahrheit seiner Finsternis entrissen werde...

Sympathie, Mitleid mit den Verblendeten, kann zur Heuchelei werden. Und dann, wenn die Macht sich für die eine Seite entschieden hat, wird aus der Heuchelei Denunziation. Und aus dem Schleier, der auf dem Herzen der Juden lag, aus ihrer Verblendung, der man bis dahin noch eine Heilsnotwendigkeit nachsagen konnte, weil dadurch die Heidenvölker gerettet würden, wurde in der christlichen Vorstellung Bosheit und Halsstarrigkeit. Die Ansichten des Melito von Sardes sind von der syrischen »Didaskalie« nicht so weit entfernt, wie es den Anschein hat, wenn man nur auf den Klang der Sätze achtet.

Es war nicht nur dieses Gebet, das die Juden ausgrenzte, aber es war *auch* dieses Gebet, das dazu führte, daß im Mittelalter und weit hinein in unser Zeitalter nach dem Karfreitagsgottesdienst Juden verfolgt, geprügelt, getötet wurden. Das institutionalisierte Gebet und die Liturgie konnten zum Terror führen.

Sicher spürt man in der syrischen »Didaskalie« einen Schmerz, der sich später völlig verloren hat. Es ist der Schmerz des Paulus, der die vorgebliche Blindheit Israels nicht begreifen wollte. Aber mit dieser Blindheit hängt auch eine andere Vorstellung zusammen, die schon bei Melito auftauchte und die sich wiederholt. Nicht nur, daß Jesu Tod die Prophezeiungen der Propheten erfüllt, ist bedeutsam; mit ihm wird auch alles, was im Alten Testament geschieht, begründet. Eine Legitimation, die sich nach rückwärts wandte, wird zu einer Legitimation, die nach vorwärts führt. Durch Christus wird das Wort des Jeremias von einem Neuen Bund erfüllt. Das legitimiert den Herrn. Aber Jeremias konnte nur Prophet sein, weil er auf den Neuen Bund des Christus hinwies; nur das legitimierte den Jeremias. König David war nur König in bezug auf seinen Nachfahren Jesus Christus. Moses konnte nur deswegen ein Volk bilden, weil aus ihm Jesus Christus hervorging. Abraham verließ um Christi willen sein Vaterhaus.

Aber die Aneignung führte noch weiter. Die Ereignisse des Alten Testaments werden zu vorwegnehmenden Spiegelungen, sie werden Typen für das, was im Neuen Testament Wirklichkeit wird. Sie haben keine eigene Bedeutung mehr, sondern nur noch eine Vorbedeutung. Der in seiner Zeit führende Theologe Origenes (184–254) hat diese Vorstellung ausgebaut und damit die ›Typologie‹ entwickelt, die bis in unser Jahrhundert die christliche Exegese der israelitischen Bibel bestimmte. Alles, was in Israel geschah, wurde zum Schatten – geworfen durch das Licht, das im Neuen Testament aufleuchtet.

In diesem Sinn preist Origenes die Israeliten der früheren Zeit: »Wenn aber jemand... die Zustände bei den Juden mit der jetzigen Lebensführung der Völker prüfend vergleichen wollte, so würde er kein Volk mehr bewundern [als die Juden], die, soweit menschenmöglich, alles, was dem Menschengeschlechte schädlich ist, beseitigt und allein das Nützliche angenommen haben.«[8]

In den Juden ist alles Gute angelegt, alles ethisch Vorbildliche, aber nur in bezug auf Christus. Das Judentum hatte eine große Möglichkeit, die es aber nicht nutzte: »Wenn sie nämlich die Gnade gepflegt hätten, Same Abrahams zu sein, dann hätte der Same Abrahams Größe und Wachstum gewonnen und hätte in seiner Größe und seinem Wuchs die Worte Jesu fassen können.«[9]

Aus der Berufung geht zwar noch die Größe hervor, auch die Ahnung einer nicht vorhandenen Vollendung; aber die Juden sind der Gnade der Berufung verlustig gegangen, weil sie sie nicht pflegten. Hier wird ganz deutlich von einer Schuld an der Blindheit gesprochen.

Die Beziehung zu den Juden ist ambivalent. Die Achtung vor dem ursprünglichen Judentum hat im Laufe der Geschichte immer wieder zu einer neuen Besinnung geführt. Immer wieder versuchten einzelne Theologen, sich gegen die vorgegebene judenfeindliche Theorie, noch mehr gegen die blutige Praxis zu wenden. Aber gleichzeitig fordert die Logik der Einordnung, daß alles Positive an den Israeliten aufgesogen wurde von den Christen. Sie, die Christen, waren die wirklichen geistlichen Söhne des Abraham. Das hatte in der Antike zur Konsequenz, daß Theologen, angefangen vom Verfasser der syrischen »Didaskalie« bis hin zu Augustinus, sich fragten, ob sich die Juden überhaupt Juden nennen dürfen. Denn ihre Religion ist ihnen ja abhanden gekommen. Ihre Religion war der vorgeworfene Schatten des Christentums, ihre Propheten und Heiligen lediglich Typen des nur zeitlich später in die Welt getretenen Urbilds, das Jesus Christus ist.

Wahrscheinlich hatten diese theologischen Überlegungen in den folgenden Jahrhunderten verhängnisvollere Wirkungen als die Beschimpfungen in den zahlreichen Schriften »adversus Judaeos«. Diese Schriften, die so zahlreich sind, daß man sie als Gattung der frühchristlichen Literatur ansehen kann, haben apologetischen, nicht missionarischen Charakter. Man wollte kaum durch die vorgetragenen Argumente neue Gläubige gewinnen (das mußte auf andere Weise vor Ort geschehen), vielmehr wollte man den Glauben stärken, in dem man sich auf das intellektuelle Wagnis der Verteidigung einließ.

Zu dieser Schriftgattung gehört auch der »Dialog mit Trypho«, den Justinus, der Martyrer, verfaßt hat. Trypho, die Spielfigur, der erfundene unterlegene Partner des Gesprächs, ist ein Jude, der sich Grobheiten anhören muß: »Den Gerechten habt ihr getötet... und jetzt verstoßt ihr die, welche auf ihn und den allmächtigen Gott, der ihn gemacht hat, ihre Hoffnungen setzen, und entehrt sie, indem ihr die Christusgläubigen in euren Synagogen verflucht... Nachdem ihr Christus gekreuzigt habt... habt ihr nicht eure Freveltat bereut, sondern habt auch erlesene Männer ausgesucht und in alle Welt geschickt, um zu verkünden, im Christentum sei eine gottlose Sekte entstanden, und um die Anklagen gegen uns vorzubringen, welche alle gegen uns richten, die uns nicht kennen.«[10]

Man möchte diese polemischen Unfreundlichkeiten eines Mannes, der den Origenes noch nicht gelesen hat, fast begrüßen. Hier geht es nicht um eine metaphysische Verworfenheit der Juden, sondern um die Auseinandersetzungen des Glaubens, die in dieser Zeit und in späteren Zeiten die Fetzen fliegen ließen. Und Justinus beruft sich auf Fakten. Die jüdische Orthodoxie, das Synedrion, hatte sich mit aller Vehemenz gegen das Christentum gewandt, hatte in seinen Gemeinden vor christlicher Infiltration gewarnt. Es gibt ein Verwünschungsgebet gegen die *Minim*, dessen Text vom Synedrion in Auftrag gegeben worden war und das in das jüdische Achtzehngebet, das Alltagsgebet der Bitten, aufgenommen werden sollte. Die *Minim* waren zweifellos Christen. Es ist nicht ganz klar, ob es sich nur um Judenchristen handelt, also um abgefallene Juden, und die Heidenchristen ausgeklammert sind, oder ob es sich sogar nur um jene Judenchristen handelt, die ihre Distanz zum orthodoxen Judentum ausnutzten, um sich bei den Römern beliebt zu machen.

Ganz gleich, zu welcher Annahme man kommen mag, die Schwierigkeiten, die der christliche und der jüdische Betrachter mit der Verwünschung der *Minim* haben, zeugen davon, daß die Haltung zu diesem Thema emotionsgeladen ist.

Die Vorstellung, daß die jüdische Polemik gegen das Christentum nicht minder heftig war als die christliche gegen Israel, wird entweder dazu verwendet, Späteres zu entschuldigen, oder sie wird verdrängt, die Auseinandersetzung wird verharmlost, der Gegensatz heruntergespielt.

Der Grund ist verständlich. Vom Standpunkt einer späteren Zeit aus möchte der jüdische Sprecher nicht als Feind der Christenheit erscheinen, und der christliche Philosemit klammert sich an das (manchmal leider notwendige) Bild vom edlen, auch durch seine Leiden noch edler gewordenen Juden, wie Lessings Nathan einer war. Wenn ich hier vom Standpunkt einer späteren Zeit rede, so meine ich nicht nur die Zeit nach Auschwitz, sondern jede Zeit nach der institutionalisierten Erniedrigung der Juden. Auf dies Thema muß später eingegangen werden.

Nur soviel sei jetzt gesagt: Wir haben uns die Juden der Antike auch nach der zweiten Zerstörung des Tempels als in ihrem Lebensgefühl unverletzte Menschen vorzustellen, die ihre Polemiken mit der gleichen Energie formulierten, die auch den Christen in ihrer gewöhnlichen Literatur *adversus Judaeos* zu eigen war. Ich möchte dabei das Wort ›Energie‹ verwenden. Der christliche polemische Stil hat seinen eigenen Charakter, der sich nicht durch die Auseinandersetzung mit den Juden ausgebildet hat, sondern durch den früh entstandenen und nicht enden wollenden Streit mit den Häretikern, also mit den Vertretern einer Christus-Lehre, die sich nicht durchgesetzt hat. Oder besser gesagt, mit den Vertretern sehr vieler Lehren über die Natur des Christus.

Das Verhältnis zu den Juden war zuerst einmal auch von der Zeitsituation her bestimmt. In dem Kessel der zerfallenden hellenistischen Kultur, in der Zeit, in der nur noch durch Gewalt und listige Politik das Römische Reich zusammengehalten werden konnte, waren Juden und Christen auch Konkurrenten im Kampf um die Menschen, die nach einem festen Glauben verlangten, die gepeinigt waren von Ängsten, die wir heute abergläubisch nennen würden. Der Ausdruck stimmt allerdings für diese Zeit nicht, weil es sich nicht um Abarten einer gefestigten Religion handelte, sondern um Fetzen und Überreste aller möglichen religiösen Geschichten und Vorstellungen, die den Menschen plagten. Hier war der Glaube an den Einen Gott, der nicht nur ein Gott der Philosophen, eine abstrakte Vorstellung ist, so ungemein attraktiv, so hoffnungsträchtig. So fanden sich in den jüdischen Gemeinden Proselyten wie bei den Christen. Und die Mitglieder dieser Gemeinden waren nicht so sehr voneinander isoliert, wie man glauben möchte, wenn man sich lediglich an die Schriften der Theologen hält.

Es gab Konversionen von Christen zum Judentum, es gab Ehen zwischen den Gruppen. Der Mensch, der nach Glauben rang und den Origenes nicht gelesen hatte, orientierte sich vielleicht am schöneren Gottesdienst, an den religiösen Festen. Und hier war zweifellos das Judentum überlegen. Vielleicht spielte das Bedürfnis nach einem vergleichbaren Angebot eine Rolle, als die Christen ihr eigenes Osterfest kalendarisch vom jüdischen Passah-Fest trennten und, als klügste Investition in die Zukunft, das Weihnachtsfest einführten.

Sowohl Juden wie Christen wurden von den römischen Kaisern verfolgt, wenn auch nicht immer gleichzeitig. Das konnte zu Verrat und Schadenfreude, aber auch zur gegenseitigen Hilfeleistung führen. In dieser Zeit wäre eine ökumenische Bewegung möglich gewesen.[11]

Das änderte sich freilich radikal seit dem Jahre 313. Kaiser Konstantin führte zunächst durch ein Toleranzedikt die Religionsfreiheit ein, die sich auch für die Juden positiv auswirkte. Aber je mehr Konstantin seine Bevorzugung des Christentums artikulierte, desto gefährdeter wurde der Status der Juden. Als die alte Staatsreligion durch Dekret abgeschafft wurde, waren bereits die Weichen gestellt zur Einführung einer neuen Staatsreligion. Der Kaiser brauchte die religiöse Unterstützung. Er berief das erste der großen Konzilien ein, die Ordnung schafften im Gestrüpp der sich befehdenden Lehrmeinungen. Im Jahre 325 eröffnete er selbst das Konzil von Nizäa mit einem feierlichen Staatsakt.

Einer der Ratgeber des Kaisers war Bischof Eusebios von Caesarea, der sich zu Gefallen seines Herrn und zum Nutzen der Christenheit daran machte, ein neues Bild der Geschichtsordnung zu entwerfen. In seinen beiden Schriften »Praeparatio evangelica« und »Demonstratio evangelica« übernimmt er »das Schema von den den drei menschlichen Gruppen, von denen die beiden ersten, die Hellenen und die Hebräer [Juden] je in einer besonderen Führung von Gott auf den Übergang in das dritte Geschlecht, die Christen, vorbereitet worden sind.«[12]

Ich darf hier der Zusammenfassung dieser Lehre folgen, die Bernhard Kötting in dem bereits erwähnten Handbuch »Kirche und Synagoge« geliefert hat. Danach unterscheidet Eusebios zwischen Hebräern und Juden. Die Hebräer sind nach Heber, einem Vorfahren Abrahams, benannt und waren gottesfürchtige Menschen, erwählt vom Herrn. Die Juden, nach Judah, dem Sohn des Patriarchen Jakob benannt, erhielten eine besondere Offenbarung, das Gesetz des Moses, das sie für die späteren Menschen aufbewahren sollten. »Wie die Juden ihrem Wohnsitz nach auf Palästina, so war ihr Kult dem Willen Gottes nach auf Jerusalem beschränkt; Jerusalem wurde aber zerstört, damit die Juden deutlich erkennen sollten, daß ihre heilgeschichtliche Aufgabe erfüllt war und daß sie durch den Glauben an Jesus Christus den Übergang in das endgültige dritte Geschlecht der Christen zu vollziehen hätten. Diesen Schritt haben sie nicht getan, und darum ist als Zeichen und Züchtigung ihr Staatswesen von den Römern hinweggefegt worden, das jüdische Volk wurde in alle Winde verstreut und anderer Völker Knecht, Jerusalem und der Tempel wurden vernichtet, und zwar für alle Zeit.«[13]

Natürlich kann man gegen die Geschichtsvorstellung des Eusebios einwenden, daß die Zerstreuung des Volkes nicht ganz so ablief, wie er es darstellt. Schon vor der Zerstörung des Tempels lebten in den Ländern des Imperiums viele Diasporajuden. Man muß nur an die Bedeutung erinnern, die der jüdische Philosoph Philo von Alexandrien hatte.

Aber Eusebios kam es nicht auf Genauigkeit, sondern auf die Geschichtsdeutung an. Er wollte die römischen Taten der Vernichtung als Erfüllung einer göttlichen Verwerfung darstellen. Die Römer vollziehen den Willen Gottes und sind so Teil des Heilsplanes, also mehr als nur eines unter den vielen Völkern, zu denen die Apostel gesandt wurden. Auf diese Weise sollte ja auch Pontius Pilatus in das Credo kommen.

Jerusalem, das ohnehin nur vorläufig auserwählt war, mußte untergehen, da es den Herrn nicht annahm. Und auch hierin war die Zerstörung des Tempels mehr als ein bloßes historisches Ereignis; es war als göttliches Strafgericht auch der Beweis dafür, daß sich die Christen nicht geirrt haben, daß sie zu Recht glaubten.

Man könnte sagen, die Zerstörungstat des Titus ersetzte die Parusie – als Argumentationshilfe. Das ergab freilich nur dann einen Sinn, wenn die Tat der imperialen Truppen durch das Imperium fortgesetzt wird, wenn sich der Imperator dem Christentum zuwendet. Wenn Kaiser Konstantin sich schließlich taufen läßt, so bedeutet das nicht nur, daß die Christen an Einfluß zugenommen hatten. Es konnte auch bedeuten, daß ihre Religion die Wahrheit ist. Wenn die Christen sich immer wieder auf ihren konstantinischen Erfolg beriefen, so vertrat der weltliche den geistlichen Sieg. Nicht, daß dies je als offizielle Lehre in die Kirche eingegangen wäre. Es war ganz einfach ein Faktum, das sich in den Vorstellungen des Eusebios ebenso spiegelt wie in den vielen Berufungen der späteren Zeit auf die konstantinische Wende.

Die Macht dieses Faktums wurde durch eine Unterbrechung noch bestätigt. Kaiser Julian, den man »Apostata«, den Abtrünnigen, nennt, löste sich nicht nur selbst vom christlichen Glauben, sondern kämpfte gegen den ›Galiläer‹ Jesus und gegen die Galiläer, also die Anhänger des Jesus von Nazareth, der für ihn nicht Christus war. Er war den Juden sehr wohlgesonnen – nicht aus einer persönlichen religiösen Überzeugung heraus, sondern weil er, der Heide, damit die Christen ärgern und ein Finalargument ihrer Lehre widerlegen wollte. Er wußte, daß die Christen die Zerstörung des Tempels als göttliches Zeichen und als endgültig ansahen, und so beschloß er, den Tempel wieder aufbauen zu lassen. Ein Erdbeben vernichtete den begonnenen Bau, und Kaiser Julian starb kurz darauf im Jahr 363. Welcher Christ mochte darin nicht ein Gottesurteil sehen?

Dieses Zwischenspiel hat die Judenfeindschaft der Christen, besonders ihrer Prediger und Theologen, nur verstärkt. Zudem hat die religiöse Verbitterung über die angebliche Halsstarrigkeit zugenommen: Wollten denn die Juden nach diesem offensichtlichen Eingreifen Gottes immer noch nicht begreifen, daß auf der Seite der Christen die Wahrheit Gottes stand?

Die Reden des Johannes Chrysostomos werden gewöhnlich zitiert, wenn man über den antijudaischen Aspekt des frühen Christentums spricht. Zu Recht: Der Kirchenlehrer, der besonders in der Ostkirche, aber auch im Westen, hoch verehrt wurde und dessen Einfluß groß war, ging weit über den üblichen polemischen Stil hinaus.

In den Jahren 386 und 387 predigte Chrysostomos in Antiochien wider die Juden. Er beruft sich auf das Scheitern des Neubaus des Tempels. Er erinnert an das Unheil, das die Juden getroffen hat und argumentiert: »Wenn ihr euch schämt, den Grund [für das Unheil, E. E.] zu sagen, so will ich ihn euch nennen, vielmehr nicht ich, sondern die objektive Wahrheit. Weil ihr Christus getötet habt, weil ihr gegen den Herrn die Hand erhoben habt, weil ihr sein kostbares Blut vergossen habt, deshalb gibt es für euch keine Besserung mehr, keine Verzeihung und auch keine Entschuldigung.«[14]

Alle Gottesdienste, die von Juden gefeiert werden, sind eitel, denn die Juden sind nicht fähig, Gott (= ihren Gott) anzubeten: Die Gesetzestreue ist verworfen. Und darum ist ihr Gottesdienst nicht nur eine eitle Vorstellung, sondern eine Aufführung des Bösen. »Daher ist die Synagoge nicht nur ein Theater, sondern auch ein Bordell. Sie ist eine Räuberhöhle und ein Versteck für unreine Bestien... Keiner, nicht ein einziger Jude betet Gott an... Die Juden leben für ihre Bäuche, sie lechzen nur nach den Gütern dieser Welt. In ihrer Schamlosigkeit übertreffen sie sogar Schweine und Ziegen... Die Juden sind von Dämonen besessen, sind unreinen Geistern ausgeliefert. Anstatt sie zu grüßen und sie eines Wortes zu würdigen, solltet ihr euch abwenden wie von der Pest und einer Seuche des Menschengeschlechts.«[15]

Hans Kühner, der diese Stelle in seinem Buch »Der Antisemitismus der Kirche« zitiert, kommentiert sie auch: »Das ist der Jargon des ›Stürmers‹, vorbereitet und erfunden im 4. Jahrhundert.«[16] Das stimmt, wenn man sich an den Wortlaut hält. Die Gleichsetzung von Juden mit Tieren, deren Erwähnung mit einer Ekelkonnotation verbunden ist, gehört zum verbalen Reservoir des übelsten Antisemitismus. Und es war kein Zufall, daß in der Nazi-Zeit eine Textsammlung von anti-jüdischen Passagen der frühen Kirche herausgebracht wurde; man wollte zeigen, daß die Auffassungen und Sprachbilder des »Stürmers« Tradition haben.[17]

Und doch gibt es eine Differenz, die zu beachten ist, damit auf dem moralischen Feld die Anklage aller nicht zur Entschuldigung aller werde – nach dem Motto: Was kann man uns vorwerfen, wenn schon der katholische Heilige Chrysostomos ein böser Antisemit war? Um diese Differenz zu erklären, möchte ich Moshe Zimmermann, Historiker an der Hebräischen Universität Jerusalem, heranziehen. Er hat in einem Vortrag über »Nathan, den Schwachen« gesprochen, über den Vertreter einer jüdischen Minderheit innerhalb einer christlichen Mehrheit, die durch die kulturelle Struktur Übermacht bedeutet. Er kommt so zu der »Gegenüberstellung von Nathan dem Schwachen (seine Weisheit ist belanglos) und Michel bzw. John Bull, Jacques Bonhomme, Uncle Sam, dem Starken«.[18]

Und diese Situation gab es in der Antike nicht. Jene nationale Identifikationsfigur, die wir im deutschen Michel erkennen wie auch im französischen Jacques, gab es im antiken Imperium Romanum nicht – vielleicht auch deswegen, weil die Zugehörigkeit zum Imperium nichts mit einer ethnischen Zugehörigkeit zu tun hatte. Aber es gab den *cives romanus*, den römischen Bürger. Und dieser Bürger unterscheidet sich darin vom deutschen Michel, daß er zwar getauft sein *konnte*, aber nicht getauft sein *mußte*. Auch dann, als die christliche Religion zur Staatsreligion geworden war, hatte sie nie die Totalität der kulturellen Herrschaft erreicht, die für das christliche Europa der späteren Jahrhunderte signifikant ist.

Die Juden von Antiochien, gegen die der Presbyter Johannes Chrysostomos anpredigte, waren weder in ihrem Lebensstil noch in ihrem Selbstgefühl tangierte Menschen. Wenn Chrysostomos sagt, daß man sie nicht einmal grüßen dürfe, so spricht er in einer Situation, in der der Gruß nicht eine Geste des Mitleids gewesen wäre, sondern Ausdruck des normalen Umgangs und der Zivilisation war. Im Grunde forderte Chrysostomos von seinen *Christen* eine Absonderung aus dem normalen Leben, eine Überwindung der normalen Umgangsformen. Die Motive seiner Reden sind klar erkennbar: Er kämpfte gegen die Konkurrenz, die gerade durch die Nähe des Glaubens besonders gefährlich sein mußte. Und er fürchtete die Aufweichung.

Die Stärke und das Selbstgefühl der Juden von Antiochien sind auch dadurch belegt, daß zu Beginn des siebten Jahrhunderts, also über drei Jahrhunderte nach Chrysostomos, der oströmische Kaiser Phokas gegen sie vorging. Nun war das Christentum längst gefestigte Staatsreligion geworden. Und der Kampf gegen die Juden war eine heilige Sache. Aber Phokas mußte zwei Heerführer entsenden, um die Juden zu besiegen: Ihre Gemeinde war stark gewesen.

Wenn Jahrhunderte später Chrysostomos zitiert wird, hat sich der Akzent verschoben; die Beschimpfungen haben bereits ihre Wirkung gehabt. Und durch die Wiederaufnahme des alten Wortlauts wird diese Wirkung intensiviert – oder es wird das moralische Entsetzen hervorgerufen, das wir angesichts der jahrhundertelangen Geschichte des armen Nathan empfinden.

Daß hinter den verbalen Injurien ein Wille zur gewaltsamen Niederringung stand, geht aus der Geschichte um die Synagoge von Kallinikon hervor. Kallinikon war ein Ort am Euphrat, lag am Rande des Reiches. Hier lebten Juden und Christen verschiedener Observanz. Im Jahre 388 kam es zwischen den christlich ›Rechtgläubigen‹ und den Valentinianern, einer gnostisch-christlichen Sekte, zu einer Straßenschlacht, in deren Verlauf die Orthodoxen die Kirche der Häretiker niederbrannten. In ihrer Glaubenswut zerstörten sie anschließend noch die Synagoge und plünderten deren Schatz. Kaiser Theodosius wurde davon unterrichtet. Er ordnete an, daß die christliche Gemeinde, deren Bischof der Anstifter gewesen war, für den Wiederaufbau aufzukommen habe, die Plünderer ihre Beute zurückgeben müßten und die Rechtsbrecher bestraft werden sollten.

Darüber war ein mächtiger Mann sehr empört: Ambrosius, Bischof von Mailand, Sproß einer vornehmen römischen Familie und wichtiger Kirchenlehrer, stellte sich mit seiner ganzen Autorität gegen den Kaiser. Er billigte die Tat. Er entschuldigte sie nicht als eine vielleicht verständliche Ausschreitung, nein, er sah in ihr das einzig richtige christliche Handeln. Er schreibt dem Kaiser: »Warum gegen Abwesende ein Gerichtsverfahren anstrengen? Hier hast du einen gegenwärtigen und geständigen Angeklagten. Ich erkläre, daß ich die Synagoge in Brand gesteckt habe, daß jedenfalls ich es ihnen zu tun befohlen habe, um den Ort zu beseitigen, an dem Christus geleugnet wird.« Die Synagoge ist für Ambrosius ein »Ort des Unglaubens ... Heimstätte der Gottlosigkeit ..., Schlupfwinkel des Wahnsinns, der von Gott selbst verdammt worden ist«. Er fordert den Kaiser auf, den Aussagen der Juden nicht zu glauben. »Dies sind so Kniffe der Juden, die gerne verleumden ... Zu welchen Verleumdungen werden sie sich denn nicht versteigen, die auch Christus mit falschen Zeugen verleumdet haben? Zu welchen Verleumdungen sollen sich nicht diese Menschen versteigen, die auch im Bezug auf Göttliches zu lügen pflegen?«[19]

Die Brandstiftung mag noch das Werk von religiösen Fanatikern gewesen sein, von Mönchen, die sich als Hooligans aufführten und durch die Vernichtung der valentinianischen Kirche in einen Zerstörungsrausch geraten waren. Auch die Zerstörung der Gotteshäuser gehörte zum allseits angewandten Stil der antiken Glaubensdispute. Mit den Worten des hochangesehenen Bischofs freilich ändert sich die Lage. Jetzt wird das Niederbrennen der Synagoge zum religiösen Akt, zu einem Zeichen des Glaubens: Gott selbst hat die Synagoge verdammt.

Da Ambrosius seine ganze geistliche Macht hinter seine Forderung stellte, gab Kaiser Theodosius wider besseres politisches und rechtliches Wissen dem christlichen Drängen nach. Ein Präzedenzfall war geschaffen, dessen schärfste Verteidigung Jahrhunderte später Martin Luther übernehmen wird.

Der größte philosophisch-theologische Denker der christlichen Antike war Aurelius Augustinus, der von 354 bis 430 lebte – ein jüngerer Zeitgenosse des Ambrosius. Es ist hier nicht der Ort, die Bedeutung des augustinischen Denkens für unsere Kultur zu umreißen, die weit über den Rahmen des Christentums hinausgeht. Schon oft wurde dargestellt, wie viel das abendländische Denken ihm verdankt, wie viel auch die Literatur des Abendlands, für die seine »Confessiones« zu einem großen Exempel wurden. Es geht hier nicht um die »Bekenntnisse« des Mannes, nicht um seinen »Gottesstaat«, auch nicht um die Wichtigkeit, die seine Interpretation der Trinität für die Geistesgeschichte hatte. Nur das sei angemerkt: Augustinus war *der* Mann, der die Konsequenz aus dem Ausbleiben der Parusie geschichtsphilosophisch zog, der »eine den veränderten Verhältnissen angemessene Lehre«[20] entwickelte. Die Offenbarung des Johannes, die Apokalypse, wurde von ihm als Utopie der Seele interpretiert. Das messianische Reich war nicht mehr ein Reich der Verheißung, sondern mußte, soweit dies möglich war, im Millenium der Christenheit geschaffen werden. Die Orthodoxie war zeitlich gut untergebracht. Mit Christus begann ein neues Weltzeitalter. Zwei Vorstellungen können sich überschneiden: Da ist die *civitas Dei*, dieser absolute Gegensatz zur *civitas* des Caesar, zu dem in sich morschen, weltlich bösen Rom. Und da ist im Irdischen existierend die *ecclesia*, die längst keine christliche Gemeinde mehr ist, sondern die christliche Kirche. Ohne sie gibt es kein Heil. Der Satz wandte sich gegen die Häretiker, sie hängen nicht nur einer falschen Doxa an, sondern sie sind von jedem möglichen Heil abgedrängt, sie sind verdammt.

Welchen Platz haben in dieser neuen Ordnung die Juden? Augustinus hat relativ spät eine »Predigt wider die Juden« niedergeschrieben. Er wiederholt dabei manche bekannte Grobheiten. Aber er wendet auch sehr geschickt seine Kunst der Unterscheidung an, er arbeitet mit Gegensatzpaaren. Wie er den Staat Gottes gegen den Staat des Caesar stellt, so stellt er auch ein geistliches Israel gegen das fleischliche Israel. Das geistliche Israel ist die Kirche, die Gemeinschaft der – christlichen – Heiligen. Die Juden sind das fleischliche Israel. Und wer die Herkunft des augustinischen Denkens aus dem Manichäismus und seiner Lustverneinung kennt, der spürt schon in diesem Wort ›fleischlich‹ den Geschmack des Unguten, Verwerflichen.

Natürlich kann sich Israel auf seine Auserwählung berufen. Aber das Gute des Alten Testaments, die Verheißung, ist von ihm weggenommen, es bleiben nur die Stellen des Haders und des göttlichen Zorns erhalten. Wenn sie ihre Bibel lesen, so dürfen sie nur das Negative auf sich beziehen. Er spricht sie direkt an: »Wenn ihr mit Recht sagen wollt: ›Wir sind es‹, so sagt es dort, wo ihr hört: ›Für die Sünden meines Volkes ist er zu Tod geführt worden‹ (Jes 53,8). Über Christus ist dies nämlich gesagt, den ihr in euren Eltern zum Tod geführt habt; wie ein Lamm wurde er zur Opferung geführt, damit ihr das Passah, das ihr ohne Einsicht feiert, ohne Einsicht durch euer Wüten erfüllt. Wenn ihr mit Recht sagen wollt: ›Wir sind es‹, sagt es dann, wenn ihr hört: ›Verstocke das Herz dieses Volkes und verhärte ihre Ohren und blende ihre Augen!‹ (Jes 6,10)... Dann sagt ›Wir sind es‹, wenn ihr hört: ›Ihre Augen mögen umdüstert werden, daß sie nicht sehen, und ihr Rücken sei stets gebeugt.‹ Bei diesen und ähnlichen Prophezeiungen saget: ›Wir sind es‹, wo ihr ohne Zweifel seid. Aber so blind seid ihr, daß ihr behauptet, ihr seiet es, wo ihr es nicht seid, und euch nicht kennt, wo ihr es seid.«[21]

Hier kommt viel zusammen. Die Zitate aus dem Alten Testament versteht Augustinus völlig typologisch: Sie sind vorausgegangene Erkenntnisse der Wirklichkeit Jesu Christi. Der Prophet Jesaias meint Jesus, wenn er von dem Opfer spricht, und wenn er Israel verhärtet und verstockt sieht, dann bezieht sich dies auf die Tatsache, daß es nicht den Glauben an Christus annehmen wird. So muß das Passah-Fest der Juden zum Unding werden. Denn sie begehen ein Fest, die Erinnerung an den Auszug aus Ägypten und an das Schlachten der Lämmer, dessen Sinn nur in der Vorwegnahme eines anderen Ereignisses, nämlich des Kreuzestodes Christi, liegt. Und an diesem Kreuzestod sind die Eltern der Juden schuld. Die Feier der eigenen, nicht eingestandenen Schuld muß widersinnig erscheinen. Aber ist die jüdische Existenz nicht überhaupt widersinnig, wenn der Jude nicht an Jesus Christus glaubt? »Können sie etwa noch Juden genannt werden? Ihr seht doch wohl, daß sie nicht mehr Juden zu nennen sind, seitdem sie sich mit eigenem Mund von diesem Stamme lossagten, so daß sie nur dem Fleische nach den Namen Juden erhalten könnten. Und wo trennten sie sich von diesem Namen? Als sie gegen Christus schrien und tobten, da tobten sie auch gegen den Stamm Juda, gegen den Samen Davids... Jene sind also Juden, die aus Juden Christen geworden sind; die übrigen jedoch, die nicht an Christus glauben, verdienten auch den Namen einzubüßen.«[22]

Augustinus wiederholt hier die Vorstellung, daß die Juden sich selbst aufgegeben haben durch ihr Toben wider Christus; es war seiner Ansicht nach ein Toben wider den eigenen Stamm; wir würden heute sagen, gegen die eigene Identität. Sie sind nicht mehr Juden, sollen auch den Namen einbüßen.

Es mag ein schwacher Trost sein, daß aus einer solchen Formulierung hervorgeht, wie in der Zeit des Augustinus das Wort ›Jude‹ gehört wurde. Anscheinend immer noch mit einer positiven religiösen Konnotation. Augustinus nennt sie einmal die »blinden Bücherträger«[23] und faßt damit die Ambivalenz zusammen, die der christlichen Judenfeindschaft bis in die Neuzeit hinein zugrunde lag. Indem sie Bücherträger waren, also Träger der göttlichen Offenbarung, sind sie auserwählt. Aber sie sind blind, weil sie selbst die Bücher nicht lesen, nicht richtig deuten können. Denn die Wahrheit der Bücher wäre Jesus Christus.

Man kann ihnen den Namen nicht absprechen. Aber man kann die Konnotation verändern. Wenn wir nur die Blindheit, die Verstocktheit mit dem Namen verbinden, dann ist der Weg des Denkens festgelegt: Hier das wahre geistliche Israel, das die Kirche ist, dort das schon im Alten Testament gescholtene Israel, das böse Israel, das sich von seinem gütigen Gott abwendet, ihn verrät. Und Augustinus kannte die Kraft der Bedeutungen der Worte »imo in Juda omnes Judaei«: in diesem Judas Iskariot sind alle Juden enthalten. Der Name des Verräters und der Name des Volkes sind sich so ähnlich, daß auch die Gesinnung gleich sein muß.[24]

Die theologisch begründeten Ansichten des Augustinus sollten die Geschichte prägen. Sie wurden Tradition: die Gottesmörder..., das Volk, das sich selbst vernichtete... das Volk, an dem nur das Negative seiner Vergangenheit hängen blieb..., das Volk, das im Fleischlichen befangen ist, während dem Christen das Geistliche geschenkt wurde...

Ein Jude ist ein ›Judas‹, ein Verräter. Als im neunzehnten Jahrhundert der französische Hauptmann Alfred Dreyfus, der Jude, fälschlicherweise wegen Verrats an seiner Nation verurteilt wurde, wußte der traditionelle französische Christ wider besseres Faktenwissen: Der Jude war es.

Macht ihnen die Rücken krumm!

Der Althistoriker Christian Meier, Autor einer ungewöhnlichen Caesar-Monographie und wichtiger Publikationen über das Denken der Antike, hat seine Arbeit auf der Erkenntnis aufgebaut, daß uns nicht nur die Verhältnisse der früheren Zeiten fremd seien und deswegen interessant, »sondern auch die jeweiligen Arten, Mensch zu sein – und die bestimmen auch die Politik.«[1] Er will wissen, aus welchen Vorstellungen heraus der Mensch lebte, was es für Caesars Denken bedeutet hat, den Rubikon zu überschreiten. Er will wissen, was eine solche Tat im Empfinden und Handeln eines Römers war. Und um uns die so gewonnene Erkenntnis vermitteln zu können, muß er zuerst ein Stück Fremdheit zwischen der Zeit Caesars und der Jetztzeit in unserem Denken installieren. Es ist eine Unterschiedlichkeit, die natürlich vorhanden ist, die aber von den Historikern und erst recht den Historienerzählern gewöhnlich nicht erkannt und dadurch verdrängt wurde.

Auch wenn wir nicht mehr die Naivität des neunzehnten Jahrhunderts besitzen, so neigen wir noch immer dazu, unser eigenes Menschenbild in die Vergangenheit zu projizieren und damit die Vergangenheit zu verfälschen, vor allem völlig unadäquate Urteile zu fällen. Es entspricht ja geradezu der Ideologie der Neuzeit, allen historischen Erfahrungen zum Trotz das eigene liberal-aufgeklärte Menschenbild für die adäquate Reproduktion des natürlichen Menschen zu halten.

Meiers Methode, die sich gegen derartige Übernahmen wendet, kann man als ›historische Anthropologie‹ bezeichnen.

Denn sie bringt uns Kunde von den verschiedenen Formen, Mensch zu sein. Um das Handeln zu verstehen, muß man zuerst einmal wissen, welche Mentalität das Denken der Handelnden bestimmte. ›Mentalitätengeschichte‹, dieser Ausdruck wurde in den letzten Jahren geradezu zum historischen Schlagwort auch in der Bundesrepublik. Das Ursprungsland dieser Wissenschaft ist freilich Frankreich, was angesichts der Geschichte des Wortes ›Mentalität‹ nicht verwunderlich ist. Als *locus classicus* kann man eine Stelle bei Marcel Proust ansehen. Der Herzog von Guermantes ist äußerst angetan von diesem neuen Wort *mentalité* und nimmt es gerne in seinen Wortschatz auf. Was hier Proust in seinem Romanwerk »Auf der Suche nach der verlorenen Zeit« ironisch gebrochen darstellt, hat mit einem neuen Verständnis zu tun. Wobei zu sagen ist, daß es nicht die Herzöge von Guermantes waren, die aus dem Modewort eine geschichtliche Methode machten, sondern jene Historiker, die auch das Denken der Herzöge dieser und vergangener Zeiten zu einem Thema machten.

Aber bevor wir fragen, welche Mentalität die Ahnen des Herzogs im Mittelalter beseelte, als sie ihre Juden bald verfolgten, bald duldeten und ihnen dafür Geld abnahmen, bald aus Frankreich vertreiben ließen, bald wieder hereinlockten, bevor wir diese diffizilen Zusammenhänge verfolgen, sei auf den Zusammenhang hingewiesen, den Proust aufzeichnet. Im Zusammenhang mit der Affäre Dreyfus stößt der Herzog auf dies schöne neue Wort. Und das ist kein Zufall: Dies Schauspiel der zweiten Hälfte des neunzehnten Jahrhunderts, dieser Kampf zwischen der Helligkeit des radikalen Liberalismus und dem Dunkel der klerikal unterstützten Reaktion, hat sehr viel mit einer alten Mentalität zu tun, die den Christen in den Knochen zu sitzen schien, eben mit jenem Antisemitismus, die in Dreyfus den Judas, den Verräter, sehen mußte.

Aber kehren wir zu Christian Meier zurück, der nicht nur Caesars Denken darstellte, sondern auch sehr genau erklärte, was die *Polis* für die Griechen bedeutete und daß dies etwas entscheidend anderes ist als unser durch die Gymnasien übermitteltes Bild von einer schönen Demokratie der Alten. Meier erzählt in einem Gespräch mit Ulrich Rauff eine sehr hübsche Episode. Zu ihm habe einmal ein Mittelalter-Historiker gesagt: »Sie haben eben das Pech, daß die Griechen ständig im humanistischen Gymnasium gelehrt worden sind. Wir Mediävisten sind viel besser dran. Kein Mensch hat vom Mittelalter viel gewußt außer den paar Kaisergeschichten, und wir können nun sozusagen frei auf das Feld gehen, das sich uns erschließt, während in der Altertumswissenschaft erst alles mögliche zertrümmert werden muß, was da an falschen Vorstellungen herrscht.«[2]

Der Mann hat recht. Die paar Schablonen, die der durchschnittlich gebildete Mensch über das Mittelalter in seinem Kopf hat, sind rasch entfernt. Daß weder Kaiser Friedrich I. noch Kaiser Friedrich II. noch irgendein anderer Staufenherrscher etwas mit dem Kaiser Rotbart Lobesam zu tun haben, den Ludwig Uhland besingt, das weiß heute fast schon jedes gebildete Kind.

Aber es gibt die Ausnahme. Etwas wissen wir doch über das Mittelalter, ja schon über die Spätantike. Wir glauben zumindest etwas zu kennen, nämlich den Glauben. Die waren doch Christen damals. Und wir wissen, was Christentum ist. Ganz gleich, ob wir selbst gläubig oder praktizierend oder was auch immer sind, fühlen wir uns vom Christentum umgeben. Die Glocken läuten in unsere Wohnungen hinein. Die evangelischen und katholischen Kirchen in unserer Nachbarschaft sind nicht nur zur Weihnachtszeit besucht. Wir hören die Mönche und die Priester beten; wir kennen den Gesang der Nonnen. Wir sehen die Klosterfrauen, die unter dem Marienbild im Krankenhaus und in der Schule arbeiten. Und des Pastors Rede tönt von der Kanzel. Die Akademien der beiden Konfessionen sind sehr offen – allen Besuchern und fast allen Problemen unserer Zeit.

Und darum kann der Irrtum entstehen, daß das Christentum in seiner Totalität, auch das Christentum der Vergangenheit, uns nahe stünde und uns von vornherein verständlich ist. Natürlich streben wir dabei einen Stil an, der die Fehler und Verirrungen des Christentums nicht ausklammert. Aber klammern wir mit so schönen christlich-akademischen Worten nicht etwas anderes aus, nämlich das Verständnis eines früheren Christentums, das von ganz anderen Voraussetzungen ausging als den Fragestellungen der heutigen Zeit?

Wir sagen leichthin, die konservativen Christen, also wohl die Mehrheit der Christen, glauben an die gleiche Wahrheit wie die frühen Christen. Das nizäische Symbolum, das Glaubensbekenntnis des Konzils des Kaiser Konstantin, wird heute noch als das große Credo gebetet – und wurde so oft wunderbar vertont. Gott, der Vater, der Schöpfer aller Dinge, – Jesus, der Sohn, wahrer Gott vom wahren Gott, *consubstantialis* mit dem Vater. Es ist die gleiche göttliche Substanz, die in den Personen des Vaters, der die Welt erschuf, des von ihm gezeugten Sohnes, der für unser Heil starb, und des Heiligen Geistes, der lebendig macht und der durch die Propheten des Alten Testamentes gesprochen hat, enthalten ist.

Und doch – ein ›doch‹ drängt sich auf. Man muß nicht die Verbindlichkeit des nizäischen Symbolum diskutieren; man muß vielmehr fragen, welchen Stellenwert haben die Verbindlichkeiten, der Glauben an den Einen Gott in den drei Personen? Sind sie ein Heilsangebot, von dem die Kirche den Menschen erzählt in der großen Hoffnung, daß ihre Gläubigen in ihrem Glauben gestärkt und daß Ungläubige angesprochen und überzeugt werden? Sind sie etwas so entscheidend Wichtiges, daß man, manchmal auch mit allen Listen und Kniffen, sich eine Anzahl von politischen Rahmenbedingungen sichern muß, um diesen Glauben an die Kinder weitergeben und den Ungläubigen aufdrängen zu können...?

Der Kenner der Geschichte der Bundesrepublik weiß, wovon die Rede ist, von Konfessionsschulen, christlichen Kindergärten und von dem Gesangbuch, womit der leitende Herr den leitenden Herrn abschießt.[3] Aber man kann es auch sehr viel positiver formulieren: das Hilfsangebot der Caritas, die Messe, zu der jeder eingeladen ist, die Versuche, den Menschen eine Sinngebung zu vermitteln. Dies gibt es – mehr als bei uns – in den angelsächsischen Ländern, und es ist gar nicht so schlecht: Es ist der Wettbewerb zwischen den verschiedenen christlichen Konfessionen, der auch über die Ränder des Christentums hinaus wirken soll. Wer hat den schöneren Basar? Und wer hat die liebenswürdigste Nächstenliebe?

Und dies alles hat weder in seiner ernsten zentraleuropäischen noch in seiner spielerischen gütigen angelsächsischen Form auch nur irgend etwas mit dem frühen Christentum zu tun. Hier ging es um eine entsetzliche Endzeitlichkeit. Die irdische Hoffnung, die Vorstellung der Parusie, war aufgegeben oder abgedrängt worden, um so mehr ging es um die jenseitige Hoffnung.

Es gibt die Hölle. Vielleicht existiert kein schrecklicherer Satz in der Glaubensüberzeugung unserer Kultur. Gott hat Menschen verworfen; sie haben Böses getan und sie haben – nach der Auffassung der christlichen Orthodoxie – Falsches geglaubt; sie sind verdammt. Auf der anderen Seite des jenseitigen Universums gibt es natürlich die Auserwählten, die eingehen in das jenseitige Paradies. Es sind die Martyrer vor allem, die für den rechten Glauben starben, aber auch die Bekenner dieses rechten Glaubens. Und daß ihr rechtes Wissen von Gott mit einem rechten Handeln verbunden war, versteht sich fast von selbst. Die Orthopraxis ist nicht die Magd der Orthodoxie; sie ist ihre Weggefährtin; aber dies bedeutet, sie ist eine Begleiterin, die sehr wohl weiß, daß die Gesellin immer den rechten Weg im Sinn hat.

Wenn man die frühchristliche und mittelalterliche Glaubenslehre ganz ernst nimmt, dann kann man die brutale Härte gegenüber den Andersgläubigen nicht verdammen. Dieser Glaube, der fast nahtlos von der irdischen Existenz in die jenseitige übergeht, muß eine Toleranz im neuzeitlichen Sinn, also die Anerkennung eines andersartigen Glaubensinhalts, als menschenfeindlich ausgrenzen. Was nützt es, wenn ich den Arianer auf Erden gern habe und nicht verfolge? Im Jenseits wird er in die Hölle gestoßen. (Natürlich hat Gott den Spielraum seines eigenen Erbarmens. Aber kann ich mich darauf verlassen?)

Und gehören die Juden nicht ohnehin zur *massa damnata*, zu jener Masse, von der Augustinus spricht und die wohl die Mehrzahl dieser Menschen auf der Erde ausmacht? Verdammt sind sie in alle Ewigkeit, während die wenigen Auserwählten in das Himmelreich eingehen.

Wie gesagt, diese Gedankengänge sind uns heute schwer verständlich. Der Gottesbegriff hat sich dank der Anstrengungen der mittelalterlichen Philosophie in einer Weise weiterentwikkelt, die dann in späteren Zeiten ein solches höllisches Pandämonium nicht mehr zuläßt. Hans Blumenberg hat in seinem Buch »Matthäuspassion«, das sich mit der Musik des großen Johann Sebastian Bach und mit den Gottesvorstellungen der jüdisch-christlichen Kultur und der christlichen Dogmatik auseinandersetzt, einen sehr frühen christlichen Text aufgegriffen, der zu den vielen Schriften gehört, die von der theologisch vorgezeichneten Entwicklungslinie abweichen. Es ist sozusagen ein verworfener Text, der auch mit der Verworfenheit zu tun hat.

Es handelt sich um eine koptische Paulusapokalypse, die ein »Descensus ad inferos« des Apostels zum Inhalt hat; ein Hinabfahren in die Hölle. Paulus sieht vor sich die große Menge der Verdammten, das, was Augustinus später die »massa damnata« nennt. Der Paulus dieser Geschichte allerdings ist entsetzt angesichts des Gedankens, daß Gott diese Menschen erschaffen hat, um sie dann für ewige Zeit einem absoluten Leiden auszuliefern. Und er weint bittere Tränen. Aber ein Engel verweist ihn: »Warum weinst du? Bist du barmherziger als der Herr, Gott?«[4]

Natürlich kann Paulus in einer frommen Legende nicht die Antwort geben, die wir heutigen Leser eines Hans Blumenberg uns wünschen. Er kann nicht zum Prometheus, zum Gott trotzenden Titan des Christentums werden. Schließlich ist er ja rein religionsgeschichtlich gesehen der Begründer dieser Religion. Aber schon in dieser sehr frühen Legende zeigt sich die Ambivalenz eines Gottesbildes, das der christlichen Begrenzung entwachsen muß.

Der Ort, wo Heulen und Zähneklappern ist, wird von dem

Jesus der Evangelien als real existierend angenommen. Und man wird leicht dorthin geschleudert. Die Bergpredigt kennt ihn als Bestrafung für jene Menschen, die eine absolute Totalität des Liebesgebotes nicht auf sich nehmen können. Und die Schöpfer der Dogmatik sind sich sehr klar darüber, wo sich ihre intellektuellen Gegner nach dem Tod befinden. Selbst Jahrhunderte später muß Martin Luther sehr entschieden an Gottes Barmherzigkeit glauben, um offen zu lassen, wo sich Huldrych Zwingli nach seinem Tod befindet. Schließlich hatte dieser Zwingli, solange er lebte, andere Ansichten über das christliche Abendmahl.

Es fällt uns heute leicht, über diese Streitereien ironisch zu sprechen. Aber jahrhundertelang war die Christenheit bestimmt von der rasenden Angst vor der Hölle. In der christlichen Spätantike hatte sich die Furcht ausgebildet, im Mittelalter sollte sie zu so etwas wie Psychose werden, die im Laufe der Zeit immer mehr zunahm. Und das erklärt, warum die Glaubenskämpfe mit einer existentiellen Verzweiflung geführt wurden. Die sadistischen Menschen, deren Fratzen auf spätmittelalterlichen Gemälden uns entgegenstarren, sind keine beglückt bösartigen Schüler des göttlichen Marquis de Sade, es sind lebendig Verdammte.

Freilich enthält die Geschichte des weinenden Paulus auch schon ihre eigene Aufhebung. Wenn der Mensch barmherziger sein kann als dieses Wesen, das er für Gott hält, dann muß er zu einem Gott vorstoßen, der barmherziger ist als der Mensch, der ihn denkt. Aber das ist die Geschichte einer anderen, einer sehr langen Entwicklung.

Zuerst einmal ging es um einen Glauben, der katholisch war, was man in einem positiven Kontext mit allumfassend bezeichnet, was aber negativ konnotiert totalitär heißt. Er mußte sich ausdehnen, und er mußte alles durchdringen. Aber das tat er, oder das versuchte er in einem durch historische Begebenheiten besetzten Raum. Auch die Häretiker hatten ihre Geschichte.

Wobei man, wenn man sich an der Wirkung semantischer Zuordnungen orientiert, nicht immer nur von (eventuell sogenannten) Häretikern sprechen soll. Die Arianer bildeten das, was man heute eine Konfession nennt. Der Rang ihrer theologischen Vorstellungen und der Erfolg, die große Verbreitung dieses Glaubens besonders bei den Goten der Völkerwanderung, legen das Wort nahe.

Friedrich Heer, der sich in seinem Buch »Gottes erste Liebe« mit der Position der Juden im christlichen Raum auseinandersetzt, geht so weit, zu behaupten, die christliche Geschichte wäre weniger blutig verlaufen, wenn sich der Arianismus durchgesetzt hätte. Er glaubt, daß die »einseitige Vergottung des Menschen Jesus«[5] die Menschen psychisch überfordert habe. Und daß dies ein Grund ihrer Agressivität gewesen wäre.

Die Tatsache steht fest: Die Arianer waren nicht so antijüdisch eingestellt wie die Vertreter der Orthodoxie. Es mag daran liegen, daß ihre Lehre, die sich auf die Gottähnlichkeit beschränkte, sich nicht dazu verwenden ließ, die Juden als Gottesmörder abzustempeln. Es mag daran liegen, daß die Goten, die zunächst arianischen Glaubens waren, die Nuancierungen des neuen Glaubens nicht so genau verstanden und in den Juden die Nachfahren der Patriarchen und des Königs David sahen, Menschen, die sie weniger typologisch verehrten, sondern als bewunderswerte Ahnen der eigenen neuen Religion. Es mag aber auch daran liegen, daß der Arianismus nur sehr kurz herrschte und so nicht alle Möglichkeiten eines strengen Glaubens entfalten konnte.

Natürlich gibt es ein Exempel für Heers Hypothese. Es ist die Entwicklung des westgotischen Spaniens. Im Laufe der Völkerwanderung hatte es zu Beginn des sechsten Jahrhunderts einen großen Teil der Westgoten nach Spanien verschlagen. Und sie schwangen sich mit Waffengewalt zu den Herren eines Teiles von Kastilien auf. Die Westgoten waren Arianer. Der Großteil ihrer romanischen oder romanisierten iberischen Untertanen war katholisch. Es gab auch eine starke jüdische Minderheit.

Ursprünglich versuchten der westgotische Adel und das Königshaus eine ethnische Trennung aufrechtzuerhalten. Ehen mit den Romanen waren verboten. Aber die Differenzen der Christen in Glaubensfragen ermöglichten Machtkämpfe. Ein aufsässiger Fürst mußte sich lediglich zum wahren, also dem katholischen, Glauben bekennen, um den rechtlich, aber nicht religiös, legitimierten König angreifen zu können. Glaubensdifferenzen konnten von Anfang an machtpolitisch funktionalisiert werden (was die Verbindlichkeit des Glaubens nicht unbedingt aufhob).

Schließlich paßten sich die Herren an. König Leowigild erlaubte die christliche Mischehe, sein Sohn König Rekkared wurde 587 katholisch. Und dessen Nachfolger Sisibut, der von 612 bis 621 regierte, begann, die Juden zu verfolgen.

Sie waren die einzigen im Land noch lebenden Andersgläubigen. Brachte das der Katholizismus mit sich? Wir sind hier auf Vermutungen angewiesen. Und diese verlangen geradezu danach, psychologische Erwägungen anzustellen. War Rekkared, war Sisibut, war die westgotische Adelsschicht, denen ihr König ein Beispiel bot, wirklich davon überzeugt, daß die Substanz des Jesus von Nazareth völlig gleich war der Substanz des Vatergottes? Oder gab es in ihren Herzen und Hirnen nicht eine vielleicht verdrängte Stimme, die ihnen im Stil eines Gewissens sagte, daß an ihrer Bekehrung etwas faul war. Haben sie aus irgendeiner metaphysischen Angst heraus Rache geübt?

Rein politisch gesehen stellten die jüdischen Gemeinden keine Gefahr dar. Kein machtlüsterner Prinz bediente sich ihrer; das entsprach nicht der jüdischen Religion. Aber war die Existenz der Andersgläubigen nicht ein Vorwurf? Die westgotischen Herrn wandten Gewalt an. Sie zwangen ihre jüdischen Untertanen zur Taufe, obwohl dies der katholisch-christlichen Lehre widersprach.

Der römische Bischof, Papst Gregor I., der in der zweiten Hälfte des sechsten Jahrhunderts lebte und wirkte, hat sich mit seiner ganzen Autorität gegen die Zwangstaufe ausgesprochen. Vom streng christlichen Standpunkt aus hatte er recht: Die

Juden sollten wie die anderen Nicht- oder Andersgläubigen überzeugt werden. Vornehmlich durch den Glanz der christlichen Moral, deren Vorhandensein damit auch zum Desiderium wurde, sollte ihnen gezeigt werden, wo der wahre Glaube zu finden ist. Dies ist besonders deswegen notwendig, weil die jüdische Konversion zum christlichen Glauben etwas anderes darstellt als die Bekehrung irgendwelcher Heiden: Es wäre die endgültige Rechtfertigung und die Vorbereitung der so vermißten Parusie. Viele Päpste haben sich in den nächsten Jahrhunderten mit dieser Argumentation wider die Zwangstaufe gewandt. Die Zwangstaufe könnte geradezu gefährlich werden; denn sie würde den Juden daran hindern, sich wirklich, von seinem Herzen her, zu Christus zu bekennen, ihn zu finden. Nein, an eine magische Wirkung des unauslöschlichen Siegels glaubten die Päpste nicht.

Es gab im Grunde keine Abwehr von Judenverfolgungen, die nicht mit einer religiösen christlichen Überzeugung in Zusammenhang stand. Man kann nicht einfach einen vagen Humanismus vorwegnehmen. Papst Gregor hatte einen Grund, der mit seiner Darstellung der Schuld an Christi Tod zusammenhing. Er hielt sich nicht so sehr an den angeblich realistischen Bericht, der die Juden beschuldigt, sondern an eine theologische Interpretation, nach der es unsere Sünden sind, die den Kreuzestod notwendig machten. Und diese Lehre ist für den Christen noch heute gültig.

Ihren ergreifendsten Ausdruck fand die schreckliche Betroffenheit wohl in der »Matthäuspassion« des Johannes Sebastian Bach. Sämtliche Passagen, die sich judenfeindlich interpretieren ließen – die Fugetten, in denen das Durcheinanderreden charakterisiert wird –, entstammen dem Evangelientext. Was Bach an religiösen Texten hinzufügte, ist die Vollendung dessen, was Gregor intendierte. »Wir sind's, wir sollten büßen an Händen und an Füßen, gebunden in der Höll.« – Der Herr hat unser Seelenheil so hoch geachtet, daß er dafür starb.

Aber diese fromme Zerknirschung, die ein Papst anregte, ging die westgotischen Herrscher anscheinend wenig an. Was sie interessierte, war der eine Glaube, der in ihrer Region vorhanden sein sollte. Und wenn sich der Jude nicht beugte, so wurde Zwang angewandt. Nur ist das Mißtrauen aufschlußreich. Die Westgoten, die sich einer politischen Notlage anpaßten und katholisch wurden, glaubten ihren jüdischen Bürgern den Glaubenswechsel nicht.

In ihren Urkunden wird weiterhin von den »Judaei« gesprochen, und die Schikanen, die Verweigerung der Rechtssicherheit, die finanzielle Belastung, werden von den Getauften nicht weggenommen. Vornehmlich wird alles getan, um die ethnische Zusammengehörigkeit der Juden zu zerstören. Die Exogamie wurde zum Gebot. Die Kinder der getauften Juden sollten junge Menschen nicht-jüdischer Herkunft heiraten. Erst nach fünf Generationen derartiger Mischehen sollte der Judaeus zum wirklichen Christen werden – mit allen bürgerlich-christlichen Rechten.

Sisibut, der Abkömmling von Konvertiten, wußte sehr genau, was er tat. Sein Mißtrauen war in einem Punkt gerechtfertigt: Die zwangsgetauften Juden waren nicht überzeugt. Zu einem großen Teil feierten sie im geheimen die Gedenktage ihrer alten Religion weiter. Sie warteten nur darauf, das Joch der Taufe wieder abschütteln zu können.

So bleibt für uns nur die Annahme, Sisibut und seine Westgoten ließen es an den Juden aus, daß sie sich selbst einer Religion beugen mußten, die nicht ihrer Überzeugung entsprach. Es ist wohl nicht statthaft, die Vorstellung Sisibuts mit einem Rassegedanken in Zusammenhang zu bringen. In seiner Gedankenwelt gab es zwar einen Zusammenhang zwischen einem Glauben und einer ethnischen Gruppe, die diesem Glauben der Väter wohl über Generationen hinweg verpflichtet sein wollte. Aber das hat ganz einfach deswegen nichts mit dem Rassebegriff des neunzehnten und zwanzigsten Jahrhunderts zu tun, weil die semantische Grundlage für derartige Ideologien nicht bestand. Was Rasse sein könnte, wenn es sie in unseren Gegenden noch rein gäbe, konnte sich ein Westgote nicht vorstellen.

Auch die zwangsbekehrten Juden waren rechtlos. Und in dieser Situation trat ein Ereignis ein, das die Geschichte des

Abendlands veränderte. Und vor allem auch die Mentalität, die Vorstellungswelt der christlichen Menschen.

In jenen Jahren, in denen König Rekkared den christlichen Glauben ein wenig herrschaftsgerecht funktionalisierte und Papst Gregor sich um eine Verinnerlichung, verbunden mit einer äußeren Ordnung in dem von so vielen Kämpfen erschütterten Rom, bemühte, wuchs in Mekka ein Mann namens Mohammed heran, der einen Eindruck von einem halb-jüdischen Monotheismus erhielt, dem ein Engel Gabriel die Wahrheit offenbarte. Und er schuf die Religion, die man Islam nennt, und deren Kraft so rasch wuchs, daß die kriegerischen Anstrengungen der Schwiegersöhne und der Nachfolger des Propheten in kürzester Zeit mit Erfolgen belohnt wurden, die einzigartig erscheinen.

Mohammeds Flucht aus Mekka, jene Hidschra, die für die Muslims die Zeitenwende darstellt, erfolgte im Jahre 622. Im Jahre 711 wurde das westgotische Reich in Spanien von den Muslims unterworfen. Es ist nur allzu verständlich, daß die zwangsgetauften Juden mit einer neuen Herrschaft zusammenarbeiteten, die ihnen nicht nur den ursprünglichen Glauben wieder ließ, sondern die in ihnen, wenn sie diesem Glauben anhingen, auch keine Gottesmörder oder Verräter der eigenen (bekanntlich jesusorientierten – nach christlicher Ansicht) alten Religion sah.

Als Folge dieser historischen Entwicklung entstand später im zurückeroberten, rechristianisierten Spanien die Vorstellung, man müsse vom reinen alten katholischen Blut sein, um wirklich als Katholik zu gelten. Bevor sich noch Rassedenken breit machen konnte, entwickelte sich eine Religiosität, in der der Glaube der Ahnen gebetsträchtig in das Blut des Nachfahren hineingeraten ist. Leibliche Abstammung und himmlische Fürbitte verbanden sich – auch wenn eine der größten Heiligen Spaniens, Teresa von Avila, nicht die richtige Abstammung besaß. Der Großvater war Jude gewesen, hat sich taufen lassen, um einer irdischen Anerkennung willen. Es gibt viele Formen von Zwangstaufen!

Aber verlassen wir die Subtilitäten des sechzehnten Jahrhunderts, dessen weniger subtile Glaubensargumente die Scheiterhaufen bildeten, und kehren in das frühe Mittelalter zurück.

Wenn man die Geschichte der religiösen Mentalität zum Ausgangspunkt der Betrachtung nimmt, dann möchte ich das Auftreten des Islam mit dem Beginn des Mittelalters gleichsetzen. Die religöse Struktur verändert sich damit. In der späten Antike hatte es für den Christen drei Glauben gegeben: Es gab seine wahre Lehre, es gab die Juden, und es gab die Heiden. Aber was war das für ein Glaube der Heiden? Soweit er sich an Göttern und Göttergeschichten, die wir heute Mythen nennen, orientierte, war er längst in eine Phase eingetreten, in der man nichts mehr so recht ernst nahm. Als das Christentum sich in den Städten entwickelte, da waren die Heiden wirklich *Pagani*, Leute, die auf dem Lande lebten und den Jupiter als regenspendenden Gott verehrten. Längst hatten eine Philosophie und einige große Vorstellungen von typischen Helden, die Kräfte symbolisierten, den schlichten Glauben abgelöst. Es gab noch den angstvollen Glauben an irgendwelche Mächte und viele geheimnisvolle Riten. Das Christentum nimmt einige Archetypen und vor allem sehr viel Philosophie auf. Noch im hohen Mittelalter wird Aristoteles wieder wirksam werden.

Aber die Muslims waren eine ganz andere Art von Heiden. Sie waren dem Glauben an den Einen, den Allbarmherzigen Gott ergeben. Die Härte und die Verbindlichkeit ihres Monotheismus waren so allumfassend, so katholisch oder so totalitär (wie man sich nun ausdrücken möchte) wie das Christentum – zumindest, was den einzelnen Menschen angeht, der sich dem Islam hingibt. Der Islam kannte wohl das Zusammenleben mit anderen Menschen, die an die Buchreligion glauben, mit Juden und auch Christen. Einschränkungen gab es weniger aus Glaubensgründen als durch die manchmal auch sehr ungerechten Gebote der Realpolitik – oder das, was sich dafür hielt.

Es wäre interessant gerade im Zusammenhang mit unserem Thema, auf die Beziehungen Christentum – Islam mit der Methodik der Mentalitätengeschichte einzugehen. Hier seien nur zwei Hinweise erlaubt. Noch heute bevorzugt der Christ in seinem Sprachgebrauch das Wort *Allah*, wenn er von dem Gott spricht, den der Muslim anbetet und der nicht als ein anderer als der Gott der Christen betrachtet werden kann. Aber das Wort *Allah* schafft Distanz. Es klingt so, als würde man *Zeus* oder *Wotan* sagen. Der andere große Monotheismus ist ein Ärgernis. Vielleicht könnte man mit dem Wort *Jehova* eine vergleichbare Distanzierung durchführen, wenn nicht das Alte Testament die Verbindung durch eine dogmatische Klammer herstellte.

Ein Zweites: Es gibt in unseren Jahren Judenwitze, die durch eine unerträgliche Bezugnahme auf Auschwitz sich der Möglichkeit einer Zitation entziehen. Manche dieser Witze werden in der Bundesrepublik auch auf Gastarbeiter angewandt, – nicht auf alle freilich, sondern nur auf die Türken. Also auf die Menschen, die darin den Juden verwandt sind, daß sie an den Einen Gott glauben, aber anscheinend doch nicht an unseren.

Das sind späte Spuren jenes Kulturschocks, der vom Islam ausging. Und es wirkt wie eines jener hübschen nicht eingelösten Versprechen, die es in der Historie manchmal gibt, daß die religiöse Dreierkonstellation sich auch positiv auswirken kann – im Chasarenreich. Vom achten bis zum zehnten Jahrhundert soll es in einer weiten Gegend nördlich von dem keineswegs toleranten Byzanz zu einer Übereinkunft der Glauben gekommen sein. Die Chasaren, vermutlich ein Turk-Volk, lebten im Kaukasus, in der Nähe des Kaspischen und des Schwarzen Meers; sie beherrschten Tauris, aber ihre Macht reichte zeitweise bis zum Dnjepr. Das jetzige Astrachan dürfte das Zentrum ihrer Herrschaft gewesen sein. Sie duldeten alle Glaubensbekenntnisse, also vermutlich die drei großen monotheistischen Religionen. Dies war auch dadurch möglich, daß der Herrscher, der Chakan, und die ihm verbundene Oberschicht, die zuerst einmal christlich gewesen sein soll, sich zum Judentum bekannten, also zu einer Religion, die zwar Proselyten wie diesen chasarischen Adel annahm, aber nicht die Ausbreitung als religiöses Postulat aufstellte. Wir wissen freilich nicht viel über dieses Reich, das in der zweiten Hälfte des zehnten Jahrhunderts von den Russen vernichtet wurde. Dies wenige führte zu sehr sublimen literarischen Spielereien, zu dem Buch des Serben Milorad Pavić »Das Chasarische Wörterbuch«, das 1984 in Belgrad erschien.[6]

Aber lassen wir das aleatorische Spiel über Geschichte, die sich ansatzweise entwickelte, deren mögliche Folgen wir nicht kennen und in deren Phantasie wir uns so gerne verlieren möchten, um das Blut zu vergessen, das zum Himmel schreit.

Dennoch gab es in unserer Region ebenfalls ein fast versöhnendes Zwischenspiel. Zu Beginn dessen, was wir als unser westabendländisches Mittelalter bezeichnen, lebten im Reich der Karolinger Juden, die angesehen waren, deren Fähigkeiten und deren Lebensweise von ihrer christlichen Umgebung mit großer Achtung aufgenommen wurden.

Wir wissen nicht, wie alt die jüdischen Siedlungen im Rheinland und in den ursprünglichen fränkischen Provinzen waren. Soviel ist sicher, sie gingen in die vorkonstantinische Zeit zurück. Und sie hatten ein Stück Mittelmeerkultur, ein Stück Kultur des Imperium Romanum in diese Gegenden gebracht. Die Karolinger, die zuerst Majordomi unter den merowinischen Königen und dann selbst Herrscher waren, hatten keinen Grund, gegen die Juden vorzugehen.

Sie kannten noch nicht den Glaubenszwiespalt, diese Unsicherheit, die auch metaphysische Ängste hervorrufen konnte, wie sie die Westgoten erfahren haben. Seit sich Chlodwig, der große Merowinger, für den Katholizismus entschieden hatte, ließ sich damit gut leben, und man bedurfte keiner Glaubensdispute, um ein braver Christ zu sein. Oder das, was immer man darunter verstand.

Es gibt so viele gewöhnlich ideologisch verfärbte Ansichten über die Art und Weise, in der die Menschen, die wir als unsere Vorfahren empfinden, Christen wurden, daß man verzweifeln könnte. Halten wir an eine Theorie, der auch Georges Duby, der große Kenner des französischen Mittelalters, Nahrung gibt.

Das Christentum war für diese Franken, alten Gallier und später auch für die jungen Sachsen eine Inkulturation. Es kam manchmal mit Gewalt, aber gewöhnlich mit dem Pflug, mit der Möglichkeit, dem Hungertod weniger ausgeliefert zu sein.

Eine solche Situation macht dankbar, aber nicht fanatisch. Pippin der Kurze, Karl der Große und vornehmlich dessen Sohn und Nachfolger Ludwig der Fromme, dessen Judenfreundlichkeit besonders groß war, konnten sich im Christentum zurechtfinden, ohne dessen religiöse Logik übernehmen zu müssen.

Die Juden waren gute Untertanen. Sie hatten durch ihre Vielsprachigkeit, durch ihre Beziehungen in fremde Länder (es gab schließlich viele Judengemeinden auch im Osten) eine kulturelle Vormachtstellung, die sie nie politisch ausnützten. Die sie als Nicht-Christen auch nicht ausnützen konnten. Die Kämpfe um den Königsthron waren ihnen gleichgültig. Sie stellten Verbindungen des Handels her. Jüdisch waren auch die Ärzte, auf die sich der karolingische Adel verlassen konnte. Sie waren hochgebildet, sie brachten sehr viel an Erfahrungen ein – und sie waren loyal.

War das alles? Die Sympathie der Karolinger für die Juden mußte Neid und Protest hervorrufen. Wenn die Juden auf einem so hohen Niveau geduldet waren, daß man nicht einmal ihre Sklaven bekehren durfte, dann konnte sich ein christlicher Bischof schon aufregen. Es war Agobard von Lyon, ein Zeitgenosse Kaiser Ludwigs des Frommen, der Klage führte. Man hat seine Beschimpfungen der Juden oft als einen Anfang des französischen Antisemitismus zu interpretieren versucht, aber man hat darüber seine Situation vergessen. Agobard wolle das Christentum gegen einen Einfluß verteidigen, der ihm sehr stark erschien.

Warum war er so stark? Sicher waren die Juden für die Karolinger nützlich. Aber das hätte sich irgendwie intellektuell ausgleichen lassen. Für sehr viele mittelalterliche Kaiser waren die Juden von Nutzen, ohne daß dies allzu große Folgen hatte. Was faszinierte die karolingischen Kaiser?

Agobard, der Bischof von Lyon, der gegen diese jüdisch-christliche Liaison war, hat nicht nur die Vorteile aufgezählt, die die Juden seiner Ansicht nach hatten. Er wußte auch einen Grund dafür, daß er weniger Einfluß am Kaiserhof hatte als seine jüdischen Gegenspieler. Die Juden seien dem Kaiser »teuer und wert..., insbesondere wegen ihrer Patriarchen«.[7]

Dies ist sehr verständlich. Die Fürsten und der (Schwert-) Adel, die sich zu der neuen Religion bekannten, suchten Gestalten in ihr, die für sie exemplarisch waren. Und diese fanden sie direkt im Alten Testament: Es war nicht das Mysterium des Glaubens an den Einen Gott, dieses Einmalige des jüdischen Glaubens, das immer wieder auch streng christlich orientierte Menschen als das große religiöse Geheimnis schlechthin anzieht, es waren jene Geschichten, die heute manchmal abgedrängt werden und die gottesfürchtige Juden und Christen entweder in den Bereich der Allegorie verweisen oder als Aufnahme alter Mythen bibelkritisch beurteilen.

Die Geschichte von Kämpfen und Siegen, vom Ausharren in der Not und von dem Lohn eines Gottes, der noch viele Elemente eines Stammesgottes hat, wirkte anziehend. Und die Vorläufer des Retters Jesus waren Könige: In David konnte man einen Ahnen erkennen, der etwas mit den Ahnen gemein hatte, von denen die Fürsten ihr eigenes Geschlecht damals ableiteten, als sie noch nicht christianisiert waren.

Die christlichen Heiligen konnten ihre Wirkkraft erst nach ihrem Tod entwickeln, also Wunder wirken, den Menschen helfen, die zu ihnen beteten. Georges Duby hat dies in seiner Charakterisierung der mittelalterlichen Kultur einleuchtend dargestellt.[8]

Dazu kamen das Auftreten und der gesellschaftliche Status der Juden. Wenn Agobard von Lyon sich darüber beklagt, daß die Damen von Hof den Frauen der Juden ihre Kleider schenkten[9], so darf man hier keineswegs an eine karitative Sammlung denken. Das Weggeben der wertvollen Staatsroben war nicht nur eine Auszeichnung für dem Empfänger, wie wir nicht zuletzt aus der mittelalterlichen Kulturgeschichte wissen. Sondern es setzte auch voraus, daß die Empfänger diese Gewänder tragen, in ihnen repräsentieren können. Sie müssen etwas ausstrahlen, was der Würde des Schenkenden entspricht.

Die christlichen Kleriker, die wie Agobard und sein Nachfolger Amulo von Lyon die Juden verdrängen und beschimpfen wollten, verließen sich nicht nur auf augustinische Argumente. Sie versuchten durch die seltsamsten Verdrehungen alter Legenden, den Umgang mit Juden als gefährlich und gotteswidrig zu denunzieren.

Aber in der Zeit, in der auch das christliche Denken ein Nachdenken über das Imperium darstellte, in der Jesus als der gekrönte König der Apokalypse dargestellt wurde, konnte die Judenfeindschaft nicht an Boden gewinnen. Es mußte ein verändertes religiöses Empfinden sich entwickeln. Und das geschah in jenem elften Jahrhundert, in dem die phantastischen Unternehmungen der Kreuzzüge ihren Anfang nahmen.

Es gibt viele Theorien über den Ausbruch dieser Bewegung. Und viele Zeugnisse lassen Gründe erkennen, die sich fast widerprechen. Ich möchte hier auf den religiösen Wandel hinweisen. Wer sich so überaus mit dem Heiligen Land auseinandersetzt, daß er willens ist, dorthin zu ziehen, um es der Herrschaft der Ungläubigen zu entreißen, denkt weder an das römisch-christliche Imperium noch an den siegreichen Christus, der uns eine verklärte Welt verheißt.

Das Land im Osten war das Land, in dem der Mensch Jesus gelebt hat, in dem er angegriffen, verraten, verspottet und hingerichtet wurde. Es war eine Art Jesuanismus, die sich im elften Jahrhundert ausbreitete, die aber nichts mit dem zu tun hatte, was wir heute unter Jesuanismus verstehen, nichts mit der Vorstellung, daß jeder leidende Mensch ein Abbild Jesu sei. Eine solche Übertragung in eine ethische Mustergültigkeit war dem Denken des elften Jahrhunderts völlig fremd. Man sah den einzelnen Fall, den hingemordeten Gott. Und man stieß das eigene Empfinden in den Schrecken hinein. Auch die gregorianische Version hatte etwas Angstmachendes: Wenn dies meiner Sünden wegen geschah, wie kann ich da bestehen? Wie kann mir da vornehmlich die große Angst genommen werden, daß ich um meiner Sünden willen verdammt bin? Die psychische Not konnte sich mit der sozialen mischen, und es konnte eine Haßpsychose entstehen, die sich gegen das eigene Ich richtete. Dann kam es zu jenen Unterdrückungen aller leiblichen Wünsche, die der Kirche viele Heilige schenkte.

Oder der Haß entlud sich nach außen. Die Ungläubigen zu verfolgen und zu verderben, wird dann zur Rettung für meine Seele. Und der Gedanke war naheliegend. Wenn die Heilige Kirche in Jerusalem, wenn das Heilige Grab, das irdische Zeugnis der Auferstehung des Herrn, in die Hand der Ungläubigen gefallen sind, dann muß das mit jenen Menschen zu tun haben, die Jesus schon damals verfolgt haben.

Es muß wie Raserei gewesen sein. Im Jahr 1095 rief Papst Urban II. die Christen auf, das Heilige Grab zu befreien, Gott wolle es. Und Gott wollte damit auch den Kampf und das Blut der Ungläubigen. Und schon 1096 stürmten Banden, die ihrem Leben irgendeinen Zweck geben wollten, auf die Juden in Speyer ein; es folgten Pogrome in Worms, in Mainz, in Köln. Das ganze rheinländische Judentum war in äußerster Gefahr. Es gab Ermordungen zu Hunderten; es gab jüdische Selbstmorde, bei denen sich noch einmal die verfolgten israelischen Gemeinden gegenseitig stärkten.

Kreuzfahrer? Sozialer Abschaum, der seinen Sadismus austobte und dabei noch räuberisch das Eigentum der Juden an sich riß? Waren es die *Pauperes*? Eines kann man wohl sagen: Sie benutzten nicht die Kreuzzugsidee als Ausrede, sondern sie waren zweifellos überzeugt, einen Dienst an Gott zu tun. Zu ihrem eigenen Nutzen natürlich. Denn wenn es schon so schwer war, durch Tugend in die jenseitige Herrlichkeit einzugehen, so ließ sich doch vielleicht eine irdische Erlösung erzwingen. Das Tausendjährige Reich mußte schließlich kommen. Und vielleicht fand man es in Jerusalem?

So zog beispielsweise Emicho von Leimingen, Anführer der blutigsten Pogrome, mit seinen Leuten weiter nach Osten, aber er kam wie so viele Kreuzfahrer bereit auf dem Weg um. Andere hatten mehr Erfolg. Als im Jahre 1099 Jerusalem zum erstenmal erobert wurde, war dies nicht so sehr ein militärischer Erfolg jener Kreuzritter, die einen Kampf mit den Muslims führten, der dem feudalen Stil entsprach, sondern das Ergebnis erbarmungslosen Wütens der Banden, die für ihre Gegner »keine Franken, sondern lebende Teufel« waren.[10]

Und in Jerusalem wurde geschlachtet. Die Juden der Stadt hatten sich in die größte Synagoge geflüchtet, die nun von den Banden in Brand gesteckt wurde.

Die Haltung der offiziellen Kirche war in den christlichen Ländern geteilt. Einige Bischöfe schützten die Juden und verurteilten das Morden. Der Schrecken über die Banden der Armen oder Verarmten muß auch sie ergriffen haben. Aber diese einzelnen Maßnahmen waren nicht sehr erfolgreich angesichts der herrschenden Gewalt. Zudem entstanden schon damals finstere Legenden. Die Juden töten Kinder; sie haben Schuld an den Seuchen. Die Anklagen, die den religiösen Vorwurf des Gottesmordes umwucherten, sollten in späteren Jahrhunderten verstärkt werden, bis eine Welt entstand, in der die Spiele des Teufels wirklicher erschienen als die Güte Gottes.

Doch wie war es wirklich in der Zeit der Kreuzzüge? Jedem Ausbruch eines neuen Kreuzzugs schien fast obligatorisch eine Judenverfolgung vorauszugehen, ausgeführt von jenen Banden der lebenden Teufel, Asozialen, Verrohten. Es gibt eine Tendenz auch der Geschichtsschreibung, zwischen diesen Menschen und den ehrenwerten Kreuzrittern zu unterscheiden. Und zweifellos sind die Fürsten, die das Kreuz genommen und sich zum Kampf um Jerusalem verpflichtet hatten, nicht in die jüdischen Behausungen eingedrungen, um die Familien zu erschlagen und das Geld aus dem Kasten an sich zu reißen.

Die Vorstellung freilich, daß die Juden für den Kreuzzug zu zahlen hätten, daß man aus ihrem Vermögen die Finanzierung sichern müßte, war ganz allgemein verbreitet. Peter von Cluny, Abt des berühmtesten Reformklosters des Mittelalters, war davon überzeugt, daß die Juden schlimmere Feinde Gottes als die Muslims seien – die theologische Stringenz einer solchen Anschauung war ja vorbereitet. Und daß man ihnen auch darum ihr Vermögen nehmen soll, um den Heiligen Krieg führen zu können.

Es ist auf erfreuliche Weise erstaunlich, daß einer der größten Kreuzzugsprediger, der geistige Vater des Zisterzienserordens, sich gegen das Toben der Judenfeinde stellte: Bernhard von Clairvaux war auch der Ansicht, daß man kämpfen müsse, daß »Gewalt mit Gewalt zu vertreiben« sei[11]. Aber er wehrte sich dagegen, daß jene verfolgt werden, die nicht gewalttätig sind, sondern dienen, und die keine schlimmeren Wucherer seien als die Christen, die diesem Beruf nachgehen. (Das Verbot der Zinsnahme wurde schon im Mittelalter geschickt umgangen.)

Man kann sagen, Bernhard vertrat einen ritterlichen Standpunkt: Man bekämpft die Bewaffneten, die Sarazenen, aber nicht die Wehrlosen, die in diesen christlichen Ländern ohnehin eine dienende Stellung innehaben. Aber er hatte auch einen theologischen Grund: Die Vernichtung des Juden brächte auch das Heil der Endzeit in Gefahr. Noch immer sind sie aufbewahrt, sie, die mit Jesus fleischlich verwandt sind. Wenn sie endlich das Heil erkennen, dann ist das Heil auch da.

Schutz für die Juden schien ihm angesichts der rohen Ausschreitungen, angesichts der Greuel notwendig zu sein – und die offizielle Kirche bot sie den Verfolgten. Es waren nicht mehr einzelne Bischöfe, die anders handelten, als es den Ansichten des Peter von Cluny entsprach, es war der Papst selbst: Eugen III. erließ in der Mitte des zwöften Jahrhunderts die Bulle »Sicut Judaeis«, der schon verschiedene päpstliche Schriften vorangegangen sein müssen (sie sind uns nicht erhalten). Sie wendet sich gegen Überfälle auf jüdische religiöse Feiern, gegen die Zerstörung jüdischer Friedhöfe und ganz allgemein gegen Gewalttaten. Vor allem aber wird die Zwangstaufe abgelehnt und verboten. Man möge die aufnehmen, die sich freiwillig taufen lassen. Aber jene, die dazu nicht bereit sind, sollen nicht bedrängt werden – denn ein erzwungener Glaube ist kein Glaube.

Natürlich enthält ein solcher Schutzbrief keine wie immer

geartete Anerkennung der jüdischen Religion. Auch der Papst weiß, daß die Juden, die den Glauben an Jesus nicht übernehmen wollen, damit ihre eigene Religion und ihre Propheten verraten.

Es gab also auch Schutz für Juden. Aber man muß hier einschränkend an ein Lob erinnern, das von jüdischer Seite dem Mönch Bernhard von Clairvaux gespendet wurde. Er habe für seine Hilfe kein Geld genommen, keine Bestechung. Das wirft ein Licht auf die reale Existenz der Juden. Sie konnten Schutzbriefe erhalten, sie konnten sich irgendwie durchbringen, wenn sie die kirchlichen oder weltlichen Herren schmierten. Daß dabei jenes Vermögen draufging, das einst die jüdische Handelsbedeutung ausmachte, kümmerte die Herren wenig. Oder vielleicht doch sehr viel. So wurden die Juden schließlich wirtschaftlich entmachtet, und man konnte über sie verfügen. Sie mußten Geldeintreiber, Wucherer für ihre Schutzherrn sein. Und damit waren sie viel nützlicher als die Christen, die für Bernhard von Clairvaux nur getaufte Juden waren. (Das heißt natürlich auch, daß selbst für einen Judenfreund das Wort ›Jude‹ zum Schimpfwort geworden war – selbst ein Lessing ist von dieser semantischen Sichtweise Jahrhunderte später nicht frei.)

Trotzdem – und an dieses ›Trotzdem‹ muß man sich halten. Natürlich gab es einen König in Frankreich wie Philipp August, der sehr souverän das Juden-, pardon, das Geldproblem löste. Er vertrieb im Jahre 1182 die Juden und behielt ihr Vermögen ein. Die Kreuzzüge und vor allem die königliche Hofhaltung mußten finanziert werden. Und der König konnte ja nichts dafür, wenn spätere Generationen braver Christen dies Judenbild hatten: Der Jude verkauft alles, um sich einen Sack Edelsteine anzuschaffen, den er in einer halbdunklen Kammer im trüben Schein einer Kerze bewertet. Die gierigen Finger streicheln über das Edelmetall und die Steine. Wie gesagt, Philipp August und seine Mannen können nichts dafür. Das haben sie wirklich nicht gewollt. Das Edelmetall glänzt viel schöner im Sonnenlicht der durch ihre Schwerter geschützten Christen.

Aber es gab auch das andere: Der bernhardinische Geist lebte fort. Man kann gegen ihn einwenden, daß seine Sympathie für die Juden lediglich von einer christlichen Sehnsucht getragen wurde. Die Juden waren mit Jesus und den Patriarchen blutsverwandt, und auf ihrer Bekehrung lag der Geist der christlichen Hoffnung. Aber in der theologischen Position lag schon der Keim für eine Theologie, die das Primat christlicher Heilsdespotie abschütteln sollte. Im Mittelalter konnten die Juden noch nicht mehr verlangen als diesen freundlichen Glauben eines Mönches, der nicht an ihrem Geld, sondern an seiner Ehre interessiert war.

Ich kann mir auch nicht vorstellen, daß der Verfasser des »Ludus de Antichristo« von den Juden Geld annahm. Dazu war seine Idee über die durch Gott ausgezeichnete Synagoge zu spiritualistisch. Dieses Endzeit-Spiel, das dennoch eine Verklärung des Imperiums darstellen sollte, entstand in der Zeit des Kaisers Friedrich I., also des Staufers, dem besonders der verklärende, wenn auch verfälschende Ruf des herrlichen Staufers anhängt. Es wurde gegen Ende des zwölften Jahrhunderts verfaßt. Es vertrat primär die imperiale Angelegenheit. Der Autor hatte es nicht mit den damals schon existierenden nationalen Strömungen. Seine Sprache war auch Latein, die »tiutsche zunge« war ihm nicht interessant. Kurz zusammengefaßt geht das Spiel so:

Es gab eine imperiale Weltherrschaft des römischen Kaisers über Frankreich, Griechenland, Jerusalem, selbst der bösartige König von Babylon mußte sich damit abfinden (historische Wahrscheinlichkeiten hatten mit der Phantasie des Dichters nichts gemein). Und in dieser Umwelt leben die Allegorien: Heidenschaft, Synagoge, Kirche. Sie entwickeln mit großer theologischer Genauigkeit ihre Theorien. Und die Synagoge vertritt sehr gescheit die Vorzüge des Monotheismus.

Aber die Geisel Gottes kommt über die Menschheit. Es ist der Antichrist, eine Gestalt, die von den Denkern der hochrangigen, offiziellen Theologie nicht sonderlich geschätzt wurde. Sie gehörte zu den chiliastischen Elementen, zu diesen Leuten, die nichts von einer überwundenen Naherwartung hielten, sondern immer noch ein Heil wollten, ein ganzes Heil und ein Heil in unseren Tagen.

Dieser mit allen teuflischen Kräften ausgestattete Pseudo-Messias nimmt alle für sich ein; die Könige beugen sich ihm, denn er kann Wunder wirken. Selbst der Kaiser, der höchste Mann der irdischen Welt, beugt sich dem, was so offensichtlich erkennbar, so einleuchtend ist. Und auch die Synagoge scheint ihm nicht widerstehen zu können. Vielleicht ist er wirklich Emanuel, also der Retter, der ihr von Anfang an verheißen war. Aber schließlich treten jene Propheten auf, die in der jüdischen und in der christlichen Kultur mit der Endzeit in Verbindung gebracht wurden: Enoch und Elias. Und sie nehmen der Synagoge, dieser holden Frau, der durch eine Binde das Augenlicht nur auf Zeit genommen war, eben dieses Band ab.

Und die Synagoge erkennt den Todfeind der Menschen. Und nun, da sie nicht mehr – gemäß dem Pauluswort – verblendet ist, benennt sie die Gefahr. Und gleichzeitig bekennt sich sich zu der einzigen Rettung, zu Christus. Und die Kirche, die sich nun geborgen weiß, zitiert das Hohelied des Alten Testaments: »Ein Büschel Myrrhen ist mein Geliebter mir.«[12]

Der Antichrist tötet die Propheten, wie es den eschatologischen Phantasien entspricht. Er tötet die Synagoge; sie wird zur letzten Märtyrerin, bevor der endliche Sieg des Christlich-Guten einsetzt, die Verherrlichung.

Natürlich kann man auf ein solches Spiel zynisch reagieren. In der Zeit, da es verfaßt wurde, gab es genügend jüdische Martyrerinnen und Martyrer, die gerade deshalb hingeschlachtet wurden, da sie sich weigerten, an Christus zu glauben. Aber das Spiel wollte doch zeigen, daß diese Weigerung ein Vorbehalt ist, der schließlich zur Rettung der Menschheit werden sollte. Nur mußte man, um diese theologische Dialektik aufnehmen zu können, sehr viel von einem Denken der endzeitlichen Hoffnung verstehen.

Was aber verstand nun eigentlich der einfache Christ? Wir müssen hier an die soziale Schicht denken, die repräsentativ war für die intellektuellen Entscheidungen der Zeit. Und dies waren zweifellos die einfachen Ritter. Sie waren mit dem Latein nicht so vertraut, um die diffizilen Intepretationen eines Bernhard von Clairvaux oder eines Verfassers des »Ludus« mitzubekommen. Wenn diese Menschen an Kathedralen vorübergingen und die beiden weiblichen Allegorien erblickten, die Ecclesia und die Synagoga, mußten sie da sehr viel mehr denken als dies: Die eine ist siegreich, die andere ist besiegt. Und wir halten uns an die siegreiche Frau.

Wenn man freilich die Gestalten des Straßburger Münsters genau betrachtet, dann erkennt man eine seltsame Beziehung. Die Frauen sehen sich so ähnlich, daß man annehmen möchte, der Künstler hätte das gleiche Modell eingesetzt. Synagoga, im einfachen Unterkleid, mit gebrochenem Stab, mit gesenktem Haupt, die Anmut des Körpers ist zu erkennen. Und Ecclesia, mit dem schönen Gewand und dem Mantel und dem Kreuz des Siegers ausgestattet, blickt mit einem so schrecklich ernsten, angstvollen Blick auf Synagoga hin. Vergessen wir angesichts dieser Kunst alle Theologie, reden wir nicht mehr von Juden und Christen. Reden wir vom Wissen einer jungen, schönen Frau. So leicht geht es, so sieht es dann aus, wenn man nicht mehr die Auserwählte ist. Und hat diese Verstoßene nicht ein Geheimnis hinter der Augenbinde, das über das hinausgeht, was die Siegreiche weiß? Da gab es Konstantin, da gibt es die Kaiser, die Bauherren der Kathedrale, der Münster. Aber irgend etwas ist noch vorhanden. Und das kann uns vernichten oder vielleicht nur in die Armseligkeit hinaustreiben, zu den armen Seelen, die etwas von einer Erlösung erfahren, die nie geschieht? Das Gesicht der Ecclesia ist nicht larmoyant, nicht theatralisch. Es reflektiert in höchster Exaktheit die Verlorenheit der Synagoga.[13]

Aber was sollte damit der historisch-soziologisch relevante Ritter der Kreuzzugszeit anfangen? Wir haben für ihn ein Beispiel, einen Mann, der nichts mit Emicho von Leimingen und seinen Nachfolgern zu tun hatte, aber auch nicht sehr viel mit dem theologischen Raffinement des Bernhard von Clairvaux.

Walther von der Vogelweide, der um 1170 geboren wurde und 1230 starb, war weder ein wütender Antijudaist noch ein Freund der Unterdrückten. Er verfaßte allerdings ein Kreuzzugsgedicht, in dem er sich in gekonnter Rollenprosa in einen Ritter hineindachte, der das hehre Land betritt, in dem sein Herr und Erlöser gewandelt hatte. Ein Feldzug, auf den sich Walther bezog, war vermutlich bereits der dritte oder vierte Kreuzzug.

Walther läßt seinen Ritter sich sehr glücklich fühlen. Denn der kann nun alles nachempfinden: Hier erfährt der Mann seinen eigenen Wert; hier gebar die Jungfrau das Kind; hier ließ sich der Sündenreine taufen. Und er ließ sich für unsere Rettung hier verkaufen. Es ist das Land, in dem der Vater mit dem Sohn und mit dem Heiligen Geist dem Abraham erschien.

Und darum auch mußte gerade hier der Sohn wiederum wirken durch seine Auferstehung – und damit begann Leid für die Juden; der Herr zerbrach »ir huote«, ihre Sicherheit, ihren Anspruch auf menschliche Behandlung. Man sah ihn nach der Auferstehung wieder lebendig. Und das geschah wider sie, die ihn geschlagen und gestochen hatten, – wider sie, die Mörder des Herrn.

Und das Gedicht geht ganz fromm weiter. Hier weilte er noch vierzig Tage, bis er zum Himmel auffuhr; dann kam der Heilige Geist auf die Christen nieder. Und darum leuchtet jedem ein: Dies Land ist heilig durch Jesus Christus, durch sein Wirken. Es folgen einige sehr schöne Zeilen, die uns anrühren, vom Recht der Witwe und des Waisenkindes und von dem des Armen. Es ist ja ein frommes Gedicht.

Daß dies Land, auf das all diese Frömmigkeit zurückgeht, von den Christen, Juden und den Heiden als Erbe beansprucht wird, mag schmerzlich sein. Aber der Gott, der drei Namen hat, wie wir schon in der Abraham-Strophe erfahren haben, wird sich richtig entscheiden. So modern hat es Walther von der Vogelweide nicht gesagt, aber das Kriegsglück muß auf seiten der Kreuzritter sein.

Die Juden, die ihre Sicherheit verloren haben, da sie unseren

Herrn geschlagen und gestochen haben, und die durch seine Auferstehung widerlegt wurden, sind nicht das Hauptthema des Gedichts. Aber sie gehören zu dem, was der Dichter als Selbstverständlichkeit voraussetzt. So waren sie eben. Und darum mag es zwar grausam sein, wenn man sie allzusehr verfolgt; aber im allgemeinen ist die Behandlung, die sie erfahren, doch verständlich. Selbst Abraham wurde nur durch die Trinität ausgezeichnet. Warum also die Trinität leugnen? Und vornehmlich geht es doch um ihre Grausamkeit gegen diesen Jesus, der im Heiligen Land für uns gewirkt hat.[14]

Wenn dies die allgemeine Meinung war, mußten sich die Herren der Kirche nicht mehr zusammennehmen. Papst Innozenz III. war ein großer Papst; ihm ging es um eine Erneuerung des Christentums, um die Reinerhaltung des Glaubens, auch gegen die Juden. Er war der Herr des vierten Laterانischen Konzils. Und hier wurde beschlossen, was mit den Juden geschehen sollte.

Natürlich ging es zuerst einmal um die Wucherzinsen. Man hatte den Juden das Finanzgeschäft aufgebürdet, obwohl es ausgerechnet der jüdische Glaube war, der den Juden das Zinsnehmen verbat. Aber in dieser Hinsicht war man sehr fromm. Die Juden haben ja nach christlicher Ansicht ihren eigenen Glauben aufgegeben und damit auch das Verbot, Zinsen zu nehmen. Dieses im Alten Testament verankerte Gebot konnte durch die neue Regelung ad absurdum geführt werden. Das ›wußten‹ schon frühere Christen.

Aber die Berater Innozenz' III. gingen weiter: Man muß den armen Christen helfen, die sich bei Juden verschuldet hatten. Wenn sie nicht mehr zahlen konnten, dann sollten die Fürsten für sie eintreten und die Juden zurückhalten. Natürlich war die Tendenz beigegeben. Die Christen sollten auch gefälligst jedes Geschäft mit Juden meiden.

So weit, so schlecht. Derartiges hatte man schon früher vernommen. Aber dann kommt das, was die eigentliche Infamie ausmacht. Die Juden sollen gezeichnet werden. Sie sollen nicht die gleichen Kleider wie die Christen tragen. Die Gleichheit führte ja schon in der Vergangenheit häufig zu einer Situation, in der Christen und Juden miteinander auskommen konnten. Aber jetzt sollten sie abgestempelt werden. Daß ihre Kleidung eher seltsam, eher komisch wirkt, das entsprach der Tendenz des Konzils. Diese Menschen, die sich aus Borniertheit weigerten, den rechten Glauben anzunehmen, sollten nun auch gezeichnet werden. Sie sollten sich durch eine Kleidung von den Christen unterscheiden, die schlicht komisch war, die uns zum Witzemachen hinreißen kann. Die Juden – das ist doch was Lachhaftes. Und natürlich müssen die Fürsten, die Könige und Kaiser sich ihrer annehmen. Sie müssen diese seltsamen Personen in ihre Kammerknechtschaft aufnehmen. Sie sind doch Menschen – oder?

Und das klang lange nach. Schaut euch die Juden an! Längst sind es nicht nur die häßlichen Kleider, längst ist es alles, was zum Erscheinungsbild beiträgt. Wie komisch ist doch ›Sarahleben‹? Selbst ihr Mann muß lachen, wenn am Strandbad die Wellen sie liebkosen wollen. Die Wellen brechen sich danach. Und der brave Christ des neunzehnten Jahrhunderts amüsiert sich über diesen guten Witz. Er war auf die »Fliegenden Blätter« abonniert. Wie komisch sind doch diese Juden! Und der assimilierte Jude, der nicht mitlachte, war ein elender Spielverderber.

Natürlich darf oder soll man diese Juden verjagen. Und wenn man das gerade nicht tat, dann sollte man sie zwingen, ein Abzeichen zu tragen. Einen gelben Ring zum Beispiel, einen gelben Fleck. Man mußte nur die richtige Farbe über sie ausschütten. Gelb – das steht für Neid, Mißgunst, für alle Laster der Leute, die man abgeschoben, ausgesondert hat.

Die Juden waren abgestempelt. Die Kreuzzüge haben sie arm gemacht. Durch das vierte Laterankonzil waren sie Menschen geworden, die durch eine komische Kleidung, durch groteske Hüte auffielen. Wer muß darüber nicht lachen? Der gelbe Reif auf der Brust zeichnete sie aus – sie sind das, was der Christ nicht gerne duldete. Nicht Emicho von Leimingen, sondern die psychologische Klugheit eines Papstes hat sie fertiggemacht. Es war ein Kübel gelber Farbe. Fini du tout!

Die Wucherungen der Legenden – Mord

Die Knaben sterben, die Knaben gehen zugrunde. Kein Älterwerden, keine Veränderung eines Mädchens ist so augenfällig wie das, was sich in der Pubertät des männlichen Geschlechts vollzieht. Wir kennen das Wort Stimmbruch für die Mutation des Knabensoprans und des Knabenalts hin zu der männlichen Stimme des Erwachsenen. Und das Wort Bruch ist überaus richtig; eine große Veränderung findet statt.

Auf diese Tatsache der Entwicklung hat der menschliche Geist in seiner Geschichte auf vielfache Weise reagiert. Es gibt Mythen wie den des Kinderkönigs, des Knaben, der schließlich alles Leid eines Landes beendet durch sein wunderbares Erscheinen. Eine Spur von diesem Traum ist in dem bekanntesten Weihnachtslied enthalten: »Holder Knabe im lockigen Haar«. So kann man kaum ein neugeborenes Kind beschreiben. Wir stellen uns, wenn wir das Lied singen oder ihm zuhören, »Christus, den Retter«, der da ist, schon etwas größer vor. So wie ihn unzählige Maler und Krippenbauer dargestellt haben. Als ein Kind, das, wenn ihm die Hirten, noch mehr, wenn ihm die Heiligen Drei Könige huldigen, aufrecht im Schoß der Mutter sitzend und segnend sein Händchen ausstreckt. Den Windeln hat er seinen zarten Körper längst entwunden.

Es gibt dafür keine evangelische Begründung, aber es gehört zu den Reizen einer alten Kunst, daß man aus diesem Knaben einen kleinen König oder kaiserlichen Weltherrscher machte, das Christkind in der Barockzeit mit einem herrlichen Mantel bekleidete, mit Krone, Szepter und Weltkugel schmückte.

Als Edith Stein in den Karmel aufgenommen wurde, hatte sie vor sich auf dem Klostertisch einen solchen Christkind-König, eine Puppe, die ihren Jesus-Bräutigam darstellte; das war Brauch: Verklärung der Jungfräulichkeit durch die Verbindung mit dem Knaben.

Holder Knabe – kehren wir zum Evangelium zurück! König Herodes wollte diesen einen Knaben töten. Da er ihn nicht finden konnte, ermordete er alle jene ›unschuldigen Kindlein‹ von Bethlehem, die in der katholischen Kirche als erste Martyrer verehrt werden.

Und hier wird schon ein Empfindungs-Typus erkennbar. Der Knabe, der in seiner Vorläufigkeit etwas so Zartes, Reines ist, muß die Aggression auf sich ziehen. Es muß den Bösen reizen, ihn zu verletzen, zu töten. Allein den Bösen? Es gab in der vorchristlichen Zeit die Opferung von Knaben. Die Phönizier töteten als Gabe für ihren Gott den erstgeborenen Sohn. In den Religionen, die in unser kulturelles Bewußtsein eingegangen sind, lebt die Vorstellung eines solchen Opfers noch fort. In der griechischen Mythologie geschieht dies in einer fast spielerischen Weise. Der schöne Knabe Ganymed wird von einem Adler entführt, damit er dem Göttervater Zeus als Mundschenk diene.

In einer sehr ernsten Weise taucht die Vorstellung in der Bibel auf. Abraham wurde aufgerufen, das größte Opfer seinem Gott zu bringen, Isaak, den Sohn, auf dem die Verheißung ruhte, zu töten. Aber sein Gott wollte nur die Bereitschaft, nicht die Tat. Die Dichterin Else Lasker-Schüler sieht es im lyrischen Bild:

Und Gott ermahnte: Abraham!
Er brach vom Kamm des Meeres Muscheln ab und Schwamm
Hoch auf den Blöcken den Altar zu schmücken.

Und trug den einzigen Sohn gebunden auf den Rücken
Zu werden seinem großen Herrn gerecht –
Der aber liebte seinen Knecht.[1]

Ich würde auf diese Geschichte des Abraham nicht so ausführlich eingehen, wenn sie nicht immer wieder dazu gedient hätte, die Härte des Alten Testaments und seines Gottes zu betonen, um damit den Kontrast zu den Evangelien zu verschärfen. Auch in dieser Isaak-Geschichte zeigt sich Gott, der das eiserne Gesetz der absoluten Unterwerfung kennt.

Eine kritische Untersuchung der Geschichte zeigt freilich das Gegenteil. Die Israeliten waren umgeben von Völkern, die wie die Phönizier das Knabenopfer kannten, ihre Söhne dem Gott darbrachten. Konnte da nicht die Idee aufkommen, auf Israel könne kein Segen liegen, denn es opfere seinem Gotte nicht in gleicher Weise? Und hier zeigt nun diese legendäre Erzählung, daß Israels Stammvater Abraham nicht schwächer im Glauben war als die Herren der Nachbarländer, daß vielmehr Israels Gott die Aufopferung ablehnt, mit traditionell christlichem Tonfall würde man sagen, daß er ein Gott der Liebe ist.

Else Lasker-Schüler, die ganz sicher keine wissenschaftliche Kritikerin des Bibeltextes war, hat diese Spannung intuitiv erkannt und ohne jeden falschen Zungenschlag in ihre Formulierung eingeführt. Der Gedankenstrich am Schluß der vorletzten Zeile und der betonte Einsatz der letzten Worte machen diesen guten Bruch deutlich. Und das Verbum ›lieben‹ weiß nicht einmal mehr von der Peinlichkeit, die seinem Substantiv im religiösen Kontext zugemutet wird.

Aber im Hochmittelalter ging es nicht um Bibelkritik oder um lyrische Differenzierungen in Zusammenhang mit jüdischen Themen. Das Isaak-Opfer war nichts weiter als eine Vorwegnahme des Kreuzesopfers Jesu Christi. Und ging darum die verstockten Juden nichts an, es sei denn, sie würden die Lehre aus der Geschichte ziehen und sich zu Jesus bekehren. So lange sie dies nicht taten, konnten um sie die Legenden wuchern, sie waren ja jetzt abgeschoben, ausgegrenzt, abgetrennt von den ordentlichen Christen. Die Bösen, die sie waren, mußten Böses tun. Und das Böseste, was man ihnen zutraute, war der mörderische Haß auf die Knaben. Von all den Verbrechen, die man den Juden nachsagte, wirkte keines so eindrucksvoll wie der Ritualmord.

Die Vorstellung, die in Prozessen, auf Bildern, in frommen Gedichten immer wieder reproduziert wurde, könnte an eine Phantasie des Marquis de Sade erinnern, wenn dieser Libertin ein keuscher Christ gewesen wäre und also das ihm Gefallende verdrängt und anderen nachgesagt hätte: Ein Knabe wird geraubt, entführt, wird von häßlichen, viehischen Menschen zum Opfer erkoren, verwundet, so daß sein Blut hervorspritzt. Das rote Blut entströmt dem weißen Körper des armen entkleideten, gefesselten Wesen...

Zweifellos war es eine Sexualphantasie, die solche Bilder produzierte. Schon die Krallen des Adlers, der Ganymed ergriffen hatte, mußten in das Fleisch eingedrungen sein. Gerade weil der Knabe in seiner kindlichen Erscheinungsform dem Untergang geweiht ist, läßt sich dieser Untergang in ein perverses Fest verwandeln, nun ausgeführt von Menschen, die das Teuflische verkörpern. Man kann die Struktur ausmachen: Gewaltphantasien, die soweit unterdrückt sind, daß man sich sogar der bloßen Möglicheit eines Traumes schämt, werden objektiviert – in die Menschen hineingelegt, ihnen nachgesagt, die so böse sind, wie man selbst wäre, wenn man dergleichen sich wünschte.

Wobei die Perversion im wahrsten Sinn des Wortes sogar noch weiter geht. Die Geschichte wird noch einmal verdreht. Es sind keine sexuellen Gelüste, die diese Mörder anstacheln, es muß ein religiöses Ritual sein. Hier mischen sich Erinnerungen und Verwerfungen. Das frühe Kinderopfer, das man (das kulturelle ›man‹) selbst nicht mehr darbrachte, wird den Bösen als der für sie typische Gottesdienst unterschoben. Diese anderen sind die moralisch Zurückgebliebenen, die in sich Verwerflichen. In diesem Stil findet sich der Vorwurf des rituellen Kindermords auch in anderen Kulturen. Er wurde im alten China erhoben; auch die frühen Christen sahen sich in der Antike ihm ausgeliefert.

Aber dieser Typ der religiös aggressiven Beschimpfung konnte sich im christlich-jüdischen Spannungsfeld besonders gut entwickeln, weil er sich mit anderen Vorstellungen verband. Die Juden haben die Kinder nicht nur rituell geschlachtet – nach den schmähenden Ansichten ihrer christlichen Verfolger –, sondern sie haben sich des herausströmenden Blutes bedient, ja bedienen müssen. Viele Christen des Mittelalters glaubten, die Juden verwendeten das Blut zur Herstellung der Matzen, des ungesäuerten Brotes der Passahtage. Man wußte also offensichtlich, daß die Juden aus religiösen Gründen in der Passahwoche ein besonderes Brot essen mußten. Und daß dies Brot von besonderer Reinheit sein mußte – es durfte (und darf) keinen Sauerteig enthalten.

Das Matzenbrot ist nun in christlicher typologischer Sicht die Vorahnung der Hostie, die nach der mittelalterlichen und der katholischen Transsubstantiationslehre durch das Wort des Priesters zum Leib von Jesus Christus wird. Und diese Wandlung ist ihrerseits eine Wiederholung des Kreuzestodes Christi, also des Opfers, durch das die Menschheit erlöst wurde: Christi Blut hat sie reingewaschen. Das Blut wurde Rettung. Und das Zeichen dieser Rettung ist ein Ding, das in seiner Substanz genau das Gegenteil eines Leibes, eines Körpers darstellt: das völlig reine Brot.

Für die strenge Lehre muß hier das Geheimnis im Glauben verborgen sein: Alle Sinne sind ausgeschaltet; das Auge wird getäuscht wie der Geschmackssinn. Nur der Glaube an das Dogma ist seligmachend. Die Menschen, die eingehüllt waren in ihre religiöse Welt, konnten freilich auch der Rebellion der unterdrückten Sinne ausgeliefert sein. Wieviel leichter ließe sich die reine Lehre aufnehmen, wenn man alle Zweifel der unreinen Phantasien abwehren und diese dann in andere logischerweise böse Menschen hineinprojizieren könnte. Das ungesäuerte Brot der Juden mußte das enthalten, was die Hostie enthielt, ohne daß man es erspürte: das Fleisch und das Blut eines Unschuldigen. Wo sich im Christlichen eine absolute, kaum nachvollziehbare Vergeistigung vollzieht, da mußte der ganze irdische Abfall aufgefangen werden, von denen aufgefangen werden, die von ihrer Umwelt als Gegen-Christen angesehen werden können.

Dem entspricht auch eine zweite Vorstellung über die Verwendung des Blutes der geschlachteten Knaben: Die Juden sind nach primär-christlichem Deuten sowohl moralisch böse als auch physisch kranke Menschen; sie haben schlechtes Blut; sie bedürfen eines anderen, des christlichen Blutes, um von den angeblichen Schwären und ekelhaften, stinkenden Krankheiten frei zu werden. Auch für sie ist das christliche Blut demnach ein Heil. Und wir hören im Hintergrund die Formulierung des Evangeliums: »Sein Blut komme über uns und unsere Kinder.« Auf perverse Art müssen sie sich immer wieder Christenblut verschaffen.

Angesichts dieses Feldes von Konnotationen, dieser Struktur von Vorstellungen, in denen Leib, Blut und Brot stets als Komponenten auftreten, ist eine Verwandtschaft zwischen dem Ritualmord und dem anderen antijüdischen Vorwurf der Hostienschändung leicht festzustellen. Juden sollen Hostien in ihre Gewalt gebracht und entehrt haben. Aber durch ein Blutwunder wurde das Verbrechen entdeckt. Die Bestrafung der Übeltäter und die Verehrung der wunderbar geretteten Hostie bilden das blutige und das erhabene Ende der Geschichte.

Die Anklage war schon deswegen absurd, weil jeder Mißbrauch der Hostie voraussetzt, daß der Täter an die Gegenwart Jesu in der konsekrierten, also vom Priester gewandelten Hostie glaubt. Sicher gab es Christen, die aus dem Ritus einen magischen Vorgang machten und glaubten, mit Hostien zaubern zu können, sich und ihrer Familie und ihrem Vieh durch Hostien Heil zu bringen. Und es entspricht Vorstellungen, daß man das Absurde annimmt, einen nicht vorhandenen Glauben in Haß gegen den Glauben verwandelt und den Menschen, die an die Präsenz Jesu im Heiligen Brot nicht glauben, unterstellt, daß sie im Grunde schon glauben, das Wissen aber nur aus Haß leugnen und das Heilige schänden. Eine solche Übertragung des Geglaubten, eine solche Unterdückung der eigenen Zweifel am Geglaubten, ist sehr nützlich: Die Juden müssen durch ihre Bosheit beweisen, daß unser Herr in der Hostie ist.

Und so kommt die alte Legende, die sich im Ostchristentum

entwickelt hat, nur allzu gelegen: Hostien, die man verwundet, fangen zu bluten an. Wenn man nicht mehr glaubt oder wenn man das Geglaubte verhöhnen und bös pervertieren möchte, müßte das Wunder augenfällig werden. Aber wer will es darauf ankommen lassen? Man muß wieder das Verbrechen, das man eigentlich selbst gerne begehen würde, in die anderen hineinlegen. Die Juden schänden die Hostie – und die Christen erfahren die Glaubensgewißheit durch das nun strömende Blut ihres Erlösers.

Im Jahre 1144 wurde kurz vor dem Karfreitag in Norwich in England die Leiche eines Lehrlings gefunden. Irgendwie war er zu Tode gekommen; er mag ermordet worden sein. Aber die Nähe zum christlichen Fest mobilisierte die Gemüter; das müssen die Juden getan haben. Die Behörden verhalten sich zurückhaltend; sie wollen keine Unruhen. Aber es gibt Zusammenrottungen. Ein Ritter ermordet einen Juden, bei dem er auch noch verschuldet war; der Anlaß war allzu günstig. Es geschieht nicht viel mehr. Aber es entsteht ein Wallfahrtsort: William von Norwich ist ein kleiner Heiliger geworden. Und wer zu ihm pilgert, weiß genau, wer ihn mordete: die Juden.

Und bald weiß man auf dem Kontinent auch von derartigen Verbrechen. In Deutschland werden Leichen von jungen Menschen gefunden, und das führt jedesmal zu einer Verfolgung der Juden. Zuerst waren es Pogrome; wann immer es zu einem Anlaß kam, ein ermordetes Kind aufgefunden wurde, oder ein Kind verlorenging, wurden die Juden verantwortlich gemacht. Und das war ein Grund, um über sie herzufallen, um etliche zu töten, um sie aus der Gemeinde zu vertreiben.

Und bald folgten den blutigen Pogromen die Prozesse, die der Blutigkeit die Qualen der Folter hinzufügten. Es genügte nicht mehr, einen Kinderleichnam vorweisen zu können, man mußte die Juden selbst zum Geständnis ihrer Schuld bringen. Als im Jahr 1235 in der Nähe von Fulda das Haus eines Müllers niederbrannte, starben seine fünf Kinder im Feuer. Es kam das Gerücht auf, daß Juden das Blut der Kinder in Schläuchen weggetragen hätten. Darauf wurden über dreißig Juden festgenommen und der Folter ausgeliefert. Unter der Qual haben zwei Juden das Verbrechen, das sie nicht begangen hatten, zugegeben. Das reichte für den Volkszorn aus, alle angeklagten Juden zu ermorden.

Der Volkszorn – das waren anfangs Horden von Menschen, die aus ihrem sozialen Umfeld gerissen worden waren. Sie zogen umher; sie gaben sich als Kreuzfahrer aus. Sie überfielen das Land und versuchten, sich irgendwie räuberisch durchzubringen. Sie verfolgten, ermordeten und beraubten vor allem die Juden. Ein Anlaß war immer gegeben. Wenn es schon vor dem vierten Laterankonzil den Vorwurf des Ritualmordes und der Hostienschändung gab, so konnte man nach diesem kirchlichen Beschluß, die Juden von allen guten Christen zu trennen, erst recht alle Beschuldigungen gegen sie erheben. 1288 soll sich der Tod des jungen Werner von Bacharach ereignet haben. Er lebte in Oberwesel, in der Nähe Bacharachs, und arbeitete bei Juden. Von diesen soll er auch aus rituellen Gründen hingemordet worden sein. In einer späteren Chronik heißt es, »die hätten damals Werner an den Füßen aufgehängt, um eine Hostie, die er im Begriff war zu verschlucken, in Besitz zu nehmen.«[2]

Diese Anschuldigung, die den Mord mit der Hostienschändung in Verbindung bringt, führte damals zu einem Pogrom. Und sie führte zu viel mehr: zu einer Verehrung des Knaben, die in die Volksfrömmigkeit einging. Die offizielle Kirche war mehr als zurückhaltend; es gab selbst eine antijüdische Begründung der Abwehr: So heiligmäßig kann der Knabe doch nicht gewesen sein, wenn er bei Juden arbeitete. Aber das nützte nichts. Werner wurde weiter verehrt, obwohl es nie zu einer Selig- oder Heiligsprechung kam. Aber daß man eine solche Kanonisation im fünfzehnten Jahrhundert anstrebte, zeigt, wie innig das Volk an dieser Legende hing.

Im neunzehnten Jahrhundert hat Heinrich Heine ein Stück Prosa verfaßt, das fragmentarisch blieb, »Der Rabbi von Bacharach«. Und hier berichtet er, daß zu Ehren dieses Werner »zu Oberwesel jene prächtige Abtei gestiftet [wurde], die jetzt am Rhein eine der schönsten Ruinen bildet, und mit der gotischen Herrlichkeit ihrer langen spitzbögigen Fenster, stolz emporschießenden Pfeiler und Steinschnitzereien uns so sehr entzückt, wenn wir an einem heitergrünen Sommertage vorbeifahren und ihren Ursprung nicht kennen. Zu Ehren dieses Heiligen wurden am Rhein noch drei andre große Kirchen errichtet, und unzählige Juden getötet und mißhandelt.«[3]

Heine hat mit diesen Sätzen den Zwiespalt der historischen Erinnerung aufgezeigt. Das ästhetische Entzücken an einer Kunst der Vergangenheit steht im schroffen Widerspruch zum historischen Wissen. Es sind die getöteten und mißhandelten Juden, die dem Ausdruck »finsteres Mittelalter« seine Berechtigung geben. Ein Ritualmord gehörte dazu. Die Legende gab die Dignität. Und um die Legende zu halten, mußte gefoltert, gemordet, mißhandelt werden.

Rosemarie Schuder und Rudolf Hirsch gehen in ihrem Buch »Der gelbe Fleck« den Geschichten nach, die des Mittelalters schwarze Seite so deutlich machen wie der Anblick der Kathedralen dessen helle Seite. Es gab viele Ritualmord-Legenden und Prozesse. Einige prägten sich ganz besonders dem Bewußtsein ein. Es gab die Beschuldigungen der Hostienschändung: Im Jahr 1336 geschah Erstaunliches in der bayerischen Stadt Deggendorf: »Einige Bürger wollten gesehen haben, wie Juden eine Hostie geschändet hätten. Dann geschah ein Jahr lang nichts. Aber an einem genau verabredeten Tag, am 30. September 1337, ließ man die Glocken läuten. Und der Ritter Hartmann von Deggenburg zog mit all seinen Knechten heran, auf Veranlassung des Rates von Deggendorf oder, wie es damals hieß, Deckendorf. Sie wurden von der Bevölkerung mit großem Jubel empfangen. Der Ritter mit seinen Gefolgsleuten und Einwohner der Stadt überfielen die Juden und ermordeten sie alle. Sie wurden verbrannt, ihre Habe wurde ihnen geraubt. Ohne Untersuchung. Ohne Befragung. Ohne Prozeß.«[4]

Man kann die letzte Aussage fast nicht ohne verzweifelte Erleichterung lesen. Denn das Schlimmste, was auf die Juden zukommen konnte, war der Prozeß. Die Folterungen mußten dazu führen, daß die Juden die ihnen zur Last gelegten Verbrechen zugaben. Und es gehören sehr starke Nerven oder eine geringe Fähigkeit zur Einfühlung dazu, um das lesen zu können, was uns an Prozeßberichten überliefert ist.[5] Die Peiniger hatten eine sehr genaue Vorstellung von den Gründen der Juden, Kinder zu morden oder Hostien zu schänden. Aber selbst, wenn ein jüdisches Folteropfer den Qualen nicht mehr standhielt und irgendwas gestehen wollte, was es nicht getan hatte, um wenigtens durch einen etwas rascheren Tod erlöst zu werden, konnte dieser jüdische Mensch nicht wissen, was man von ihm erwartete: Hatte er das Christenblut als Heilmittel gebraucht oder im Zusammenhang mit der Beschneidung? Hatte er es gebraucht, um den angeblich vorhandenen üblen Körpergeruch zu entfernen? Hatte er es gebraucht, um seine Matzen zuzubereiten?

Der Haß und die Verfolgung der Juden hatten durch ein entsetzliches Ereignis neue Formen angenommen. In den Jahren 1347/48 war durch Europa der Schwarze Tod gezogen, wie ein Gespenst, ein apokalyptischer Reiter. Zwar hatte es immer wieder Epidemien gegeben, die Landstriche in menschenleere Ödnisse verwandelte, aber in diesen beiden Jahren ging durch die abendländischen Gebiete etwas viel Schlimmeres: die orientalische Pest. Die früheren Plagen konnten als Strafgerichte Gottes verstanden werden. Aber jetzt kamen so viel Leid und Schmerz auf die Menschen nieder, daß sie es nicht mehr ertragen konnten. Die Tatsache, daß fast ein Drittel der europäischen Bevölkerung hinweggerafft wurde, führte zu einer entsetzlichen psychischen Pein und zu einer schweren Störung der sozialen Struktur. Die Menschen, die überlebten, waren fähig, alle irrationalen Erklärungen aufzunehmen. Sie waren zu allem bereit.

Geißler zogen durch die Länder und brachten die Opfer ihres Blutes dar. Prediger versuchten sich an einer Sinngebung und stießen die Menschen in eine Wut hinein. Man konnte die Aggression gegen sich selbst richten, konnte sich auspeitschen oder sich quälen lassen. Die Wucherungen einer abstrusen

Frömmigkeit ermöglichten masochistische Perversionen. Aber man konnte auch sich entlasten und nach Schuldigen suchen. Schon zu Beginn des vierzehnten Jahrhunderts war die Geschichte aufgetaucht: Die Juden haben sich verschworen; sie machen mit den Aussätzigen gemeinsame Sache und vergiften die Brunnen.

Auch der Schwarze Tod konnte als Ergebnis einer weiten Brunnenvergiftung verstanden werden. Denn dann hatte der Christ seine Schuld los. Dann waren es nicht seine Sünden, die den Zorn Gottes heraufbeschworen hatten, dann war es zuerst einmal die irdische Bosheit der Juden, die das alles unter sich verabredet hatten; dann war es zum zweiten die metaphysische Verworfenheit dieser Menschen: Das erklärt das Leid. – Die Verachteten wurden zu Anti-Christen. Sie verfolgten die Gutgläubigen. Und damit mußte die Heilsgewißheit des Gottes nicht zerstört sein. Nicht Gott hat ihn, diesen einzelnen Menschen, bestraft, indem er seine Familie, seine Nachbarn, seine Geschäftspartner hinwegraffte, sondern die Söhne des Teufels haben ihn verfolgt.

Die Geißler, die in die Religion mit aufgerissenem Mund hineinfielen, wußten, was geschehen war, und ihre zerpeitschten Körper wurden zum Sinnbild einer allgemeinen Verwirrung. Die Menschen glaubten zu spüren, daß sie selbst schuld sein könnten und rangen mit aller Brutalität um die Erkenntnis, daß die anderen schuld sind. Die anderen schlechthin aber waren die Juden.

Die Vorstellung einer Brunnenvergiftung kam der Realität nahe. Es waren Vergiftungen, Infizierungen, die diese Pest verbreiteten. Die mangelnde Hygiene der Zeit ermöglichte die Übertragungen von Bakterien, die tödlich wirkten. Aber das konnte nicht erkannt werden. Das Vernichtende, das aus einer natürlichen Verbreitung kam, mußte gedeutet werden. Und dafür boten sich die Juden an – gemäß dem Bild, das sich die Christen von ihnen gemacht hatten.

Nach der Zeit des Schwarzen Todes wurden alle Vorwürfe gegen die Juden bitterer, böser. Und diese Vorstellungen vergingen nicht so schnell; das hatte sich in das Gebein der Empfindung eingefressen.

Der Ort Endingen liegt im Breisgau; dort hatten im Jahr 1470 einige Arbeiter bei einer normalen Grabung ein paar Skelette entdeckt. Dabei war ihnen aufgefallen, daß einige Kinderskelette ohne Kopf waren. Dazu kam eine Erinnerung: Acht Jahre zuvor, 1462, hatten die Juden, die in diesem Ort wohnten, das Passahfest besonders festlich begangen. Das mußte zu denken geben. Die Menschen, die hier eine Entscheidung zu treffen hatten, waren nicht unbeeinflußt von dem, was in der Literatur, was auf dem Theater der Zeit geboten wurde: Unser Herr Jesus, der die Schläge der Juden ertragen muß. Unser Herr Jesus, der angespien wird und mit Dornen gekrönt. Die Passionsspiele in diesem Jahrhundert wurden so realistisch aufgeführt, daß der Darsteller des Jesus schwere körperliche Schäden davontrug. Es kam sogar zu Todesfällen, wobei die Hoffnung bleiben konnte, daß ein christlicher Jesus-Darsteller, wenn er bei dem frommen Spektakel starb, schnurstracks in den Himmel kam.

Aber wenn schon die fiktiven Juden, die von Christen gespielt wurden, so grausam waren, wieviel mehr mußten es die echten Juden sein. Die Bürger von Endingen konnten dies sehen. Im Protokoll des Geschehnisses steht der Satz: »dann man wisse wol, das den morde nieman anndres gethon hab, dann die juden.«[6]

Dieses ›man‹, das es weiß, wird fast allmächtig. Man wußte, man bedurfte keiner Fakten, keiner Nachweise. Man mußte sich nur einen Juden fangen – in Endingen war es ein Elias – und ihn solange foltern, bis er zugab, an etwas teilgenommen zu haben, etwas gesehen zu haben, was der Phantasie seiner Folterer entgegenkam.

Es gab standhafte Menschen, die selbst den schrecklichsten Tod erduldeten, ohne sich in die Phantastik ihrer Mörder zu verlieren. Es gab auch schwache Menschen. In Endingen preßte man aus Opfern viele Dinge heraus. Das Blut der jungen Christen sei verkauft worden. Und wieder schnappte wie ein Schloß das Vorurteil in seine Scharniere ein. Verkaufen – wenn dies die Juden taten, dann erinnerte sich der brave Christ an die dreißig Silberlinge des Judas Iskariot. Juden kauften auf verbrecherische Weise, wie die Pharisäer den Leib sanfter Christen, und Juden verkauften wie Judas ihren Erlöser. Das entsetzliche Bild stimmte wieder. Die wirklichen Mörder und Folterer konnten sich im Recht fühlen. Einer der angeklagten Juden gab ein wirres Bündel von Gründen an, warum brauchen die Juden das Blut der christlichen Kinder? Weil es heilsam ist, weil es Fallsucht heilt, weil es den Juden einen guten Geruch gibt, denn von Natur aus stinken die Juden; weil die Juden das Blut für ihre durch die Beschneidung geschwächten Kinder nötig hatten? Warum eigentlich und wieso? Der Gefolterte, der Mann, dem man die Gewichte an die Beine gebunden hatte, als man ihn hochzerrte, der Mann, dem man die Qualen zufügte, konnte keine Antwort wissen. Wer heute die Berichte liest, kann sich seine körperlichen und seelischen Qualen vorstellen.

Das war tiefstes Mittelalter. Wir zucken zusammen, wenn wir von den Torturen hören. Trotz dem, was sich an grauenhaften Dingen in unserem Jahrhundert ereignete, trotz den bestialischen Ereignissen in den Konzentrationslagern will man die mittelalterlichen Bilder wegschieben. Das alles – die städtischen Richter, die Juden quälten, die Männer der Inquisition, die Juden auf Geständnisse so lange vorbereiteten, bis es keinen anderen Ausweg mehr gab – ist uns ferne. Unverständlich, Relikt einer vergangenen Zeit. Es waren religiöse Verirrungen, die damals zu Greueltaten führten.

Aber sind diese Verirrungen wirklich aus dem kollektiven Bewußtsein geschwunden? Besser gefragt: Gibt es diese Vorstellungen noch, die zu den Schrecken führten? War das, was die Nazis zu ihrem Holocaust trieb, so etwas ganz anderes als die Motivation, die man sich in der Zeit des finsteren Mittelalters ausdachte?

Im Jahre 1918 hat der Schriftsteller Artur Dinter ein Buch veröffentlicht, das den Titel trug »Die Sünde wider das Blut«, ein antisemitisches Machwerk, so weiß es jedes Nachschlagewerk. Man kann es als ein besonders übles antisemitisches Machwerk bezeichnen, als eine Erfindung zudem, die jede Realität ausschaltete und sich in absurden Vorstellungen verliert. Wie damals im Mittelalter oder nicht? Eine deutschblütige Frau hat mit einem Juden ein Verhältnis gehabt. Später lernt sie einen edlen Deutschen kennen, der Hermann heißt und von seiner früheren Frau, einer sogenannten Halbjüdin, schon gequält worden war. Die Rassefremde war sexuell zu auschweifend. Und außerdem war deren Vater ein Bordellbesitzer.

Da muß der geschiedene Ehemann glücklich sein, ein arisches Mädchen lieben zu dürfen. Aber bald stellt sich der Makel dar: Das Kind der zweiten Frau trägt die »Kainsmerkmale«[7] der ›jüdischen Rasse‹. Die Mutter war durch die frühe Verbindung mit dem Juden vergiftet. Und der Rest heißt Katastrophe. Der Vater verzweifelt, Mutter und Kind gehen in den Tod. Der Autor hängt seiner Geschichte noch eine pseudowissenschaftliche Erklärung an, die man vergessen muß.

Aber darf man auch das abstoßende Hauptthema des Buches vergessen? Die Vorstellung, daß es schlechtes Blut gibt, dem man einen Zuschuß an gutem Blut verschaffen muß, das andererseits in jeder Verbindung das gute Blut der Deutschen oder der Arier verdirbt, ist so alt, daß man sie so ehrwürdig nennen könnte wie des Teufels Großmutter. Der Jude, der den Knaben schlachtet, um sich gutes Blut zu verschaffen, und der Jude, der die Frau verführt, um damit ihr Blut zu verderben und auch das Blut ihres Kindes, das sie dann töten muß, sind Verwandte – in der Vorstellung der Menschen, die ihren Haß in Geschichten verwandeln. Der gutblütige Christ und der reinblütige Arier werden von den gleichen Verbrechern verfolgt. Ein solcher Irrglauben ging in das Gewure der Vorurteile ein – vom Mittelalter bis heute.

Daß die drei Juden in Endingen, die angeklagt waren, verurteilt wurden, versteht sich von selbst. Und die Juden, die mit der Sache überhaupt nichts zu tun haben konnten, wurden vertrieben. Dann mußte sich der Endinger Bürger auch nicht mehr mit seinen Gläubigern herumschlagen. Wenn er Geld bei dem Juden aufgenommen hatte, so war er jetzt aller Schulden ledig. Und diese Annehmlichkeit mußte er von keinem anderen Glücksfall ableiten als von dem, daß er ein guter Christ war und die Feinde Christi verfolgt hatte.

Das berühmteste Kind, das je angeblich gemordet wurde, war der kleine Simon von Trient. Er war noch am Leben, als 1475 in seiner Heimatstadt ein großer Prediger auftrat. Es war der Franziskaner Bernhardin da Feltre. Er gehörte jenem Bettelorden an, der zu Beginn des dreizehnten Jahrhunderts von dem heiligen Mann Franziskus von Assissi gegründet worden war. Damals hatte Papst Innozenz III. einen Orden zugelassen, der durch seine mystische Sehnsucht, durch seine Liebe zur Armut auf höchst idealistische Weise dem Zeitgeist widersprach. Innozenz war ein kluger Mann, er wußte, daß die Menschen immer auch des Widerspruchs bedürfen, der großen Verneinung ihrer realen Vorbilder. Der tüchtige Kaufmann, der im dreizehnten Jahrhundert zu einem neuen Leitbild neben dem des tapferen Ritters wurde, wollte neben sich das absolute Gegenbeipiel sehen: den Bettelmönch, der dem Besitz entsagt und die Almosen dazu verwendet, durch sein Gebet die Sünden des Kaufmanns vor Gott zu tilgen. Man kann Geld auch auf eine religiöse Weise reinwaschen. Und deswegen spendete der christliche Kapitalist gerne ein wenig von seinem Verdienst auch dem Bruder, der die Kutte des heiligen Franziskus trug.

In diese Weltordnung paßte der Jude nicht hinein. Für den Kaufmann war er etwas, was man wegdrängen mußte. Ganz gleich, ob der Jude noch Konkurrent war, oder ob man sich bei ihm nur verschuldet hatte, er war zum Ärgernis geworden. Und das Gefühl paßte sich der christlichen Judenfeindschaft so außerordentlich gut an. In der Fastenzeit des Jahres 1475 mußte Bernhardin von Feltre in seiner Predigt nur die Juden verdammen und ein Unglück voraussagen, schon konnte der Funke zünden. Am Gründonnerstag ging das Kind Simon, der Sohn eines Gerbers, verloren. Der Bischof von Trient predigte gegen die Juden; deren Häuser wurden durchsucht. Schließlich fand ein jüdischer Hofbesitzer eine Kinderleiche.

Und damit begannen die Folterungen. »Gegenargumente wurden nicht zur Kenntnis genommen. Man hatte den Bischof darauf hingewiesen, daß möglicherweise die Leiche von einem Nachbarn in den Fluß geworfen war. Dieser Nachbar hatte einen Prozeß gegen Samuel [den Hofbesitzer, der die Kinderleiche fand, E. E.] verloren und wollte sich wahrscheinlich rächen. Seine Vernehmung war kurz und schmerzlos, er wurde wieder freigelassen.«[8]

Auch dieser Tatbestand wiederholte sich überall dort, wo Juden im Mittelalter und bis in die hierin keineswegs aufklärungsbesessene Neuzeit verfolgt wurden. Judenfeinde schmuggelten Kinderleichen in die Häuser der Juden, um damit einen Pogrom auszulösen. Man mußte die Juden beschuldigen und eine Durchsuchung veranlassen. Die Leiche war Falle und Beweis zugleich.

Die untergeschobene Kinderleiche – sie wurde zum Inbegriff der bösesten Judenverfolgung, bis es die Gaskammern gab. Der Fall des Simon von Trient hatte weit mehr Opfer zur Folge als die Juden, die damals in Trient starben. Denn die Ritualmordgeschichte bekam noch eine neuartige religiöse Weihe.

Die Stellungnahme der offiziellen Kirche machte hier nämlich einen Wandel durch. Ursprünglich waren die Päpste entschiedene Gegner der Ritualmord-Legenden gewesen. Schon im Jahre 1247 hatte sich Papst Innozenz IV. in einer Bulle gegen derartige Vorstellungen gewandt:

»Wir haben die jammervolle Klage der Juden Deutschlands vernommen, daß einzelne geistliche und weltliche Fürsten und andere Adelige und Machthaber in euren Staaten und Diözesen [die Adressaten der Bulle waren die deutschen Bischöfe; E. E.], um ungerechterweise ihre Güter zu plündern und sich anzueignen, gottlose Anschläge gegen sie ersinnen und mannigfache und verschiedene Lügen erdichten, ohne vernünftig bedenken, daß gewissermaßen aus ihrem [dem jüdischen; E. E.] Archiv die Zeugnisse des christlichen Glaubens hervorgegangen sind. Obwohl die Heilige Schrift unter anderen Gesetzesvorschriften sagt: ›Du sollst nicht töten‹ und ihnen verbietet, am Passah-

Fest etwas Verstorbenes zu berühren, erheben jene die falsche Beschuldigung, daß die Juden gerade an diesem Fest das Herz eines gemordeten Kindes unter sich verteilen, und manche glauben, daß das Gesetz es so befehle, während so etwas offenkundig dem Gesetz zuwider ist, und wenn irgendwo ein Leichnam gefunden wird, legt man böswillig ihnen den Mord zur Last. Durch solche und andere zahlreiche Erdichtungen, wütet man gegen sie ... entgegen den ihnen vom apostolischen Stuhl gnädig gewährten Privilegien, beraubt man sie wider Gott und Gerechtigkeit aller ihrer Güter, bedrückt sie mit Hunger, Gefängnis und Qualen ... verurteilt möglichst viele zu dem schimpflichsten Tode ... Da wir nicht wollen, daß die genannten Juden mit Unrecht verfolgt werden, deren Bekehrung der Herr erbarmungsvoll erwartet ..., bestimmen wir, daß ihr euch ihnen gegenüber gnädig und gütig zeigt.«[9]

In diesem Text des Papstes sind die wichtigsten Vorstellungen zusammengefaßt. Der Papst erkannte sehr klar, daß die angeblich religiösen Vorwürfe für die Profiteure einer Verfolgung und Vertreibung der Juden funktionalen Charakter haben; diese können sich durch himmelschreiendes Unrecht bereichern. Dies aber widerspricht nicht nur der Menschlichkeit, sondern auch der kirchlichen Lehre über die Juden. Gott erwartet ihre Bekehrung, und da er hierin erbarmungsvoll ist, muß auch der christliche Mensch gütig sein. Und Juden gegenüber gerecht zu sein, ist ja Güte – nach der Vorstellung des Papstes. Die gnädige Aussage des Apostolischen Stuhls impliziert ein Judenbild, das nicht auf die Zeit des dreizehnten Jahrhunderts beschränkt blieb. Der Jude empfängt die »gnädig gewährten Privilegien« und lebt dann in einer sanften Bescheidenheit, hält sich an die Beschränkungen, die ihm auferlegt wurden. Er soll im Grunde friedlich warten, bis ihm die endliche Gnade Gottes zuteil und er Christ wird.

Das ist keine Überinterpretation. Denn Papst Innozenz IV. hat sich auch in einem anderen Zusammenhang mit den Juden beschäftigt. Sein Vorgänger Gregor IX. hatte 1239 angeordnet, daß die Fürsten Sorge tragen sollen, den Talmud, also die hebräischen Handschriften, die ihn enthielten, zu vernichten. Eine Bücherverbrennung war damals keine symbolische Handlung, sondern konnte angesichts der geringen Zahl der Manuskripte zur völligen Vernichtung einer Überlieferung führen. Und das hatte der Papst im Sinn. Denn die Existenz des Talmud zeigte ihm an, daß die Juden sich nicht auf die Heilige Schrift beschränken, die sie mit den Christen gemein haben, sondern daß sie weitere religiöse Schriften kennen. Das ist für den Papst verwerflich, weil sich dadurch die Juden seinem Welt- und Gottesbild entziehen. Sie beschränken sich nicht auf das, was sie mit den Christen gemein hatten, sondern fühlen sich einer eigenständigen Tradition verpflichtet, die nach der Zeit von Jesus Christus entstanden war. Sie haben ihre Religion weiterentwickelt. Und das war für die strenggläubigen Christen unerträglich. Eine religiöse Schrift, die ein von Gott um seiner Missetat willen verworfenes Volk verfaßt hatte, mußte abscheulich sein; sie widersprach der christlichen Ordnung. Papst Gregor IX. stellte es autoritativ fest. Im Talmud sind »viele mißbräuchliche und scheußliche Dinge, die dem Leser und Hörer Scham und Abscheu einflößen.«[10]

Und darum muß der Talmud vernichtet werden. Freilich wollte der König von Frankreich, Ludwig der Heilige, in dessen Land sich vor allem die intellektuellen Auseinandersetzungen abspielten, rationale Begründungen hören. Es kam zu einem offiziellen Streitgespräch zwischen christlichen und jüdischen Gelehrten. Aber dessen Ausgang stand fest: Die Christen mußten gewinnen. Alle Vorurteile der Machthaber sprachen gegen die Juden, und es bedurfte nur eines Zufalls, um der antijüdischen Tendenz zum Sieg zu verhelfen. Ein judenfreundlicher Bischof starb unversehens, und schon hatte der brave Christ sein Gottesurteil zur Hand: Hätte Gott ihn sterben lassen, wenn er nicht auf der falschen Seite, der Seite der überzogenen Toleranz gestanden wäre?

Nun konnten die Bücher brennen. Heinrich Heine, der in seinem Herzen den Schmerz der jüdischen Geschichte und den Schmerz des Zwiespalts zwischen ihr und der christlich-abendländischen Geschichte trug, wußte um die Konsequenzen: Wo die Bücher brennen, werden bald auch die Menschen brennen. Der Verwerfung jüdischen Denkens folgt die Inquisition.

Papst Innozenz IV. hatte es schwer. Auf der einen Seite glaubte er an die Verwerflichkeit der jüdischen Schriften, an die Schamlosigkeit einer Religion, die Jesus leugnet. Aber auf der anderen Seite hörte er sich die Argumente der Juden an und kam zu dem Schluß: Wenn wir schon die Juden dulden müssen, sollen wir ihnen nicht auch die Bücher lassen, die sie nötig haben, um die Bibel zu verstehen?

Aber dieser Schluß entsprach nicht dem Eifer der Theologen. Eine Kommission, der auch der Kirchenlehrer Albertus Magnus angehörte, untersuchte die Schriften des Talmud, zumindest den Teil, der ihnen von Rabbinern ausgehändigt worden war, und verwarfen sie. Man kann sich die Kriterien vorstellen: Waren diese Schriften für die christliche Seite nützlich? Waren sie so aufgebaut, daß sie die Ungläubigen zur Bekehrung motivieren konnten? Wenn das nicht der Fall war, dann mußten sie verworfen werden. Und sie wurden verworfen: Innozenz IV. erkannte das Urteil der Theologen an.

Es gab sogar die Tendenz einer Minderheit der mittelalterlichen Theologen, den Talmud nicht zu verbrennen, sondern mit ihm zu arbeiten. Das hieß freilich, diese Theologen versuchten anhand des Talmud, die Richtigkeit ihres, des christlichen, Glaubens nachzuweisen. Denn dies war die Grundtendenz, mit der man sowohl eine Verfolgung wie eine Duldung der Juden rechtfertigte.

Aber diese rein operativ wirkende Talmudfreundlichkeit war eine fast schon kuriose Ausnahme. In der Kirche hat sich die Tendenz durchgesetzt, den Talmud nicht nur abzulehnen, sondern im strengen Sinne des Wortes zu verteufeln: Papst Benedikt XIII. hielt in seiner Judenbulle vom Jahr 1415 den Talmud für überaus gefährlich: »Der Talmud ist nach dem Zeugnis neubekehrter Christen [also getaufter Juden; E. E.] von Söhnen des Teufels in der Zeit nach Christi Geburt vollendet; ... in ihm sind viele Ketzereien und Irrtümer enthalten, die nicht nur dem

Neuen, sondern auch dem Alten Testament widersprechen sowie den guten Sitten und dem gesunden Menschenverstande, und die durch keine Auslegung gerechtfertigt werden können, wie verschiedentlich in Anwesenheit der Juden bewiesen worden ist.«[11]

Die Söhne des Teufels – dieser Ausdruck erinnert an das Johannesevangelium. Auch die weitere Begründung einer Verwerfung hält sich an die christliche Lehre. Im Sinne der mittelalterlichen Philosophie muß das, was dem Christentum widerspricht, auch der Natur widersprechen, also dem normalen menschlichen Denken: Das im Talmud Vorgebrachte ist nicht nur böse, sondern es ist nach Ansicht des Papstes und seiner Theologen falsch und abstrus.

Und die Nachwirkung solcher päpstlichen Lehrauffassungen war stark. Talmud und Kabbala, die jüdischen Schriften, die nach den Evangelien entstanden, wurden so gründlich verteufelt und verketzert und als unsinniges Gespinst von wirren Gedanken abgetan, daß sie im kulturellen Bewußtsein für die Irrwege eines religiösen Denkens stehen konnten. Erst nach der Emanzipation der Juden im neunzehnten Jahrhundert konnten diese Schriften von einem Teil der Interessierten, die nicht jüdischen Glaubens waren, rezipiert werden. Vorher gab es einzelne Christen, die sich damit befaßten, aber sie waren eine verschwindende Minderheit: einzelne Theologen, einzelne Gelehrte.

Für die Mehrzahl der christlichen Menschen blieben diese jüdischen Bücher auch dann ein Ausdruck des Abstrusen, wenn sie nicht von einem antisemitischen Vorurteil als verwerflich abgelehnt wurden. Es gab eine negative Selektion der Überlieferung: Während bei den christlichen Kirchenlehrern das Befremdliche vergessen und nur nach einem Allgemeingültigen geforscht wurde, stellte der Talmud das Sonderbare, Groteske und Abstruse einer Religion dar. Das ist sachlich falsch. Der Talmud zeigt neben Zeitbedingtem die vollendete Konsequenz einer monotheistischen Hochreligion auf; aber schon die Tatsache, daß man dies betonen muß, verweist auf die Jahrhunderte einer Verächtlichmachung. Und die Menschen, die sich über ihn und die Kabbala lediglich amüsierten, gewöhnlich ohne die Texte zu kennen, haben sich zum großen Teil keineswegs als Antisemiten empfunden, denn diese verteufelten ihn ja.

Der mittelalterliche Kampf gegen den Talmud steht in engem Zusammenhang mit den Disputationen, den religiösen Streitgesprächen, die es zwischen Christen und Juden gab. Schon der Ausdruck, mit dem man diese Auseinandersetzungen versieht, ist irreführend. Ein Gespräch, eine Disputation sollte eigentlich unter Gleichberechtigten ausgetragen werden; es sollte Argument gegen Argument stehen, und es sollte zumindest die Fiktion gegeben sein, daß der Teilnehmer, der zu überzeugen versteht, den Sieg davonträgt.

Aber die von den Christen angeregten oder gewöhnlich von ihnen befohlenen Disputationen hatten ein anderes Ziel. Der Sieger stand von vornherein fest. Es mußte der christliche Theologe sein, denn die christliche geistliche und weltliche Obrigkeit versuchte mit einer solchen Disputation, die Juden zum wahren Glauben zu bringen. Es war kein Zufall, daß die meisten Religionsgespräche in Spanien stattfanden, wo die Juden vor den endgültigen Vertreibungen noch angesehen waren und gesellschaftlich bedeutende Positionen einnahmen. Hier wollte man anfangs ihnen einen Teppich ausbreiten, der auf eine etwas vornehmere Weise zur christlichen Kapelle führte als die früher exerzierten Zwangstufen.

Die Disputationen waren »Mittel der Mission«.[12] Und deswegen wurden sie auch anfangs fair geführt. Als sich in Barcelona im Jahre 1263 Paulus Christianus und Moses ben Nachman trafen, stand noch Argument gegen Argument. Aber als sich der Rabbiner Nachman nicht davon überzeugen ließ, daß seine Messias-Vorstellung falsch ist und nach Beendigung des Disputes seine Ansichten in polemischem Stil niederschrieb, hörte die anfängliche Toleranz auf. Rabbi Nachman wurde nach einer Intervention des Papstes aus Aragon verbannt. Er mußte nach Jerusalem flüchten. Dort konnte der Greis noch manches Gute für seine jüdischen Brüder wirken.

Aber die christlichen Maßnahmen gegen die Juden, die sich nicht bekehren lassen wollten, konnten auch sehr viel härter sein. Man hatte Rabbi Nachman immerhin noch argumentieren lassen. Bei späteren Disputationen, wie bei jener von Tortosa, die 1413 und 1414 stattfand, wurde mit brutalen Mitteln gearbeitet. Oft wurden, während die Rabbiner zu der Disputation fuhren, ihre Gemeinden bedrängt, umgesiedelt, zur Taufe gezwungen; es kam zu Morden, zu Vertreibungen.

Denn wenn die Rechnung nicht aufging, mußte der Jude zahlen. Das Ende waren häufig genug die Scheiterhaufen der Inquisition oder die Flucht aus dem Land. Das Wort ›judenfrei‹ haben die Nazis eingeführt. Aber das Faktum, das ihm zugrunde liegt, ist eine Erfindung der Fürsten des Mittelalters. England, Frankreich und zuletzt Spanien warfen die Juden hinaus. Die Fürsten wollten sich bereichern, mit ihren Schuldnern ihre Schulden auslöschen, aber sie wollten auch das eine: den Pfahl im christlichen Fleisch loshaben.

Die Judenmission wäre nicht so ein inniges Ziel der Christen gewesen, wenn nicht eine Angst dagewesen wäre, die große Angst einer Gesellschaft, die im Glauben und aus dem Glauben heraus sich selbst definierte. Wenn dieser Glaube nicht überzeugte, wo kämen dann die Menschen hin? Dieser Satz soll ganz wörtlich verstanden werden: Wo kämen sie dann nach ihrem Tod hin? Das, was man heute mit Judenmission bezeichnet, war etwas anderes als die moderne Heidenmission. Es war nicht der menschenfreundliche Versuch, irgendwelche halbexotischen Völker zu bekehren, sondern es war das Verlangen nach Rechtfertigung der eigenen Weltsicht, der existentiellen Grundlage.

Und das mußte der Papst mit der Macht seiner Autorität unterstützen. Was er nicht unterstützen mußte und was sehr viele Päpste nicht unterstützen wollten, waren die Legenden. Innozenz IV. war hierin ein Prototyp: Die Auseinandersetzung, die Verwerfung des Talmud waren in (christlicher) Ordnung, aber die Hinnahme von legendären Vorstellungen, die außerdem zum Teil nichtchristlichen Ursprungs waren, konnte nicht angehen. Ritualmorde wie Hostienschändungen waren Vorwürfe, die nicht abgesegnet werden durften.

Innozenz IV. hat den funktionalen Charakter betont, also die Tatsache, daß sich die Christen bei diesen Verfolgungen bereicherten. Aber es gab noch einen anderen Grund der Ablehnung. Das waren die Aversion und die Angst der offiziellen Kirche gegenüber der religiösen Hysterie. Blutwunder, ob bei toten Knaben, deren Leichen bluteten, wenn angeblich schuldige Juden in die Nähe kamen, oder bei Hostien, die entehrt worden waren, entsprachen nicht den Vorstellungen einer würdigen Religion. Der hohe Klerus versuchte dergleichen abzuwerten; die Päpste haben sehr wohl erkannt, daß sich da das gemeine Volk seine Glaubensgewißheiten auf eine Weise erobern wollte, die allem scholastischen Wissen widersprach. Und doch – es gab eine böse Wende. Und hier wird der Fall des Simon von Trient zu einem Musterfall. Als Papst Sixtus IV. von dem Prozeß hörte, verhielt er sich genauso wie sein Vorgänger Innozenz IV. Er protestierte. Er wehrte sich gegen etwas, das ihm als blutiges Unrecht erscheinen mußte. Aber es gab Kommissionen. Und genauso, wie in der Frage der Bewertung des Talmud Innozenz IV. sich einer Kommission beugte, gab auch hier der Papst nach. Der Vorsitzende der Kommission war ein Freund des Bernhardin von Feltre gewesen. Und so entsprach der Bericht den Gedanken des Franziskaners. »Papst Sixtus IV. erklärte das Verfahren für formell einwandfrei, aber er verbot, die Juden weiter zu verfolgen. Doch vierzehn waren schon hingerichtet.«[13]

Der Bischof vertrieb die anderen Juden aus Trient. Und Simon wurde zu einem kleinen lieben Heiligen. Ein Kind. Wie sehr konnte man es verehren! Wie sehr konnte sich alle Sehnsucht nach diesem vergänglich schönen Wesen in die Frömmigkeit einschleichen. Ein solches Kind mußte von der Kirche als Heiliger anerkannt, kanonisiert werden. Und es wurde dann immer noch mehr verehrt, was ebenfalls Geld einbrachte, die Pilger ließen sich nicht lumpen. Und das brachte das Verlangen der frommen Beobachter mit sich, daß sich in ihrem Ort Gleiches mit gleichem Erfolg ereignen möge. Das heilige Kind – die verbrannten und die vertriebenen Juden: Dieses Schauspiel konnte sich wiederholen.

Rudolf Hirsch und Rosemarie Schuder schließen ihr Kapitel über Simon von Trient mit dem Satz ab: »Erst im Jahre 1965 machte eine päpstliche Kommission die Kanonisierung des heiligen Simon rückgängig und verkündete: Die Trienter Juden sind einem Justizirrtum zum Opfer gefallen.«[14]

Es war nicht nur ein Justiz-, sondern auch ein Glaubensirrtum. Der hatte seine Folgen. Die christlichen Gemeinden sahen, wie vorteilhaft es war, einen kleinen Heiligen zu haben. Und so bekam Simon seine Gefährten. In einem Dorf namens Rinn in der Nähe von Innsbruck starb im Jahre 1462 ein kleines Kind, Andreas Oxner. Als sich die Legende des Simon ausbreitete, wurde dieser Tod mystifiziert. Auch dieser Knabe muß von Juden ermordet worden sein. Wer Tirol liebhatte, der hatte auch diesen kleinen Märtyrer des Christentums lieb. Anderl von Rinn wurde nicht nur von einem Kaiser, von Maximilian I., verehrt, er wurde auch im Jahre 1752, als sich beim wahrscheinlich nicht vorhandenen besten Willen nichts mehr nachweisen ließ, seliggesprochen. Und alle braven Leute wallfahrteten zu ihm und kannten auch den Stein, auf dem er von den bösen Juden geschlachtet wurde. Es gibt natürlich keinen Nachweis dafür, aber die Verehrung wirkt weiter. Als in unserer Zeit, in der Zeit nach Auschwitz, der Vatikan gegen diese Frömmigkeit vorging und der zuständige Bischof die Kapelle des Anderl von Rinn schließen ließ, begehrten die gläubigen Wallfahrer auf; 1955 fragten die Bauern: »Wie will der Papst in Rom wissen, was vor 400 Jahren bei uns gewesen ist?«[15] Und die Auseinandersetzung um den österreichischen Präsidenten Kurt Waldheim und seine braune Vergangenheit hat dem Anderl von Rinn weitere Verehrer zugetrieben. Wie gut ›wußten‹ diese Menschen doch, daß der Kult um diesen zu Tode gekommenen Knaben nichts mit den Kinderleichen der nazistischen Vernichtungslager zu tun hat, sondern ›nur‹ mit der scheußlichen Rechtfertigung einer alten Judenfeindschaft.

Es gibt noch viele Exempel: Als der Bischof Heinrich von Regensburg im Jahre 1476 durch Trient reiste, nahm er die Verehrung wahr und sah deren Nutzen ein. Bald ereignete sich in Regensburg angeblich ein Ritualmord. In dem Prozeß tauchte ein zusätzliches Motiv auf: Die Juden handelten mit dem Christenblut. Wie eine jüdische Verschwörung hinter den vorgeblichen Brunnenvergiftungen stand, so gab es die große Mafia der Menschen, die sich gegenseitig mit dem heilsamen Blut versorgten.

Sicher hörten im sechzehnten Jahrhundert nach der Reformation die Prozesse auf, aber die Vorstellung blieb noch lange erhalten. Im Jahrhundert der Naturwissenschaften konnten die Antisemiten noch immer mit alten Angstvorstellungen arbeiten. Noch kurz vor 1900 kam es zu Blutanklagen und zu dem Rat der antisemitischen Hetzer an die deutschen Bürger, sie mögen doch besonders in der Zeit des Osterfestes auf ihre Kinder achtgeben, wenn sie in der Nähe von Juden wohnten.

Die scharfe Barmherzigkeit und die sanfte Liebe

Martin Luther und die Juden – der Reformator und die große theologische Frage: Das ist ein bitteres Kapitel. In Luther mischten sich die Strenge der alten Glaubenslehre mit der Vorwegnahme einer neuen Zeit, die persönlichen Leiden eines bis in die Tiefe seiner Existenz hinein verwundeten Menschen mit einem fast pathologischen Zwang, seine Qualen in schreckliche Vorstellungen hinein projizieren zu müssen. Martin Luther war ein religiöses Genie: Es gibt kein unglückliches Bewußtsein in der Welt des Glaubens, das der Reformator nicht durchgemacht hätte. Er mußte zum kaum noch erreichbaren Ausgleich dafür nach Opfern suchen. Und er fand sie unter anderem auch bei den Juden, bei diesen, seiner Ansicht nach, von Gottes Zorn Verworfenen.

Aber es geht hier nicht nur um Luther; es geht auch um die Luther-Tradition, um Simplifizierungen und Verflachungen. Es entspricht einer tradierten Schablone, von einem jungen Luther zu sprechen, der judenfreundlich gewesen sei, und von einem alten Luther, der voller Haß auf die Juden gehetzt und von den Fürsten Strafmaßnahmen für ihren Unglauben gefordert hat. Das ist der böse alte Luther, dessen Ausdrucksweise, dessen Vorliebe für fäkalische Metaphern selbst den Gebildeten unter den Antisemiten zuviel waren.

Der Theologe Wilhelm Maurer hat meines Erachtens sehr richtig nachgewiesen, daß diese Unterscheidung nicht stimmt.[1] Es gab sehr große Unterschiede in der Artikulation, also auch in der Empfindungsweise eines jungen Menschen, der voller

Erwartung ist und nach Anerkennung von jeder Seite dürstet, und der eines alten Mannes, der seine Bitterkeit, dies zerstörerische Gefühl eines Glaubensleidens, das auch Selbsthaß war, hinausbrüllte in eine Welt, die ihn nicht zu verstehen, sondern nur zu benutzen schien. Aber trotz dieser Differenz war der Glaube des Martin Luther immer unverändert; seine theologischen Aussagen blieben sich gleich. Und sehr vieles an dieser Theologie berührt den Leser nicht nachmittelalterlich, wie dies einer aufklärerischen Geschichtsbetrachtung entspräche, sondern vormittelalterlich. Luthers neue Strenge des Glaubens entwand sich auch der rationalen Helle, der die Scholastik trotz mancher Kuriositäten in ihren Überlegungen zustrebte, und verbündete sich mit sehr altem Glaubensgut. Luther, der die Gemeinschaft der Augustiner-Chorherren verließ, hielt sich um so mehr an die Tradition des alten Augustinus – auch dann, wenn er sich mit den Juden befassen mußte.

Zunächst klang es positiv. Zu Beginn des sechzehnten Jahrhunderts gab es einen großen Streit, der in ganz Europa den Humanisten Johannes Reuchlin berühmt machte als einen guten Kämpfer für die geistige Freiheit, gegen jegliche Unterdrückung von Büchern – heute würde man von Meinungsfreiheit sprechen, von Ereignissen, die Resolutionen des P. E. N.-Club herausfordern. Natürlich stimmen derartige Gleichsetzungen nicht immer; aber sie lassen manchmal Richtungen erahnen.

Reuchlin war ein Kenner der hebräischen Sprache und setzte sich für die Möglichkeit einer Lektüre aller jüdischen Bücher ein, also auch des Talmud. Und seine Gegner waren die scholastisch geschulten Dominikaner von Köln und deren Kronzeuge, der zum Christentum konvertierte Eiferer Johannes Pfefferkorn, der seinen neuen Glauben so innig liebte, daß er alle seine jüdischen Brüder bekehren wollte. Notfalls mit sanfter Gewalt: Er forderte das Verbot des Talmud, weil dieses Buch die Juden in ihrem angeblichen Irrglauben bestärke.

Reuchlin und seine Freunde (einer der berühmtesten war Ulrich von Hutten, der in dieser Auseinandersetzung zum Verfasser der satirischen »Dunkelmänner-Briefe« wurde) wandten sich mit der strahlenden Energie einer wissensdurstigen neuen Zeit gegen diese finsteren Lehrer, die Quellen der Erkenntnis zuschütten wollten.

Léon Poliakov hat in seiner »Geschichte des Antisemitismus«, einem sehr sensiblen Standardwerk, darauf hingewiesen, daß man diese berühmte Affäre des Humanismus nicht nur in einer fortschrittsgläubigen Schwarzweiß-Malerei wiedergeben darf.[2] So, als wäre Reuchlin ein christlicher Nathan der Weise und Pfefferkorn ein Lessingscher Orthodoxie-Patriarch jüdischer Abstammung. So leicht kann man es sich nicht machen: Pfefferkorn war ein frommer Christ, der wirklich auf die Rettung der Seinen bedacht war. Er fühlte sich zum Beispiel auch darin seinem Volke verbunden, daß er die Vorstellung eines möglichen Ritualmordes mit Vehemenz ablehnte. Und Reuchlin war darin ein braver Vertreter des christlichen Vorurteils, daß er Pfefferkorn seine Abstammung vorwarf und in ihm nur den getauften Juden sah, »der sich fröhlichen Herzens einer hinterhältigen Rache hingebe, die dem geistigen Wesen seiner Vorfahren, den Juden entspreche.«[3] Die Freunde Reuchlins bedienten sich des gleichen Denkmusters. Poliakov zitiert den bedeutendsten unter ihnen, Erasmus von Rotterdam. Dieser schrieb, Pfefferkorns »Vorfahren sind zügellos gegen den einzigen Christus vorgegangen, und er geht mit entfesseltem Haß gegen so viel ehrenwerte und hervorragende Menschen vor. Er konnte seinen Glaubensgenossen keinen besseren Dienst erweisen, als die Christenheit dadurch zu verraten, indem er heuchlerisch vorgab, er sei Christ geworden.«[4] Erasmus erinnert sich hier sehr gut an den ›großen Verräter‹, der Judas Iskariot hieß und den Juden einen Dienst erwiesen hat.

Hier haben die Jahrhunderte, die seit der Zeit des Paulus und der Kirchenväter vergangen waren, ihre Spur hinterlassen, einen Grundschlamm in der Mentalität der Christen abgelagert. Man möchte davon ausgehen, daß Erasmus eigentlich nicht eine Denkhaltung produzieren wollte, die sich gegen eine Gruppe von Menschen wendet. Aber er benutzte das vorhandene Schema der Empfindung: Die Juden verfolgten Jesus Christus – daraus ergibt sich: Die Juden verfolgen die edlen Gelehrten. Es bildet sich eine Kette von Übertragungen. Die Logik ist vorgegeben und wird vorgegeben bleiben. Es war ja nicht Reuchlin, es war ja nicht Erasmus, die primär so die Juden sahen. Es war ein kollektives ›man‹. Man sah so die Juden: Verräter waren sie, Verfolger der guten Menschen. Diese Botschaft konnte man abrufen, wenn sie in die Struktur eines Streites hineinpaßte, selbst wenn der Streit zugunsten des Talmud ausgefochten wurde.

Der junge Martin Luther war freilich ein Mensch, der sich nicht auf ein ›man‹ verließ. Er fertigte im Zusammenhang mit diesem Humanismus-Streit im Jahre 1514 ein Gutachten für den kursächsischen Hof an. Er sprach sich für die Humanisten aus, freilich mit einer Begründung, die – wie Wilhelm Maurer hervorhebt – sehr unhumanistisch war. Man solle doch die jüdischen Bücher lassen, man solle sich zuerst einmal um die Christen kümmern, die in ihrer Verkommenheit der seelsorgerischen Energie bedürfen. Wenn in jüdischen Büchern Jesus geschmäht werde (Luther kannte den Talmud nicht), so mache das nicht soviel aus. Es ist vorbestimmt, daß die Juden solches tun. »Das aber steht fest: Von allen Propheten ist geweissagt, daß die Juden Gott und ihren König Jesus [also der Juden König Jesu, E. E.] schmähen und lästern werden; und wer das nicht wahrnimmt und versteht, der hat wahrlich noch nichts von der Theologie verstanden.«[5]

Wenn Erasmus den Oberflächenvorwurf übernimmt, die Juden sind Verräter und gehen gegen Jesus und andere edle Menschen vor (die Schuld am Kreuzestod steht im Hintergrund des Denkens), so bezieht sich Martin Luther auf den theologischen Tiefenvorwurf: Sie haben ihren Gott und ihren König abgelehnt. Ihr Unglauben entspringt einer speziellen Verworfenheit, die durch menschliche Mühe wie ein Verbot des Talmud nicht von ihnen genommen werden kann. Luther hält sich an die alte Typologie des Origenes, aber er verschärft sie, indem er die Mahnreden, die von den Propheten an das Volk Israel gerichtet wurden und die für uns Zeugnis ablegen von einem absoluten moralischen Anspruch, als vorweggenommene Verwerfungen interpretiert. Im Grunde waren die Propheten *deshalb* so hart, weil die Juden nicht an Jesus glauben werden.

Dabei ist das Wort ›Vorwegnahme‹ schon ein Versuch, das Denken Luthers der Gegenwart anzupassen. In Luthers Kopf war es völlige Identität. Der Prophet sprach schon von einem christlichen Standpunkt aus wider Israel. In den späteren Schriften wird dieser Denkansatz nur allzu deutlich. Luther verstand die Heilige Schrift, das Alte und das Neue Testament, nie historisch. Er befahl nicht nur, das Wort »stahn« zu lassen, für ihn stand es von vorneherein fest auf dem göttlichen Fundament. Und darum ist für ihn auch das Alte Testament, als Enthüllung Gottes, ein Buch, das von dem christlichen, dem einzigen, dem dreifaltigen Gott von Anfang an geschaffen ist. Die gläubigen Juden des Alten Testaments sind im Grunde schon Christen.

Luther hat dies immer betont: Die Trinität ist der Schöpfergott. Und die Tatsache, daß der hebräische Gottesname *Elohim* grammatikalisch einen Plural darstellt, hat ihn in dieser Glaubenslehre nur bestärkt.[6] Wenn man die Vergangenheit auf unerlaubte Weise moralisch betrachten würde als ein Richter, der alle Umstände in Betracht zu ziehen hat, dann könnte man Luthers theologische Logik höher werten als die scheinbar selbstverständliche Aufnahme von Denkmustern durch die Humanisten. Dennoch gehört Reuchlins Einsatz für die jüdischen Schriften zu jenen historischen Lichtblicken, deren Wirkungsgeschichte bedeutend wurde. In solchen Fällen möchte man sich auf die reduzierende Knappheit der Überlieferung ganz gerne verlassen: Ein großer Humanist sorgt dafür, daß man die jüdischen Bücher lesen darf. Das wird zum Mythos. Wer hat den Talmud schon gelesen, weil es einen Kämpfer der geistigen Freiheit gab, der Johannes Reuchlin hieß? Aber es konnte das Gefühl tradiert werden, daß es für Intellektuelle dazugehört, auch jüdische Bücher als lesenswert anzuerkennen. Der gute deutsche Mann Reuchlin stand dafür. Das war vielleicht nicht allzuviel, aber es war wenigstens etwas. Auch die Diskrepanz zwischen den wirklichen, historisch nachweisbaren Geschehnissen, und der Überlieferung dieses Geschehens, die zu einer Wirkung führt, ist zu Geschichte geworden.

Die Einstellung des jungen Luther zu den Juden kann zudem nicht aufgrund dieses einen Gutachtens festgelegt werden. Denn für ihn war es schwer zu verstehen, daß die Söhne Israels nicht zum wahren Glauben gefunden haben. Und wenn Luther unter einem schweren Verstehen litt, dann litt er sehr ausgiebig. Er haßte die Verstocktheit und sehnte sich brennenden Herzens nach dem Guten, nach einer Erlösung für die anderen – und damit auch für ihn. In seiner Auslegung des Römerbriefes, die 1515/16, also kurz nach der Abgabe des Gutachtens, entstand, schrieb Luther ganz im Sinne des Paulus. Er erspürte mit jener Sensibilität, die ihn zu einem Meister der Sprache werden ließ, das große Leid des Apostels, daß seine israelitischen Brüder nicht seinen, den neuen Glauben annehmen wollten. Und indem er kühn die historische Situation des Paulus verließ und in seine eigene Zeit sich zurückversetzte, wandte er sich gegen die Christen, die selbst vielleicht von Gott verworfen sind ob ihrer Sünden und doch die Juden schmähen und beschimpfen. Er, der selbst unter einer übergroßen Sündenangst litt, fühlte sich jenen verbunden, die dem äußeren Anschein nach und auch gemäß einer strengen Orthodoxie (die er im Grunde selbst vertrat) verstoßen waren. Das Geheimnis der Gnade Gottes, die nicht durch Werke verdient werden konnte, mußte schließlich offenbar werden – an diesen jüdischen Menschen wie an ihm und wie an den anderen.

Er konnte nichts mit denen anfangen, die »mit Gewalt und Schmähreden« die Juden bekehren wollen; dazu rechnet er die Kölner Dominikaner. Er läßt sich auf Paulus ein und erhofft sich eine Rettung. Ob alle gerettet werden können, weiß er nicht. Vielleicht sind es nur – nach der Ansicht des Propheten Jesaias – wenige.[7]

Man muß hier betonen: Luther ist ein Feind jener mittelalterlichen Verhärtungen, die dazu führten, daß die Christen die

Juden nicht mehr missionieren, sondern nur noch quälen, ausbeuten, foltern und morden wollten. Darin ist er ein christlicher Menschenfreund. Aber wenn er judenfreundlich erscheint, so nur in dem Sinn, daß er ihnen den Weg zum wahren Glauben öffnen wollte. Er schwankte anfangs zwischen der einen Vorstellung, daß Gott ihre Augen geblendet hätte, und der anderen, daß diese verkommene Christenheit, die er, Luther, reformieren wollte, selbst schuld sei, daß sich die Juden nicht bekehren lassen. Und im Grunde sind ja auch die ›Namenschristen‹, die den christlichen Geboten nicht gehorchen und sie verfälschen, nicht besser als die Juden. Angesichts dieses Zustands der Christenheit kann sich Luther vorstellen, daß er, wenn er ein Jude wäre, »eher eine Sau« sein möchte als ein Christ.[8]

Immer wieder betont Luther, wie glücklich er wäre, wenn er die Juden gewinnen könnte. Wilhelm Maurer erzählt: »Am 30. August 1523 versicherte er, er werde sich selbst der Beschneidung unterziehen, wenn er dadurch einen Juden bekehren könnte.«[9] Aber vielleicht war dies doch ein Rollenspiel, eine Nachahmung des Apostels Paulus, der sich so sehr auf seine jüdische Herkunft und auf seine Beachtung der jüdischen Vorschriften berief? Wieweit war es auch ein Hineindenken in das Volk Israel? Man kann das Alte Testament nicht aufnehmen und übersetzen, wenn man die Juden nur blind und desinteressiert haßt. Um eine Relation verständlich zu machen: Luther hat die Bibel übersetzt, das Alte wie das Neue Testament. Die Christen benützen diese Bezeichnungen, als handle es sich um gleichgewichtige Bücher. Aber allein im profanen Gewicht unterscheiden sich die Schriften. In der Einheitsübersetzung der Bibel, die als ökumenisches Pflänzchen in unserem Jahrhundert entstand[10], umfaßt das Alte Testament 1083, das Neue Testament nu 326 Seiten.

Wer das Judentum, also auch die jüdische Tradition, als widerlich verwirft, kann kaum den Text des Alten Testaments mit jener Liebe und mit jener Kenntnis der hebräischen Sprache in seine eigene Arbeit aufnehmen, wie sie Luthers Arbeit bestimmten.

Und es gibt auch Luthers relativ frühe Schrift »Daß Christus ein geborener Jude sei« (1523), die am Anfang der kulturellen Diskrepanz zwischen dem katholischen und dem evangelischen Glauben steht. Es war in dieser Zeit schon so weit gekommen, daß man Jesus als Sohn der Jungfrau Maria seiner jüdischen Abstammung entrückt verstand. Das entsprach einer seltsamen Entpersönlichung der Maria. Denn gerade ihr, der Mutter des Herrn, die später zur Spielfigur des Dogmas erstarrte, wurde von dem Evangelisten Lukas ein Lobgesang in den Mund gelegt, der den Psalmen des Alten Testaments entspricht. Hier ist von Israel, dem Knecht Gottes die Rede, von den Vätern der Israeliten, von Abraham und seinem Samen, dem Heil von Gott verheißen worden war.

Obwohl dieses »Magnificat« zu einem Gebet der katholischen Kirche wurde, hat die katholische Tradition doch Maria von ihrem Volk getrennt und sie in eine abstrakte jungfräuliche Person verwandelt. Luther aber führt ihren Sohn mit aller Kraft in den historischen Zusammenhang zurück. Jesus war Jude, er entstammte dem Samen Abrahams.

In den historischen Zusammenhang? Wir sagen das so leichthin. Aber auch die Vorstellung eines historischen Zusammenhangs, die Idee, daß ein Mensch von seiner historisch ausmachbaren Zeit mitbestimmt ist, daß er der Sohn seiner Väter ist, gehört zu den Neuerungen der Zeit Martin Luthers. Sicher wußte man in der Antike, daß Jesus Jude war – aber war er der Gottessohn, der das jüdische Versprechen erfüllt und damit das Judentum ideell aufgehoben hatte? Jetzt in der frühen Neuzeit wurde man daran erinnert, daß Jesus Jude war im ethnischen Sinn (wenn vielleicht Luther dies auch nicht mitgedacht hatte) und im Glaubenssinn; darum gehörte er zu jenen Juden, die gezeichnet sind von ihren erbärmlichen Lebensverhältnissen und ihrem vorgeblichen Glaubensdefizit. Natürlich hätte man dies nicht so formulieren können, formulieren wollen, aber eine Ahnung davon lag schon in den gequälten, den quälerischen Äußerungen des Glaubens.

Und wäre es bei diesen Gedanken geblieben, so hätte Luther einerseits die dogmatischen Vorstellungen der Frühe erneuert, sie in seine Zeit eingebracht, damit die naive Aufnahme durch eine neue Akzeptanz ersetzt, die im Sinn Schillers sentimentalisch gewesen wäre, also von einer Sehnsucht nach der richtigen Ursprünglichkeit bestimmt, – und er hätte andererseits gerade um dieser sentimentalischen Note willen die Juden herzlich lieben können. Wilhelm Maurer hat des öfteren in diesem Zusammenhang von einer »Solidarität der Liebe« gesprochen. Und er verstand darunter auch die Solidarität der Sünder.

Aber Luther erfuhr einen Zusammenbruch seiner Persönlichkeit: Wenn die Schmerzen der Seele sich nicht mehr auflösen, wenn nichts mehr weich ist, dann kann es zu jener Verhärtung kommen, die in der Brust eine Steife auslöst, die sich in Haßtiraden kundtun, aber leider nicht erschöpfen kann.

Sicher hat Luther negative Erfahrungen gemacht. Enttäuschungen über Juden, die weder das Sakrament der Taufe empfangen noch sich der christlich herablassenden Güte erfreuen wollten, spielten eine Rolle. Vielleicht hatte er auch Angst vor einer Bibelkritik, die einige Rabbiner besorgten, die das Wort nicht »lassen stahn« wollten und die auch unter Christen Verbündete fanden.

... Was immer es war, die Brust Luthers zog sich zusammen. Der Haß kam nach oben.

Das »Judenzen«, die Sympathie mit dem jüdischen Denken, die manche seiner christlichen Zeitgenossen aus historischem Interesse heraus pflegten, wurde zum schlechthin Bösen. Ebenso auch ein religiöses »Judenzen«, das jüdische und christliche Hoffnungen auf eine Wiederkunft des Herrn oder eine Ankunft des Messias zu vereinigen schien. Die Humanisten und die Schwärmer wurden gleichermaßen zu feindlichen Figuren. Nach 1540 entstand die Schrift »Von den Juden und ihren Lügen« (1543); im gleichen Jahr wurden veröffentlicht »Vom Schem Hamphoras Und Vom Geschlecht Christi« und »Von den letzten Worten Davids«[11].

Es ist nicht angenehm, dergleichen zu lesen. Selbst Antisemiten, die ein wenig bürgerliche Bildung besaßen, waren Luthers Fäkalmetaphern peinlich. Kot und Urin sollten eigentlich nichts mit Religion zu tun haben. Auf das konnte sich im Nürnberger Prozeß nach dem Zweiten Weltkrieg zwar der nazistische Antisemit Julius Streicher beziehen. Aber wollte man davon eigentlich etwas wissen?

Ich möchte bewußt nicht Luther selbst, sondern Wilhelm Maurer zitieren. Er spricht von den Verbrechen, die für Luther den »asozialen Charakter der Juden kenntlich« machen. »Diese Zauberer und Betrüger sind eitel Diebe und Räuber, die keinen Bissen essen und keinen Faden am Leibe tragen, den sie den Christen nicht gestohlen hätten ...: eine ›Grundsuppe‹ aller ›losen, bösen Buben‹ aus aller Welt zusammengeflossen und in alle Welt zerstreut ›wie die Tattern [Tataren, E.E.] oder Zigeuner‹. Nichts, was man den Juden im Volk nachsagt, läßt Luther aus, um ihre Schandtaten aufzuzählen. Länder verkundschaften und verraten [so hätten Juden die iberischen Länder an die Muslims ausgeliefert, E.E.], Wasser vergiften, Kinder stehlen, geheimen Schaden zufügen.«[12]

Martin Luther forderte Maßnahmen, die man gegen diese Juden ergreifen sollte. Er dachte an ein Zinsverbot, an eine Vernichtung des jüdischen Handels, an die Zerstörung ihrer Häuser, an einen brutalen Arbeitsdienst (»Arbeit macht frei« stand über dem Eingang zu dem Lager Auschwitz). Alles, was jüdisch wäre, sollte durch Flamme und Schwert vernichtet werden. Natürlich sollte nun auch der Talmud verbrannt und den Rabbinen jede Möglichkeit zu Lehre und Gottesdienst genommen werden. Sie sollten so total in ihrer ökonomischen, in ihrer religiösen Existenz zerstört werden, daß der Untergang, den die mittelalterlichen Christen, den die Scholastiker nicht herbeiführen konnten, so gesichert wäre wie nur irgendwas.

Moses, der angebliche Christ (denn ihm war die Trinität nach Luthers Ansicht erschienen), hätte dies angeblich gebilligt. Aber kein Fürst billigte diesen Wahn. Luther hatte mit seinen Ideen keinen Erfolg angesichts der Realpolitik seiner Zeit und der kommenden Jahrhunderte, in denen der Hofjude, der seine Zinsen nahm und dafür den Fürsten Geld spendete, dabei war, wenn man den Ton angab.

Aber irgend etwas von den Phantasien dieses verbitterten Mannes blieb hängen im Bewußtsein der Menschen. Sein Verhältnis zu den Juden hatte sich so schmerzlich in sein Herz eingeschnitten. Er war schrecklich ungerecht – aber er lieferte so reizende Begründungen einer Zeit, die auf schreckliche, wenn auch irrige Weise sich dünkte, gerecht zu sein. Der aufrechte deutsche Professor des neunzehnten Jahrhunderts, dieser Heinrich Treitschke, ließ schon grüßen.

Leider haben die Worte Wirkungsgeschichte. Luther hatte sein Deutsch so lieb und so lieb seine deutschen Menschen. Und so konnte man aus dem Angst-Haß des Reformators eine schöne Tradition herausdestillieren: Auch Luther hat es vergeblich mit den Juden versucht; auch er mußte erkennen, daß sie verworfen und ein uns fremdes Volk sind, das nicht in unser christliches Deutschland gehört.

Zur Hälfte mochte Luther noch bei seiner Formulierung von der nötigen »scharfen Barmherzigkeit«[13] den Akzent auf das Wort Barmherzigkeit gelegt und die geforderte Härte mit einer Glaubensfürsorge gleichgesetzt haben; zur Hälfte hielt er die Juden für so gründlich von Gott verworfen, daß für sie kein Heil zu erwirken sei. Um es noch einmal deutlich zu sagen und die Grenze zum rassischen Antisemitismus zu ziehen: Das Heil ist für Luther die Hinwendung zum christlichen Glauben. Die Verworfenheit besteht darin, daß Gott den Juden nicht die Gnade verliehen hat, Jesus Christus zu erkennen.

Die Formulierung »scharfe Barmherzigkeit« ist immer noch ambivalent. Man kann sich für die bedingungslose Schärfe entscheiden; aber man kann auch die Barmherzigkeit so stark weiterentwickeln, daß sie jede Schärfe aufhebt und den orthodoxen Bann, ja selbst den orthodoxen Anspruch überwindet.

Luther hat das »Judenzen« mancher Christen gekannt und nicht geschätzt. Das war eine Zeitströmung, die gezeichnet war von Glaubenskrisen und von vielen Versuchen, neue Erkenntnisse zu gewinnen. Man kann viele Haltungen unter dem Namen »Judenzen« zusammenfassen: Es gab die intellektuelle Neugier nach den hebräischen Urtexten der Heiligen Schrift, nach den rabbinischen Interpretationen, die manchmal – keineswegs immer – einen bibelkritischen Einstieg ermöglichten. Es gab eine Neugier nach Talmud und Kabbala. Es gab die oft unorthodoxe Betonung einer Gemeinsamkeit der bildlichen Vorstellungen des Glaubens. Hier war das Bedürfnis der nichtkatholischen Konfessionen besonders groß. Der tradierte Himmel der Heiligen war nicht mehr Gegenstand der Verehrung. Man erkennt dies am besten, wenn man sich an der Reaktion der Katholiken, an der Kunst der Gegenreformation, orientiert; hier hatten ja die Katholiken all das potenziert, was durch die Reformation erschüttert worden war. Sie hatten sich festgelegt auf die übergroße Anbetung der Hostie in der Monstranz (die Evangelischen verneinen die Präsenz Jesu in dem Brot, die nicht in die Communio der Gemeinde einbezogen ist), auf die Marienverherrlichung und auf die Verehrung der vielen Heiligen: In den Kuppeln vieler Barockkirchen wird der Himmel aufgerissen. Wir sehen die Gemälde: die Gruppen heiliger Frauen und Männer, die vielen Mönche in den Ordensgewändern, die sich hinaufziehen lassen in ihrem immerwährenden Lobgesang zu der erhabenen Mitte, die Gott in seiner Trinität ist. Es wirkt wunderschön – und gleichzeitig wie ein Spott auf die protestantischen Kirchen, deren Schlichtheit, die, selbst wenn sie nicht bilderlos war, niemals mit einer solchen sinnlich farbigen Vielfalt konkurrieren konnte: Machten nicht die Heiligen, die zwischen dem Gott, der gerade noch und fast schon nicht mehr denkbar ist, und den sündigen Menschen standen, die Religion erst lebendig und erlebbar?

Die Glaubensgemeinschaften des Protestantismus hatten freilich ein Äquivalent, das vornehmlich im Wort und in der musikalischen Form intellektuell ästhetische Schönheit vermittelte. Es gab die große Vorstellung: Die Gemeinde Christi ist das neue Israel. Das gehörte gerade noch zum »Judenzen«, denn in dieser Zeit löschte nicht eine dogmatisch fixierte Typologie die jüdischen Bezüge auf das Alte Testament aus, vielmehr war der Rückgriff auf das Alte Testament eine Unterstützung des Glaubens. Man bedurfte der Bilder des alten Israels. Man könnte sagen, je weniger Jesus Christus der Sohn der Maria war, desto mehr wurde er als Sohn des Königs David verherrlicht. Es kam an jener Grenzlinie, die aus dem für die Orthodoxen extrem anrüchigen »Judenzen« hinausführte und zum durchschnittlichen Glauben fand, zu einer Verklärung der Figuren des Alten Testaments durch das christliche Licht: Und wir hören so gerne die Musik des Johann Sebastian Bach, wenn ein Chor den Herrn apostrophiert: »Du Sohn Davids aus Jakobs Stamm, mein König und mein Bräutigam!«

Diese ästhetische Rejudaisierung des Christentums beherrscht die Zeit des sechzehnten und siebzehnten Jahrhunderts. Und sie war nicht nur in Deutschland anzutreffen. Sicher ist das evangelische Gesangbuch durchsetzt mit vielen Huldigungen an den Gott Zebaoth, an den Herrn der Heerscharen – der Glauben hatte ja auch sehr viele Gönner, die den kriegerischen Ton dieser alttestamentarischen Vorstellungen liebten[14].

Aber stärker noch waren die Reminiszenzen an das alte Israel, die manchmal romantisierende Formen annahmen, in England, wo der Gläubige in jeder Viehweide ein Stück des Landes Davids sehen konnte, und in den Kolonien Britanniens. Also vor allem in den Gebieten, die später zu den Vereinigten Staaten von Amerika wurden.

Kein Kenner der gesellschaftlichen Verhältnisse Englands oder der Vereinigten Staaten, kein Leser der Romane des jüdischen Amerikaners Philip Roth käme auf die Idee zu behaupten, daß es in diesen Ländern keinen Antisemitismus gäbe. Er ist auf eine manchmal erschreckende Weise virulent. Und doch scheint er nicht so in die Tiefe der Überlieferung hineinzuführen wie die Emotionen im kontinentalen Europa (ich möchte hier sogar jene Länder mit einbeziehen, die wie Frankreich oder Polen oder Rußland nicht gezeichnet sind von dem, was man mit dem Wort, dem Ort Auschwitz meint).

Sicher waren es nicht nur religiöse Bilder, nicht nur alttestamentarische Vorstellungen, sondern auch wirtschaftliche Gründe, daß die Niederlande den Juden sehr viel mehr wohlgesonnen waren als das übrige kontinentale Europa, daß in Amsterdam eine Judenniederlassung entstand, die nichts mit dem Ghetto des Elends und der religiösen Verachtung zu tun hatte, sondern zu einem ökonomischen und geistigen Zentrum wurde, das auch Judenverächter anerkannten.

Es war aber auch Ausdruck einer philanthropischen Toleranz, die den reformierten Christen am Herzen lag. Sie hatten den Haß der katholischen Orthodoxie selbst erlebt, erlitten und bekämpft. Und sie hatten Notwendigkeiten eingesehen; der Protestantismus war ja selbst keine Einheit, die Auseinandersetzungen zwischen den Lutheranern und den Kalvinisten konnten mit einer brutalen Gewalt, zumindest mit einer orthodoxieversessenen Härte geführt werden, die die bürgerliche Existenz der Andersgläubigen bedrohte. Es konnte zum Verzweifeln sein. Manche Christen verstanden die Not der Juden, weil sie ja selbst im andersgläubigen Gebiet als minderwertige Gläubige ihrer Würde beraubt wurden.

Die vernichtende Polemik, die das Frühchristentum ausmachte, war nicht mehr möglich. Der Glaube an die rechte Doxa, der alleinseligmachende Glaube hatte seinen Glanz verloren, und die Lutheraner konnten gegen die Kalvinisten nicht mehr so vorgehen, wie die Rechtgläubigen der Antike gegen die Donatisten, die Valentinianer, die Nestorianer und vor allem die Arianer vorgegangen waren. Man kann von einer Aufweichung des Glaubens sprechen, wenn man das Wort moralisch positiv versteht. Das Weichwerden förderte ein neues Menschen- und Gottesbild. Es förderte die Vorstellungen einer christlichen Sanftmut, die schließlich idealtypisch gesehen auch die Feinde des Christentums umfassen sollte.

Dies ging weit über das hinaus, was man »Judenzen« nannte. Im »Judenzen« hatte sich auch viel Schwärmerei angesiedelt; es entstanden Freundschaften zwischen Juden, die den Messias heute noch erwarteten, und Christen, die mit gleicher Vehemenz der Parusie harrten. Und die Herzenssehnsüchte konnten verschwimmen, so daß der Unterschied zwischen dem jüdischen Messias und dem wiederkehrenden Herrn hinwegschmolz.[15] Gewiß wurden das Auswüchse beider Religionen, von den Wissenschaftlern, die die Entwicklung aufzeigen, als Abwege gekennzeichnet. Und doch liefern sie Hinweise auf die Topographie, auf den barocken Philosemitismus, der so viele Gründe und so wenige Folgen hatte.

Um auf den Boden der allgemeinen Geschichte zurückzukehren: Wenn nicht besonders die Fürsten Interesse an den Juden gehabt hätten, dann hätte die Begegnung zwischen enthusiasmierten Seelen wenig gebracht. Dabei war die Politik der Fürsten so zwiespältig wie die Begegnung der religiösen Geister. Einerseits waren die wenigen Rechte, die z. B. in Deutschland die Kurfürsten und Könige der Mark Brandenburg den Juden gewährten, nur ein Bruchteil dessen, was den christlichen Bürgern zugestanden wurde. Aber es war immer besser als nichts. Wenn der heutige Leser die Bestimmungen bewertet, die Friedrich der Große 1744 den schlesischen Juden auferlegte, so möchte ihm das Grausen kommen. Aber die Einwanderung von österreichischen und polnischen Juden in dieses preußische Schlesien beweist, wieviel schlimmer es anderswo war.

Was blieb von diesen Bestrebungen für unser Bewußtsein erhalten? Einmal die starke Erinnerung an das Alte Testament, das sich in den Evangelien vollendet. Ein Beispiel aus dem Bereich der Kunst ist etwa das Oratorium »Messiah«, vertont von Georg Friedrich Händel, das 1742 in Dublin, im damals britischen Irland, uraufgeführt wurde. Händel liebte die Episoden des Alten Testaments; er hat viele Oratorien über diese Stoffe komponiert. Und hier in seiner Komposition, die das Schicksal des Erlösers Jesus Christus zum Thema hat, verwendete er so viele Texte aus dem Alten Testament, daß man fast von einem philosemitischen Manierismus sprechen könnte. Nur bei der Geburt Jesu mußte er sich an den Text des Evangelisten Lukas halten. Und bei der Verkündigung der frühen Mission halfen die Apostelbriefe. Doch sonst haben die Propheten und die Psalmisten das Wort. Besonders die Geschichte der Passion, die in der Historie des Glaubens mit judenfeindlicher Hetze verbunden war, wird eingetaucht in die Sprache des Alten Testaments. Die Worte des Jesaia werden zu Glaubensaussagen – aber damit nicht in einem dogmatischen Sinn aufgehoben, sondern in Liebe wiedererkannt.

Was blieb noch? Die Vorstellung, daß wir einen anderen Jesus erkennen müssen, einen Menschen der Liebe, nicht einen Gott des harten Dogmas. In diesen Jahrhunderten nach der Reformation hatte sich das Christusbild entschieden gewandelt. Aus Jesus wurde der ideale Mensch. – Und dies konnte sich judenfreundlich auswirken, indem man erst die Judenmission, dann das Verhältnis zu den Juden, die in ihrem Glauben beharrten, im Zeichen der ideal-menschlichen Güte gestalten wollte. Freilich gibt es hier angesichts der kulturellen Kräftigkeit der alten Judenfeindschaft schon wieder einen häßlichen Ton: Wenn Jesus der sanfte Mensch gewesen ist, wenn seine Gebote nur Gebote der Liebe waren, dann mußte er sich doch von etwas absetzen. Und diese negtive Folie sollte das Alte Testament bilden, der Bund, in dem der harte Gott der Rache und der Vorschriften herrschte. Man hatte Paulus als Gewährsmann: Dort das Gesetz, das von den empfindsamen Christen mit der starren Orthodoxie gleichgesetzt wurde, hier die Liebe, die eine jesuanische Ahnung mit den Postulaten des Humanismus verbindet. Jesus war nun weder der Sohn der Maria noch der Sohn des Königs David, sondern die Inkarnation eines edlen Prinzips (das für die Aufklärung Gott war, womit das »et incarnatus est« des Credo in die angeblich bessere Umgebung hinübergerettet wird).

Diese Vorstellungen fanden ihren absoluten Gipfel in den Ideen des Immanuel Kant: Die Ethik wurde bei ihm über das Menschenmögliche hinausgedacht, und darum kam er zu der äußersten Konsequenz der Bergpredigt. Nicht mehr der Opfertod Jesu Christi war das entscheidende Moment für die Religiosität dieses aufgeklärten Christentums, sondern jenes Postulat des moralischen Handelns, das keinen Lohn verlangt, sei es auch nur der Lohn in der Form einer menschlichen Verbundenheit. Das Gute wird nur um des Guten willen anerkannt. Wie anders die Juden, die an Lohn dachten, wie dies ihnen immer wieder vorgeworfen wurde. Natürlich dachten so ziemlich alle

Christen auch an Lohn; was wäre das Heilige Grab den Kreuzrittern gewesen, wenn man ihnen nicht das Gold des Ostens versprochen hätte? Und was geschähe Anständiges, wenn man nicht doch auf irgendeine Belohnung hoffen dürfte? Die Kantsche Forderung stärkte vor allem die Heuchelei, die zur Todsünde der bürgerlichen Gesellschaft wurde.

Kant war der kritische Vollender der Aufklärung. Und die Aufklärung hätte doch – idealtypisch gesehen – sich für die Juden einsetzen müssen? Die Toleranz, die aus den Schwierigkeiten mit den verschiedenen Konfessionen erwachsen war, wurde durch die Aufklärung geradezu zu einem Schlagwort. Und zweifellos hat sich viel Gedankliches ereignet, das letztendlich die Emanzipation der Juden ermöglichte.

Nicht alle Aufklärer waren Judenfreunde. Voltaire beschimpfte die Juden. Das kann man mit dem Hinweis auf persönliche Erfahrungen abtun; wer mit dem gerissenen Voltaire Geschäfte machte, konnte, ob Jude oder Christ, kein ganz anständiger Mensch sein. Aber es zeigt sich doch in diesen Zusammenhängen, daß das alte Vorurteil so stark war, daß die gedanklichen Konstruktionen ihm nicht standhielten.

Es mußte etwas anderes dazukommen; ein Engagement, das über die gewöhnliche Geisteshaltung hinausging. Eine Art Liebe für die Juden, die dieser Zuwendung allzusehr bedurften. Und diese Liebe war mit einer intensiven Skepsis gegenüber der christlichen Tradition verbunden. Der Pfarrerssohn Gotthold Ephraim Lessing glaubte an Gott, auch an den christlichen Gott. Und er fühlte sich der Überlieferung verbunden; aber gleichzeitig wollte er die Überlieferung mit einer Humanität verbinden, die nicht nur von rationellem Denken beeinflußt war, sondern von einer Menschenliebe, die Lessings Sache war. Und die Lessing weitergeben wollte.

Er hielt die Juden für anständige Menschen – und er haßte die Orthodoxie. Vielleicht war es am Anfang sogar ein zufälliges Zusammenkommen. Ein zwanzigjähriger Mann schreibt ein Lustspiel, genannt »Die Juden«, in dem ein Jude so recht edel ist, im komödiantischen Stil gegen Verbrecher vorgeht und einen Mann des Vorurteils überzeugt: Juden können gut sein. Was hat diese Aussage in Deutschland ausgelöst? Eine Diskussion, ob Juden wirklich so vortrefflich sein können, wie sie Lessing darstellt. Und damit wurde das Menschenbild der Aufklärung herausgefordert: Der Mensch muß gut sein können, auch wenn er in einer Welt der Unterdrückung geboren ist. Und zudem: Der Mensch ist ein Mensch, fähig der ethischen Vollendung – daran kann keine religiöse Zuordnung etwas ändern.

Aber es gibt die religiöse Zuordnung. Das Drama »Nathan, der Weise«, das Lessing 1779 publizierte, wird zum Zeugnis dafür. Lessing hatte in der Entstehungszeit dieses Stücks Kämpfe mit dem streng rechtgläubigen Hamburger Hauptpastor Goeze ausgefochten; es ging um die Frage, wieweit man die Offenbarungswahrheiten historisch relativieren kann. Wir können hier nicht alle Einzelheiten der Diskussion um die Reimarus-Fragmente aufgreifen; aber in unserem Zusammenhang ist die Haupttendenz wichtig. Lessings Standpunkt bedeutete eine Stärkung der Tendenzen, die der christlich-dogmatischen Tradition widersprachen. Es war ein Stück Entchristlichung, auch wenn Lessing Christ war und blieb.

Hierin hat Lessing eine Tradition aufgegriffen. Wer sich mit dem »Nathan« auseinandersetzt, weiß, daß es eine Quelle für die Ring-Parabel gibt. Giovanni Boccaccio hat sie in seinem »Decamerone« erzählt. Wir tauchen in die Vergangenheit hinab. Es war das Pestjahr 1348, das in vielen Ländern zu religiösen Verzweiflungen, zu den Exzessen der Geißler und der Wanderprediger führte. In dieser Not beschlossen sieben florentinische Damen und drei junge Herrn der Stadt, der Seuche zu entfliehen und an einem Ort, der Sicherheit verhieß, sich Geschichten zu erzählen, um sich zu trösten, um über den Schmerz hinwegzukommen. Boccaccios Vater war an der Pest gestorben; der Autor wußte, worüber er schrieb. In der sanften Umgebung erzählt eine der Damen die Geschichte des Juden Melchisedek, der in Alexandrien durch Wucher reich geworden ist und der vor den Sultan Saladin zitiert wird. Dieser Herrscher der Nicht-Rechtgläubigen ist in Geldnot und will den Juden in Schwierigkeiten bringen, indem er ihn nach der eventuellen Richtigkeit der drei großen Religionen befragt. Der Jude durchschaut ihn und erzählt die berühmte Geschichte von dem gütigen Vater, der den einen Ring der Wahrheit besitzt, aber Duplikate anfertigen läßt, um die liebende Begierde seiner Söhne zu stillen. Der Sultan ist von der Klugheit, vielleicht der Weisheit seines Untertanen bewegt – und kommt schließlich mit einer sanften Bitte doch zu dem benötigten Geld.

Eine hübsche Geschichte – oder doch mehr? Der Geschichte von den Ringen ging bei Boccaccio eine andere Erzählung voraus. Sie ist länger, sie ist intensiver formuliert: Es gab einen sehr guten christlichen Kaufmann in Paris; er hieß Jeannot. Und er war durch den Handel und durch eine menschliche Freundschaft einem Juden namens Abraham verbunden. Beide waren sehr vermögend, der Jude war ein Weiser in seiner Religion. Aber Jeannot, ein braver mittelalterlicher Christ, litt darunter, daß sein jüdischer Freund nicht der einzig wahren Religion anhing. Und er predigte und predigte; er redete auf ihn ein und wollte ihn zum Christen machen. Abraham aber begehrte, das Christentum ganz gründlich kennenzulernen. Er fuhr – zu Jeannots Entsetzen – in das Herz des Glaubens, in die Stadt Rom. Und hier sah er vieles und erfuhr alles: Da gab es die völlig korrupten Kardinäle, die nicht nur der Sinneslust in jeder Form fröhnten, sondern auch schmutzige Geldgeschäfte machten. Auch der Oberhirt, der Papst, tat alles, was man Böses tun konnte, und schädigte den Glauben. Der Jude Abraham nahm dies wohl auf; und strafte dennoch seinen furchtsamen Freund Jeannot Lügen. Nun will er sich taufen lassen. Denn ein Glaube muß doch wohl wahr sein, der diesen Attentaten seiner Gläubigen zum Trotz weiterwirkt. Daß es trotz der abschrekkenden prominenten Christen Christentum gibt, wird zu einem Beweis für die Wahrheit einer von ihren Würdenträgern mißhandelten Religion.

Hätte diese Geschichte ein Autor des *Renouveau Catholique* geschrieben, einer jener Dichter, die den Widersinn in Sinn verwandeln wollten, also ein Paul Claudel oder eine Elisabeth Langgässer, dann könnte man sich in das Geheimnis der mystischen Gotteserfahrung verlieren. Aber Boccaccio meint etwas anderes, das er im Zeitalter der Inquisition nicht aussprechen konnte. Lesen wir die Geschichte ganz direkt: Da gibt es einen hochanständigen jüdischen Kaufmann; da gibt es einen mehr als ehrbaren, einen zutiefst gütigen Judenfreund. Und dann gibt es das andere: Die Verkommenheit der Kardinäle und des Papstes. Wirkt dieses Tableau nicht überzeugender als der hübsche christliche Schlenker, den die florentinische Erzählerin ihrer Geschichte anfügt?

Der gute Jude, der gute Judenfreund als Gegenpol eines verkommenen Christentums – das Bild machte Geschichte und führte nicht unbedingt zu einer christlich-orthodoxen Judenfreundschaft. Sehr wohl aber dazu, daß die Kritiker der Kirche sich des edlen, guten, rechtschaffenen Juden bedienten.

Und damit können wir die Jahrhunderte überspringen und zu Lessing zurückkehren. Noch war der Kampf mit dem orthodoxen Hauptpastor nicht vergessen, da erschien das Stück, das sich an Boccaccio anlehnte und seine Tendenzen potenzierte. Nathan stammt von Melchisedek ab und von Abraham. Was er mit Abraham gemeinsam hat, ist offensichtlich: Er ist ein rechtschaffener und tüchtiger Kaufmann; er ist ein edler Mensch und ist weise. Freilich braucht er nicht mehr die moralische Vermittlung eines Jeannot. Für ihn muß kein ehrenwerter und edler Christ mehr bürgen, ihn also in jeder Bedeutung des Wortes, in ökonomischer wie moralischer Hinsicht als ›guten Mann‹ bezeichnen, damit der Leser oder der Zuschauer an ihn glaubt. Nathan ist weise; das geht aus den ersten Gesprächen eines Dramas hervor, das nicht im christlichen Paris spielt, sondern im exotischen Jerusalem, das von den Muslims beherrscht und gegen die fanatisierten Kreuzritter verteidigt wird.

Mit Melchisedek hat er die Schwierigkeit gemein, daß er sich einer Falle entziehen muß, die ihm der Sultan Saladin stellt. Aber war diese Falle wirklich eine Falle, die ein Muslim einem reichen Juden stellt? So erscheint es bei Boccaccio wie bei Lessing. Dieser Saladin scheint zu glauben, wenn Melchisedek oder Nathan den Islam anerkennen würde, könnte man ihn zugunsten der Kämpfer Mohammeds ausnehmen; wenn er den mosaischen Glauben über alles stellt, dann ist er ein Feind der Religion des Herrschers – und kann ganz legal beraubt werden. Und wenn er die Christen rühmen sollte – es ist eine sehr sympathische Bosheit der beiden Autoren, daß die Konstellation eine solche Entscheidung gar nicht zuläßt. Sympathisch ist sie deswegen, weil hier in christlichen Ländern argumentiert wird: Die Rezipienten sind vor allem Christen und leben in der Grundüberzeugung, daß ihr Glaube der wahre ist. Der Christ ist ein Über-Saladin, er ist hineingenommen in ein so totales orthodoxes Rechthaben, das seine Kultur bestimmt, daß ihm das Spiel zwischen dem mächtigen Muslim und dem weisen, reichen, schwachen Nathan eigentlich nichts anhaben könnte, eigentlich nur ein Exempel sein dürfte, über das nachzudenken sich lohnen würde. Und doch gerade durch die scheinbare Fremdheit wird das nicht-aggressive Exempel zu einer intellektuellen Herausforderung. Muß es nicht auch für uns gelten? Zunächst ergibt sich daraus eine moralische Aufgabe. Wenn wir glauben, daß unsere Konfession, unser Ring der wahre ist, daß wir es sind, die vom (göttlichen) Vater die rechte Lehre erhielten, müssen wir dann nicht durch die Ethik den Nachweis erbringen?

Aber Lessings Vorstellung geht darüber hinaus: Es muß in allen Religionen ein Stück Wahrheit sein, denn es gibt in allen Religionen Menschen, die edel handeln. Nathan ist dafür das Beispiel schlechthin. Er tut Gutes in einer Weise, die jeden Grad der psychologischen Wahrscheinlichkeit überwindet. Er ist von den blutrünstigen Christen seiner Kinder beraubt worden, und er nimmt doch ein Christenmädchen an und zieht es als Tochter auf. Er beschenkt sie nicht nur mit schönen Tüchern, sondern mit einer Überfülle an väterlicher Liebe.

Und er hört von diesem jungen Tempelherrn, der ihm feind sein müßte; denn er steht in der ideologischen Nachbarschaft der Mörder seiner Kinder. Und er hält sich an die unterste Schwelle der (christlichen) Ethik. Wenn ein Mensch vom Feuer bedroht ist, dann muß er gerettet werden. Aber wenn dieser Mensch sich dann als Judenmädchen entpuppt, dann muß absoluter Abstand gewahrt werden.

Die Handlung des Dramas, die sich nicht in der Ringparabel erschöpft, ist auch ein Stück Bildungsgeschichte. Der Tempelherr muß zum Humanismus bekehrt werden. Und diese Bekehrung schafft nicht der gute Nathan. Sie schafft der Patriarch. Der Tempelherr ist zwar bewegt von den schönen, humanen Reden des Nathan, aber diese oberflächliche Berührung mit einer Mentalität, die nicht so sehr seinem Glaubenseifer (denn zu dem bekennt er sich nicht), sondern seinen primär anerzogenen Vorstellungen, daß man Juden von sich wegstößt, widerspricht, ist nicht stark genug, um einer Prüfung standzuhalten. Als der Jude ihn nicht sofort als Schwiegersohn annehmen will, verliert sich die Sympathie. Der Tempelherr weiß wieder, daß er zu den Christen gehört, und sucht den Patriarchen auf, um sich Rat zu holen. Wenn es stimmen sollte, daß Recha ein christliches Mädchen ist, wie ihm die geschwätzige Gesellschafterin anvertraute, dann muß es doch Möglichkeiten geben, sie auch gegen Nathans Willen zu gewinnen.

Erst als der Patriarch den berühmt-berüchtigten Satz wiederholt ausspricht: »Tut nichts! Der Jude wird verbrannt«[16], erschrickt der Tempelherr gründlich. Der Patriarch kann alle orthodoxen Gründe anführen, er kann erklären, daß es besser für das kleine Mädchen gewesen wäre, als Christin zu sterben, denn als Jüdin aufgezogen zu werden; das führt nur dazu, die Inhumanität seiner Glaubenslogik zu entlarven.

Freilich geht Lessing, der die Realität der streng Gläubigen kennt, in dieser Szene noch ein Stück weiter. Wir wären vielleicht noch zu einem Verständnis für die reine Lehre des Patriarchen bereit (wenn auch nicht zu den Folgen), gäbe es da nicht die Taktik. Der Patriarch tobt, als ginge es um die Sinnfrage von Saladins Staat: Er muß selbst den Sultan vor dem

Glaubensverfall warnen und spricht sehr neuzeitlich diese Ansicht aus:

Auch mach' ich ihm gar leicht begreiflich, wie
Gefährlich selber für den Staat es ist
Nichts glauben! Alle bürgerlichen Bande
Sind aufgelöset, sind zerrissen, wenn
Der Mensch nicht glauben darf.[17]

Der nun völlig desillusionierte Tempelherr teilt dem Patriarchen mit, daß er selbst zu Saladin gehen wird; der Sultan wünsche ihn zu sprechen. Und rasch gibt der Patriarch nach, versucht sich jetzt einzuschmeicheln:

Mich treibt der Eifer Gottes lediglich.
Was ich zu viel tu, tu ich ihm.[18]

So spricht kein Mensch, dem die rechte Doxa höchstes Glück ist, sondern einer, der sie nur als Machtmittel benützen will, der nachgibt, wenn man ihn angreift, der aber sofort wieder zu einer infamen Attacke ansetzen wird, wenn man sich von ihm abwendet.

Gerade solche Szenen zeigen, daß Lessing ein Drama mit Tendenz schrieb: Er wollte bestimmte Verhaltensweisen darstellen, das Schlechte anprangern und das Gute als exemplarisches Muster empfehlen. Seine Figuren sagen Sätze, die damals wichtig und belehrend wirkten. Und es spricht für den Erfolg – denn einen Erfolg hatte dieser »Nathan« trotz allem –, daß sie heute manchmal selbstverständlich klingen. Als diese Erkenntnis der Recha niedergeschrieben wurde, war sie keineswegs selbstverständlich:

Doch viel tröstender
War mir die Lehre, daß Ergebenheit
In Gott von unserm Wähnen über Gott
So ganz und garnicht abhängt.[19]

Hier wurde stärker als in der Szene mit dem Patriarchen der Anspruch der Orthodoxie zurückgewiesen, als im humanistischen Licht unwesentlich entlarvt. Was soll das Wähnen über Gott? Die Ziehtochter des guten Juden ist über derlei Wahrheitsfanatismen hinausgekommen. Sie ist Mensch – was will man mehr.[20]

Und auch der Ziehvater, der Jude, ist Mensch. Es ist eine Ehre für die Juden, vornehmlich für Lessings jüdischen Freund Moses Mendelssohn, daß jene Gestalt des Dichters, die ohne jeden Tadel ist, die das Schlimmste mit Gutem erwidert, die sich jedem orthodoxen Denken, auch dem der eigenen Religion, von Anfang an widersetzt, daß dieser Nathan Jude ist.

Dabei drängt sich freilich ein Einwand auf, den man ungern formuliert, weil jede Kritik an Lessing auch als Kritik an seiner Judenfreundschaft verstanden werden kann. Und angesichts der kulturellen Bindungen kann das immer wieder die Judenfreundschaft als solche suspekt machen. Dennoch läßt uns der makellose Nathan nachdenken. Es stellt sich einmal die Frage: Muß ein Jude so gut sein, um als positive Figur verwendet werden zu können? Und weiter: Hat sich der Jude Nathan nicht auch bei Lessing aufgelöst, ist er nicht in etwas anderes übergegangen? Boccaccios Kaufmann Abraham wird Christ, weil das Christentum die von Boccaccio mehr oder minder freiwillig anerkannte kulturelle Norm war. Lessings Nathan ist der religiös-humanistische Mensch, das Idealbild der Norm, die Lessing schaffen will. In diesem Sinn hat er aufgehört, Jude zu sein und ist zu einem Funktionsträger in einer Auseinandersetzung geworden, die primär zwischen Christen geführt wird. Er wird zur Spielfigur.

Und selbst jener Nathan schafft die volle Zugehörigkeit nicht. Hans Mayer hat darauf hingewiesen, daß am Ende, als die Familie sich zusammenfindet, die in ihrer Brüderlichkeit und Schwesterlichkeit ein Bild der Menschheitsfamilie sein könnte, Nathan abseits steht. Der Jude, der anfangs mit einer Person, dem Mädchen Recha, verwandt zu sein schien, ist letztlich ohne Anhang, ohne Bindung.

Um die Bedeutung dieses Abstands, derer sich Lessing nicht bewußt war, zu interpretieren, könnte man sich eines Vergleichs bedienen, der eigentlich eine Beleidigung von Lessings intellektuellem und künsterlischen Rang bedeutet. Man könnte an die gewöhnlich heiteren englischen Romane oder Dramen denken, in denen ein geschickter und gütiger Butler schließlich alle Paare zusammenbringt, aber selbst doch nicht der Gesellschaftsschicht, auf die es ankommt, angehört.

Und daraus könnte man folgern: Auch wenn der gütige Jude das Tableau der menschlichen Versöhnung arrangiert, bleibt er selbst doch außerhalb. Er gehört nicht zu den anderen. Wäre da doch eine homöopathische Spur des Gefühls einer Trennung erkennbar, einer Abwertung?

Man kann es freilich auch genau umgekehrt sehen. Hier wäre ein Stück starken Glaubens übriggeblieben, der nicht ganz zur Ideologie der Aufklärung paßt: Der Jude ist Sohn des auserwählten Volkes, ist Träger der Verheißung Gottes. Der Tempelherr sagt es zu Nathan vorwurfsvoll:

Wißt Ihr, Nathan, welches Volk
Zuerst das auserwählte Volk sich nannte?[21]

Und selbstverständlich widerspricht diese Vorstellung eines Auserwähltseins Nathans Denken. Recha distanziert sich sogar einmal bewußt von fromm jüdischen Vorstellungen.[22] Und doch könnte die Erinnerung an das Auserwähltsein auch das Herausgehaltensein des Endes erklären. Die Vorstellung von dem guten Juden, dessen Reich nicht von unserer Welt ist, hat ihre Geschichte und zu der gehört auch das Drama über den Nathan.

Das Schlußtableau freilich gibt noch eine Frage auf: Sie sind eine Familie, der Sultan Saladin, seine Schwester, sein Neffe und seine Nichte. Aber wirken sie nicht steril? Es gibt einen eklatanten Mangel an Leidenschaft, an Hingerissensein. Die Versöhnung hat sich auf Kosten der Lebenskraft vollzogen. Die wilde Liebe des jungen Tempelherrn zu der schönen Jüdin war unglücklich. Er erhielt dafür eine hochadelige Schwester.

Das verlorene Reich

Lessings Drama »Nathan, der Weise« ist nicht nur ein Stück, das sich gegen die Orthodoxie wandte und sich außerdem für rechtschaffene Juden einsetzte. Es ist vor allem ein intellektueller Entwurf der humanen Idealität. Das Bild einer neuen Gesellschaft sollte vorgestellt werden, einer bürgerlichen Gesellschaft, die sich im Schatten des aufgeklärten Absolutismus entwickelt hat und die in einem Akt der Emanzipation Wirklichkeit werden könnte. Bei Lessing gewinnt man den Eindruck: Sie soll aus dem Kopf geboren werden wie Athene aus dem Haupt des Zeus.

Zum Ideal, zum hohen Bild dieser neuen Gesellschaft gehört die Überwindung der Vorurteile, die einer Emanzipation *aller* Menschen entgegenstehen. Vor allem aber ging es um die Menschenwürde der Juden. Die Anerkennung der Juden wurde bei Lessing zum Exempel par excellence für eine allgemeine Befreiung, die ja nicht nur eine politische sein konnte, sondern die auch im Hirn des Bürgers sich vollziehen mußte. Der Bürger sollte all die Vorurteile überwinden, die ihm durch eine dogmatisierende Religion mitgegeben worden waren, alle Klischees der Tradition.

In diesem Zusammenhang hat die Emanzipation der Juden von vorneherein einen Doppelcharakter. Auf der einen Seite waren für den guten Menschen, den idealen Bürger die alten Zustände nicht mehr erträglich: Da gab es ein Volk, eine Gruppe von Mitmenschen, die allein wegen ihres Glaubens seit Jahrhunderten verfolgt wurden, die elend sein mußten und die nur dann zu Einfluß und Reichtum gelangten, wenn einzelne unter ihnen von den Fürsten willkürlich ausgewählt und privilegiert wurden. (Es gehört zu der Geschichte des Juden im Abendland, daß das Wort *Privileg* für sie bedeutet, daß sie nicht ganz so rechtlos dem Terror ausgeliefert sind, wie es die Regel war. Die sogenannte privilegierte Mischehe im Dritten Reich war dadurch ausgezeichnet, daß man die Mitglieder der Familie nicht einfach ermorden durfte. Für den Christen, für den Arier hat das Wort Privileg eine andere Bedeutung.)

Privilegierte Juden mochten sogar die Macht und den Einfluß haben, für ihre Glaubensgenossen etwas tun zu können; sie waren oft fähig, sie finanziell zu unterstützen oder eine milde Behandlung durch die Herrscher zu erreichen. Was dann das brave Volk erboste!

Diese sogenannten Hofjuden lebten von der materialistischen Auffassung ihrer Herrn, daß alle religiösen Vorurteile sehr leicht zu überwinden oder dem gemeinen Volk zu überlassen sind, solange das nötige Geld für die Hofhaltung vorhanden ist. Auch Lessings Nathan profitiert davon, daß der Sultan Geld sehr nötig hat. Aber bei diesem Sultan von Lessings Gnaden ist der Profit frei von jedem Egoismus. Nathan gibt leichten Herzens; Saladin revanchiert sich ebenso leichten Herzens. Nichts nützt irgendeiner Gruppe, alles wird gegeben und genommen zugunsten des Bildes der Humanität: Es ist das Altarbild der bürgerlichen *religio*.

Aber man darf den Unterbau nicht vergessen. Nicht allein der Fürst brauchte Geld, auch die Bürger hatten es nötig. Es gab bereits die Ökonomie, ohne die jede bürgerliche Emanzipation ein Wunschbild gewesen wäre. Es gab sehr gute bürgerliche Gründe, aus der neuen Gesellschaft die Menschen nicht auszuschließen, die dadurch, daß man sie lange genug aus der Gesellschaft ausgeschlossen hatte, sich zwangsweise mit einem Gewerbe abgeben mußten, das jetzt plötzlich sehr notwendig war. Es war der ökonomisch nützliche Umgang mit Geld.

Nicht, daß der Christ diese Nützlichkeit völlig mißkannt

hätte. Es gab im Mittelalter und in der frühen Neuzeit sehr viele christliche Geldverleiher und auch Wucherer, die sehr wohl eine fromme Umschreibung für das Wort ›Zins‹ wußten. Auch Orden wie die Franziskaner haben sich hier hervorgetan. Und die Fremdwörter, die durch das Bankwesen in unsere Sprache kamen, sind keineswegs hebräischen oder jiddischen Ursprungs; sie kommen aus dem Italienischen. Der *Lombardzins* verweist sprachlich nicht auf das Volk, das Jesus Christus an das Kreuz gebracht haben soll...

Wie man immer es begründen will, zu der Entstehung der bürgerlichen Gesellschaft gehört die Emanzipation der Juden. Im Rahmen der großen Revolution wurden ihnen in Frankreich im Jahr 1791 die vollen bürgerlichen Rechte zugestanden. Napoleon hat später etliches von dieser eigentlich selbstverständlichen Humanität zurückgenommen und variiert. Wie die europäischen Fürsten, die einen vornehmeren Stammbaum aufweisen konnten, war er mitunter sehr davon überzeugt, daß man Untertanen zuerst erziehen müsse, um sie dann als Bürger anerkennen zu können. Aber er war bestrebt, die jüdische Religion ähnlich den christlichen Konfessionen in die Verfassung seines Staates einzubringen. Das war von großer Bedeutung: Ein Staat, der wie der napoleonische ein *Synedrion*, einen religiösen Rat der Juden anerkennt und überwacht, ist im Grunde nicht mehr ein christlicher Staat; er kann sich christlich nennen, wenn er einer gewissen Ethik achtet; aber er verneint die Ausschließlichkeit der christlichen Lehre – eine Einstellung, die uns heute positiv erscheint.

Dazu kam freilich ein weiteres Moment, das die ›gloire‹ am Bild Napoleons mitbestimmt. In die deutschen Länder, die er eroberte, brachte er mit seinen Rechtsvorstellungen eine große Erleichterung des jüdischen Schicksals ein. Heinrich Heine hat in seinem Leben nur ein wirklich nicht ironisches pathetisches Gedicht geschrieben. Es heißt »Die Grenadiere«. Zwei französische Soldaten hören nach dem Rußlandfeldzug von der Niederlage, der Gefangenschaft ihres Kaisers. Einer denkt angstvoll an seine Familie, der andere aber nur an den Kaiser. Selbst wenn er sterben muß, soll seine Leiche in Frankreich liegen, und noch der Tote soll bereit sein, wenn der Kaiser wiederkommt:

Dann reitet mein Kaiser wohl über mein Grab,
Viel Schwerter klirren und blitzen;
Dann steig ich gewaffnet hervor aus dem Grab –
Den Kaiser, den Kaiser zu schützen.[1]

Das war kein Patriotismus, denn Heine war Deutscher; also war es auch nicht dieses Hurra-Rufen, das Bert Brecht ein Jahrhundert später so hart karikierte. Es war Dankbarkeit für den Mann, der den Juden nicht nur einige Rechte gab, sondern sie auch an einer Gloire teilnehmen ließ, die nun einmal zur Menschenwürde gehört. Und Heine verspricht seinem Kaiser das, was die große Glorie der Christen ist: »Et resurrexit...«: Der Herr steigt mit der Siegesfahne aus allen Gräbern der barocken Kirchen hervor. Und so auch der Grenadier: »Dann steig ich gewaffnet hervor aus dem Grab.«

Weit weniger glanzvoll als Napoleon wirkten die Deutschen, als sie in Reaktion auf die französische Herausforderung auch ein Stück ihrer Freiheiten verwirklichten. 1812 gewährte Hardenberg den preußischen Juden eine gewisse Emanzipation. Aber es waren noch sehr viele Widerstände zu überwinden, bis schließlich 1869 kurz vor der Gründung des Zweiten Kaiserreiches die Juden frei waren in Deutschland, so frei, daß sie dies preußisch-deutsche Reich als Bürger bejubeln konnten, wie sie dies zu einem Teil auch taten.

Man kann mit einer soziologischen Konsequenz die Linie weiterführen. Die Juden, die sich dem Bürgertum anpaßten, die eine Akkulturation vollzogen, waren in der Gesellschaft des neunzehnten Jahrhunderts *homines novi* – wie sie Jakob Burckhardt nannte.[2] Sie mochten sich in ihrer Individualgeschichte mit einer Ablösung von ihrer streng religiösen Vergangenheit abgequält haben. Aber das war ihre Sache. Sie mußten manche Formen einer jüdischen Rechtsgläubigkeit überwinden, um in jenen Raum einzugehen, den der liberale Bürger für sich und seinesgleichen reserviert hat.

Die Geschichte der Gesellschaft, in die die Juden seit dem Beginn des neunzehnten Jahrhunderts langsam hineinemanzipiert wurden (ich bin mir des Widerspruchs des Verbs durchaus bewußt; aber jede Freilassung, jede *emancipatio* versetzt den Emanzipierten in neue, zwingende Zusammenhänge), war aber geprägt von der christlichen Vergangenheit, vom Christentum, das der gemeinschaftliche Grund der Erfahrung war. Auch diese Prägung hatte einen Doppelcharakter: Auf der einen Seite setzte man sich von dem ab, was man als böse, überwunden, unannehmbar betrachtete. Auf der anderen Seite wollte man das Beste behalten. Also: Der harte Glauben, der mit Zwang, Gesetz und Lehre zu tun hatte, sollte überwunden werden; der sanfte Glaube der allumfassenden Menschenliebe aber war etwas, was man bewahren mußte.

Nun war freilich die Ablehnung des Jüdischen schon so im Denken vieler Theologen zementiert, daß sie diese Chance der christlichen Milde verstreichen ließen. Sie waren gegen die Dogmatik, aber hieß das nicht auch gegen das alte Gesetz sein? Im achtzehnten und neunzehnten Jahrhundert gab es in der deutschen Theologie eine sehr starke Tendenz, das Neue von dem Alten Testament zu trennen. Der Theologe Johann Salomo Semler (1725–1791), tätig in Halle, wurde zum Vollender der Lehre des Marcion. Er glaubt nicht an eine göttliche Inspiration des Alten Testaments. Und er lehnt sogar jene Stellen des Neuen Testaments ab, die sich auf jüdisches Denken beziehen. Man könne sie bestenfalls historisch erklären: Die Anhänger Christi mußten auf ihre Umwelt Rücksicht nehmen. Aber den wahren Christen geht es um eine Sittlichkeit, die sich nicht vom Judentum ableiten läßt.

Diese Verwerfung des Alten Testaments zugunsten einer moralischen Rigidität, auf die auch die Evangelien reduziert wurden, war zeittypisch. Ihr huldigte der Theologe Friedrich Schleiermacher, von ihr war Hegel beeinflußt. Man muß die Vorstellung nur mit der landesüblichen Interpretation der

Bergpredigt verbinden, um jenes sittliche Menschenbild entwickeln zu können, das gar nichts von der Dogmatik der alten Kirche an sich hat und doch über alles Jüdische sich erhaben dünkt.

Man kann sich an die Sprache halten. Wer kennt nicht die Formulierungen? Er hat wie ein Christ gehandelt; das ist unchristliches Denken; dieser Mann und diese Frau waren christlicher als manche Christen. Bereits Lessing kannte und verwandte nicht unkritisch diese Ausdrucksweisen. Und es ist ja wirklich pervers, wenn man dem Verfolgten, dem Juden, dann, wenn er gut ist, das Kompliment macht: Er handle wirklich wie sein Verfolger, wie ein Christ. Während der Jude es dann auch als Trost der Toleranz hinnehmen muß, daß schlechte Christen, besonders Schlimme unter seinen Verfolgern, angeblich wie er handeln, also wie ein Jude.

Und in diesen Zusammenhängen wird erkennbar, daß es eine bürgerliche Gesellschaft nie ohne ihre Vorgeschichte gegeben hat. Burckhardt hat recht, wenn er die Juden als *homines novi* in dieser Sozietät bezeichnete. Aber es gibt eine Tendenz auch in der Geschichtsschreibung, durch die alle Bürger *homines novi* sein sollen. Womit man alles, was in der bürgerlichen Gesellschaft geschah, aus deren Struktur und aus deren inneren Widersprüchen ableitet.

Man darf hier eines nicht vergessen. Die real existierende, aber idealistisch entworfene bürgerliche Gesellschaft war in Deutschland wie auch in Frankreich immer das Kind einer Revolution und einer Restauration. Dabei gehört es zum deutschen Sonderweg (jede Nation hatte ihren Sonderweg; aber der deutsche war verhängnisvoll), daß die Restauration stärker war, wie Karl Marx sagt: »Wir haben nämlich die Restaurationen der modernen Völker geteilt, ohne ihre Revolutionen zu teilen.«[3]

Auch in den deutschen Ländern hatte sich das moderne Bürgertum auf die Dauer durchgesetzt. Aber in einem Stil, der sich als Nachgeben gegenüber dem Zeitgeist interpretieren läßt. Für den intellektuellen Überbau hatten die meisten deutschen Bürger nicht viel übrig. Die radikal liberalen Forderungen erschöpften sich in erfolglosen Revolutionsversuchen. Die Restauration hingegen hatte die Kraft der Empfindung für sich. Auch Frankreich war gezeichnet von der Restauration; aber die Revolution hatte den Franzosen ihre Lieder geschenkt, und damit etwas, was wesentlich auf die Empfindung wirkt und von ihr beeinflußt wird. Indem die Deutschen nur einen gescheiterten Liberalismus kannten, klammerten sie sich um so mehr an jenen Nationalismus, der das nicht so sympathische Geschwisterkind der Befreiung war.

In Frankreich wurden die Kinder des Vaterlands in der »Marseillaise« aufgerufen, gegen die Tyrannei Sturm zu laufen. Die deutschen Nationalen wandten sich, wenn überhaupt, gegen eine fremde, also die französische Tyrannei. Ansonsten verloren sie sich in der Erinnerung an die alten Könige und Kaiser, an Württembergs frühe Fürsten und an die Staufer, die Deutschlands Größe und Deutschlands Herzinnigkeit einmal verkörpert haben. Es ging um alte Träume, um alte Kronen und um ein verlorenes Reich.

Der Nationalismus konnte der Restauration in allen Ländern einen Anstrich von Fortschrittlichkeit geben. In Deutschland war aber diese Gefahr besonders groß. Er konnte besonders in der Verbindung mit der deutschen Innerlichkeit, die eine Spätromantik mit dem Biedermeier und selbst der Kunst des Zweiten Kaiserreichs verband, sich als die bessere Alternative darstellen, als das, was wir dem Liberalismus voraushaben: Keine abstrakten Menschenrechte, die eine Nationale in eine *Internationale* umwandeln könnten; sondern der Rückzug auf unsere deutsche Sittlichkeit. Und hier störte die Judenemanzipation. Sie war schon in ihrer frühen Entwicklung nicht mit einem deutschen Triumph verbunden. Als Hardenberg den Juden ein Stück Freiheit zusprach, lag Deutschland noch darnieder. Als gut zwanzig Jahre früher die Pariser Nationalversammlung den französischen Juden Rechte zugesprochen hatte, leuchtete die Morgenröte der nationalen Erneuerung auf. Ich drücke mich hier bewußt kitschig aus, denn dieser echte oder scheinbare Kitsch hat sehr viel mehr als alle historische Differenzierung zum Empfinden, zu der Mentalität einer Nation beigetragen.

Die Deutschen waren durch die Art, wie sie in das bürgerliche Zeitalter hineingezogen wurden, viel anfälliger für all jene Tendenzen der Gesellschaft, die aus dem Widerspruch zwischen dem bürgerlichen Ideal und der Realität erwuchsen. Es gibt die idealtypische Interpretation der bürgerlichen Revolution. Die Vorstellung von Gleichheit und Freiheit entwarf das Bild des *Citoyen*, des Bürgers, der den Staat bestimmt, der neben anderen Bürgern gleichberechtigt ist. Und in diese Welt sollte der Jude durch die Emanzipation aufgenommen werden. Er wurde dies ja sogar in Deutschland, wo der Bürger noch keineswegs den Staat bestimmte, nach der Überwindung vieler Schwierigkeiten, die von der Mentalität der anderen, christlichen, aus einer bedeutend minderen Unterdrückung noch nicht befreiten, Bürger ausgingen.

Aber dieser ideale *Citoyen* ist nur die eine Seite des bürgerlichen Januskopfes. Das andere Gesicht ist das des *Bourgeois*. Und das ist den Idealisten, der edlen Seele des Bürgertums verhaßt. Es ist hier nicht der Ort, um diesem Zwiespalt, der die bürgerliche Gesellschaft von Anfang an zerriß, näher nachzugehen. Er wurde zudem so häufig und so subtil nicht nur von Marx und den marxistischen Denkern definiert, daß man eigentlich nur an ihn erinnern muß, um zu erklären, in welche Zwickmühle die Emanzipation der Juden hineingeriet, besonders in den deutschen Ländern, die den Klang der *Clairons* der Freiheit nicht kannten.

Da die bürgerliche Gesellschaft sich in der Zeit entwickelte, in der ein Befreiungskampf gegen die Wegbereiter der kontinentalen bürgerlichen Gesellschaft, die Franzosen, vorbereitet und dann auch geführt wurde, besaß das Bürgertum in den deutschen Landen von Anfang an einen Hauch von Schizophrenie. Und von dieser Belastung wurde es nie ganz frei. In dieser Mentalität war es nur allzu naheliegend, das alte Christentum, das auch Ordnungsmacht war, in ein neues Weltgefühl zu verwandeln, das rational diffus war, aber fest eingewurzelt werden konnte in eine Mentalität, die rationale Definitionen durch den Satz ersetzen ließ »Man weiß ja doch, was gemeint ist«. Die Menschen, die sich so verständigen, besitzen das Privileg des überlegenen Lächelns über den scheinbaren Besserwisser, der nun unbedingt erklärt haben will, was gemeint ist. Das müsse sich doch ausdrücken lassen. Aber muß man es denn ausdrücken, wenn der brave, mit den richtigen Wassern aus den nationalen Strömen Getaufte es ohnehin weiß? Und der Ungetaufte oder mit dem falschen Wasser Benetzte kann es nicht erraten. Denn viele sind berufen, aber wenige auserwählt. Wie schon das Evangelium sagt!

Der Jude war der Außenseiter, auch als ihn die Gesellschaft aufnahm; er mochte akkulturiert, also an die Kultur herangebracht werden. Die gesellschaftliche Inkulturation aber zog das Christentum in sich hinein und machte es zu der Vergangenheit, aus deren Humus heraus wir leben. Um es sehr deutlich zu sagen: Das Christentum einer modernen Judenablehnung ist nicht mehr von der Dogmatik, kaum noch von der Überzeugung des Glaubens abhängig. Es hat mit einem allgemeinen kulturellen Gefühl zu tun, das einfach da ist und vorherrscht.

»Religion war als Kulturgut eingegliedert, nicht aufgehoben«[4], so formulieren es Max Horkheimer und Theodor W. Adorno in ihrem Buch »Dialektik der Aufklärung«, in dem so vieles behandelt wird, was mit der einfachen Form einer marxistisch beeinflußten Soziologie nicht zu erklären ist.

Um diesen Komplex zu verdeutlichen, möchte ich drei Texte heranziehen, die in Deutschland in der ersten Hälfte des neunzehnten Jahrhunderts entstanden sind; sie sind literarischer Natur, haben also nur das Herz der Menschen berührt. Es handelt sich um eine Erzählung, um eine historische Novelle und um ein sehr schönes Märchen. Die drei Texte müssen auf den Leser sehr judenfeindlich wirken; aber sie sind nicht primär als judenfeindliche Tendenzliteratur auszumachen. Das klingt scheinbar freundlich – man muß schließlich den Autoren Gerechtigkeit zukommen lassen –, aber es ist gerade deswegen um so deprimierender. Tendenzliteratur schreibt einer, der für die Juden ist. Das natürliche Empfinden nimmt Judenfeindschaft als Gegebenheit hin.

Der erste Text stammt von Achim von Arnim. Der Dichter, geboren 1781, gestorben 1832, war »neben Eichendorff bedeutendster Vertreter der deutschen Hochromantik, verband ererbten, sittlich festen Konservatismus mit romantisch-phantastischem Lebensgefühl und erstrebte die Erneuerung deutschen Wesens durch vertiefte Auffassung von Religion, Vaterland und nationaler Vergangenheit«. So wird zumindest sein Schaffen im »Lexikon der Weltliteratur« des Gero von Wilpert im Jahre 1963 erklärt[5].

Achim von Arnim war der Ehemann von Bettina von Brentano und mit ihrem Bruder Clemens befreundet; er gab mit ihm die Volksliedsammlung »Des Knaben Wunderhorn« heraus, in der sich manches finden ließe, was zu unserem Thema gehört. Aber man kann sagen, das ist für das neunzehnte Jahrhundert Vergangenheit, die man nostalgisch betrachtet, der man sich doch intellektuell entfremdet fühlt und der man sich vor allem dort, wo sie primitiv ist, nicht unterordnet. Man kann sagen? Nein, man könnte sagen! Es gibt Rückblicke, die ohne Distanz erfolgen.

Im Jahre 1811 war Arnim Mitbegründer der »Christlich-deutschen Tischgesellschaft« in Berlin, der neben ihm Brentano, Kleist, Fouqué und der Theologe und Prediger Friedrich Schleiermacher angehörten, der zwar in den Salons gebildeter Jüdinnen auftrat, aber sein sanftes Christentum aus den Evangelien allein ableitete und, wie es zum guten Ton der Progressiven gehörte, das angebliche harte, von Rache beseelte Alte Testament ablehnte. Was die Salons der Jüdinnen betraf, so war die »Tischgesellschaft« gegen deren Bedeutung gerichtet. Hier wurde der Beschluß gefaßt, daß keine Juden, auch keine getauften Juden, keine Franzosen, keine Frauen Mitglieder werden können. Von diesem Beschluß, den Achim von Arnim ablehnte, dem er sich aber beugte, wird die Tendenz der Vereinigung klar: Es war ein Protest gegen jene im jeden Sinn des Wortes verbindliche Salon-Kultur, die Rahel Varnhagen verkörperte.

Ein Stück Restauration also... Natürlich wollte man nicht die unmittelbare Vergangenheit mit ihren Verwirrungen; aber ein schöner Traum durfte doch entworfen werden.

Dieser Achim von Arnim publizierte im »Taschenbuch zum geselligen Vergügen auf das Jahr 1820« mit königlich-sächsischem allergnädigsten Privilegio die Erzählung »Die Majoratsherren«. Es ist eine Geschichte über den modernen nachaufklärerischen Irrationalismus, über die Somnambulie, über ins Mystische verzerrte Wahrnehmungen und über den Liebestod eines Jünglings, dem sich die Wirklichkeit verzerrt. Er sieht den Tod, wenn ein Arzt mit einem klapprigen Pferdegespann durch die Straßen fährt. Er liebt eine junge Frau, die in einer Wahnwelt lebt, Menschen empfängt, die nicht existieren und ihm doch eine Wahrheit erzählen, die so real ist, daß alles Irreale nicht bloßes Hirngespinst sein kann. Die Wahrnehmung, die nicht sein soll, ist Garant für die Tatsachen, die gegeben sind, aber verborgen werden.

Man kann also über Ahnungen spekulieren. Aber man kann auch das wahrnehmen, was Arnim nebenbei und auch kraß realistisch erzählt. Das Majorat ist eine Regelung der Erbfolge, nach der nur der nächste männliche Abkömmling, sei es der Sohn oder der entsprechende Verwandte, erbt. Wir kennen diese Rechtsregelung heute fast nur noch, wenn wir uns mit den Prinzipien der Nachfolge der englischen Adelstitel auseinandersetzen. In Arnims Preußen gab es ähnliche Regelungen, und sie führten zu innerfamiliären Spannungen. Ein solcher preußischer Majoratsherr, der alles erbte, dessen Verwandten leer ausgingen, hatte einen ziemlich alten Neffen, dem er sein Erbe nicht gönnte. So war er glücklich, im vorgerückten Alter noch Vater zu werden; nur war das Kind leider ein Mädchen. Aber die Bosheit findet immer einen Ausweg.

Eine befreundete Hofdame war zur gleichen Zeit schwanger und gebar ein uneheliches Kind; der Kindsvater war von einem Nebenbuhler getötet worden, der just der unangenehme Vetter des Majoratsherren war. Und dies Sündenkind war ein Knabe, so daß sich alles regeln ließ. Der Knabe kam in die

Wiege des Majorats. Das liebe Mädchen wurde einem Juden zusammen mit einem guten Batzen Bestechungsgeld anvertraut. Und wer jetzt die Travestie noch nicht erkennt, der wird von Achim von Arnim aufmerksam gemacht. Das Christenmädchen, das von einem Juden aufgenommen wird, ist vergleichbar jener Recha, die Nathan annahm. Nur daß es Arnim scheinbar realistisch sieht: Der Jude tut es nur um seines Vorteils willen. Er versorgt natürlich diese Esther und vermacht ihr auch einiges, um sie so vor der Bosheit und Habgier seiner Frau zu schützen.

In der Erzählzeit, in der das hier Berichtete nur rekapituliert wird, ist dieser halbwegs anständige Jude schon tot. Die Tochter des Majoratsherrn, die schein-jüdische Esther, ist nur noch ein nervenkrankes Geschöpf, zerstört von der kläffenden Bosheit der Stiefmutter Vasthi, die ein Geschäft aufmacht, direkt neben Esthers Geschäft, in dem eine Sanfte sanft wirkt.

Der angebliche junge Majoratsherr, nach dem Tod des angeblichen Vaters an den Ort des Majorats zurückgekehrt, vertraut sich völlig dem mißgünstigen Vetter an, weil dieser in seiner Not sich nur ein Haus am Rand der Judengasse leisten kann. Aber von diesem Haus aus kann der junge verliebte Majoratsherr seine Esther sehen und die Ergebnisse ihrer Nervenkrämpfe erfahren. In ihren Phantasien hat das Mädchen im Judenhaus einen Salon, fast wie den der Rahel Varnhagen. Man erkennt an solchen Stellen die alte Verstörung des Achim von Arnim. Wie konnte eine jüdische Frau dergleichen unterhalten? Es war etwas, das Achim von Arnim, der doch trotz seiner Vorurteile, die so tief in ihm saßen, gerecht sein wollte, sich nicht normal erklären konnte. Es sei denn, er ließ sich auf die Phantastik ein: Da war das Judenmädchen Esther, aber es war gar kein Judenmädchen, sondern ein adeliges Kind; und da war ein Salon, aber es war kein Salon, sondern eine fixe Idee. Sie begrüßt Menschen, die nicht existieren; sie träumt sich in etwas hinein, was nicht Wirklichkeit ist. Denn für das arme Gehirn ihres Autors durfte ein intellektuell anziehender Salon, den eine Jüdin leitete – heiße sie nun Rahel oder Esther – nicht existieren. Und in der Traumwelt spielt sie auch den Dialog mit ihrem Geliebten vor, der alles enthüllt: seine Abstammung – ihre Abstammung.

Der arme Tempelherr bei Lessing mußte es hinnehmen, daß er die Geliebte nur als Schwester in seine Arme nehmen kann. Der junge Majoratsherr hätte es viel besser. Denn die nicht wirklich jüdische Geliebte ist zwar die Tochter seiner angeblichen Eltern, aber eben nicht seine Schwester. Doch das nützt nichts. Esther muß sterben, nervenkrank vielleicht, sehr wahrscheinlich von der bösen Vasthi ermordet. Und der arme Jüngling stirbt ihr nach. Die Restauration, die Gegenaufklärung, die Erzählung des Anti-Nathan braucht ihre Blutopfer. Der Erzähler mag sie sehr schweren Herzens geliefert haben, aber er hat sie geliefert. Diese ganze Geschichte endet mit dem absolut sinnlosen Tod der Liebenden, hervorgerufen durch eine schreckliche böse Jüdin in der Judengasse der Dichter, die uns etwas vermitteln wollen. Schmutz, Geschrei, Lärm; der Aufgeklärte hat sein Alibi: So sind sie durch die Unterdrückung geworden; aber so sind sie. Natürlich verehrt man die alten Geschichten, alten Religionen aller Völker, aber man weiß auch dies: »wie die armen Juden außerhalb ihrer Gasse mißhandelt werden, so meinen sie, den Christen drinnen auch mißhandeln zu können und fallen über ihn her.«[6] Wie ungeheuer modern klingt das doch in unserer Zeit, in der Verdächtigungen gegen die Juden damit begründet werden, daß sie sich doch dafür rächen müssen, daß wir, Deutsche, Arier, Christen, ihnen so Entsetzliches angetan haben. Und darum sind sie gefährlich. Sie müssen es ja geradezu sein. Und darum müssen wir uns vor ihnen hüten. Denn die Vorstellung, daß man Unrecht auch vergeben könnte, ist eine christliche, also eine judenfremde Vorstellung. Sie sind es doch, die das alte Gebot, nach dem Auge für Auge, Zahn für Zahn gerächt werden muß, als ihr Recht anerkennen. Nur wir Christen halten die andere Wange hin, wenn wir geschlagen werden. Und darum müssen wir uns vor den Menschen hüten, die uns angeblich verfolgen, weil wir sie verfolgt haben. Die Einsicht in die Ungerechtigkeit der Judenfeindschaft wird so zur Begründung der neuen Judenfeindschaft. Der Wahnsinn hat Methode.

Arnims Geschichte ist eingebettet in eine Anschauung der modernen Welt, die man konservativ, aber auch reaktionär nennen kann. Die ersten Sätze seiner Erzählung machen dies deutlich: »Wir durchblättern eben einen ältern Kalender, dessen Kupferstiche manche Torheiten seiner Zeit abspiegeln. Liegt sie doch jetzt schon wie eine Fabelwelt hinter uns! Wie reich erfüllt war damals die Welt, ehe die allgemeine Revolution, welche von Frankreich den Namen erhielt, alle Formen zusammenstürzte; wie gleichförmig arm ist sie geworden.«[7]

Hier ist eine Deutung der Geschichte vorgegeben, die alle Kritik, die Arnim an dem Majoratswesen übt, alle Einwendungen, die man gegen den unangenehmen Vetter des Majoratsherren und die widerlich rachsüchtige Hofdame, die biologische Mutter des kranken Helden, sehr wohl haben kann, von vornherein auffängt. Das ist Pittoreskes, das sich nun einmal ereignet; das gehört zu der Fabelwelt, die unsere Heimat war. Denn sie ist doch hervorgestoßen worden aus des Knaben Wunderhorn. Aber was jetzt geschieht, ist das Böse. Es ist die andere Welt, in der ein Todesengel, in der diese alte Jüdin Vasthi die Macht erringt. Der Schluß der Erzählung ist bezeichnend für das Ressentiment. Der unangenehme Vetter ist seiner Majoratsherrschaft nie recht froh geworden. Aber die Groteske seiner Herrschaft wird zerstört durch die Franzosen. Arnim schildert das: »Bald darauf kam die Stadt unter die Herrschaft der Fremden; die Lehnsmajorate wurden aufgehoben, die Juden aus der engen Gasse *befreit* [die Schrägschrift des Wortes soll bei Arnim die Widernatürlichkeit dieser Tatsache andeuten, E. E.], der Kontinent aber wie ein überwiesener Verbrecher eingesperrt. Da gab es viel heimlichen Handelsverkehr auf Schleichwegen, und Vasthi soll ihre Zeit sowohl benutzt haben, daß sie das ausgestorbene Majoratshaus durch Gunst der neuen Regierung zur Anlage einer Salmiakfabrik für eine Kleinigkeit erkaufte, welche durch den Verkauf einiger darin übernommenen Bilder völlig wieder erstattet war. So erhielt das Majoratshaus eine den Nachbarn zwar unangenehme, aber doch sehr nützliche Bestimmung, und es trat der Kredit an die Stelle des Lehnsrechts.«[8]

In diesem Schlußabschnitt der Erzählung ist eine Weltanschauung enthalten: Die böse, mörderische Jüdin übernimmt dank des Einmarsches der französischen Truppen, die eine neue bürgerliche Zeit signalisieren, das Erbe der deutschen Herren, die das gute mittelalterliche Lehnsrecht verkörpert haben. Sie bringt den Kredit, also das Bankwesen, unter die Menschen. Und sie legt eine Salmiakfabrik an. Wo in der alten Zeit Wiesen und Äcker waren, wo man die schöne Natur genießen konnte, wird jetzt etwas produziert, was mit Gestank zu tun hat.

Hier baut Arnim den Mythos eines Verlustes auf. Die alte Zeit geht unter; es kommt eine neue Herrschaft, die jüdisch ist und die wie Salmiak stinkt.

Besonders in den deutschen Landen fühlte ›man‹ das so. Das zweite literarische Beispiel soll zeigen, daß ein junger Dichter in diese ›man‹-Empfindung fast schon hineingeboren wurde, obwohl er sich rechte Mühe gab, aufgeklärter, anständiger zu sein als die Welt, die ihn mit Stimmungen und mit Material versorgte. Wilhelm Hauff, geboren 1802, gestorben 1827, war ein braver schwäbischer Autor, der in seinem kurzen Leben sehr viel schrieb: Gedichte, Novellen, Märchen, Satirisches. Von ihm stammt die historische Novelle »Jud Süß«, die einen Stoff aus der württembergischen Geschichte aufnahm und in den Fluß der Literatur einbrachte. Lion Feuchtwanger hat aus dem Stoff einen Roman gemacht, der sehr differenziert auf die realen Möglichkeiten der jüdischen Existenz in der Zeit des Absolutismus einging. Aber der Stoff wurde weiterbehandelt. Durch Veit Harlan wurde er zu dem antisemitischen Film-Treatment schlechthin.

Wilhelm Hauff konnte dafür nichts. Aber die Gefühlslage, aus der heraus er schrieb, war so angelegt, daß es zu einem Veit Harlan kommen mußte.

Dabei haftet der Entwicklung des Wilhelm Hauff fast etwas Rührendes an. Er wollte im Grunde nicht so schreiben. Eines historischen Motivs bediente er sich; er griff es auf. Freilich muß es ihm irgendwie gelegen haben. Im Jahre 1825, zwei Jahre vor der Veröffentlichung der Novelle »Jud Süß«, schrieb er die »Mitteilungen aus den Memoiren des Satan«, eine sehr flotte, amüsante Satire, in der die Zeitströmungen der Gegenwart verhöhnt werden, so die schlagenden Verbindungen der Studenten, so die ästhetischen Teestunden der literarisch empfindsamen Damen. Und Satan tummelt sich vergnügt und bösartig in dieser Welt. Dabei begegnet er auch einem jungen, froschgesichtigen und verliebten Kaufmann.

Verliebt ist dieser sächsische Kaufmann in ein Frankfurter Judenmädchen, in die reiche und hübsche Rebekka. Im Lauf der Geschichte enthüllt Satan sein wahres, teuflisches Wesen, indem er durch einen raffinierten Trick die Aktien des jungen Mannes so steigen läßt, daß er Rebekka gewinnt; freilich weiß der Satan sehr wohl, daß das Eheglück nicht von Dauer ist. In der Welt des Geldes gehört der Fall nach dem Aufstieg zur bitteren Alltäglichkeit.

Hauff schildert in dieser Satire das Leben der Juden in Frankfurt; ich möchte hier eine längere Passage zitieren, um die Bilder Hauffs darzustellen.

Die Frankfurter Juden feiern ihren ›Schabbes‹ in einem Bornheimer Wirtsgarten. »... das Volk Gottes ließ sich vormusizieren im Freien, wie einst ihr König Saul, wenn er übler Laune war... Da saßen sie, die Söhne und Töchter Abrahams, Isaaks und Jakobs, mit funkelnden Augen, kühn gebogenen Nasen, fein geschnittenen Gesichtern, wie aus einer Form geprägt, da saßen sie vergnügt und fröhlich plaudernd... und der Garten war anzuschauen als wäre er das gelobte Land Kanaan, das der Prophet vom Berge gesehen und seinem Volke verheißen hatte. Wie sich doch die Zeiten ändern durch die Aufklärung und das Geld!

Es waren dies dieselben Menschen, die noch vor dreißig Jahren keinen Fuß auf den breiten Weg der Promenade setzen durften, sondern bescheiden den Nebenweg gingen; dieselben, die den Hut abziehen mußten, wen man ihnen zurief. ›Jude sei artig, mache dein Kompliment!‹ dieselben, die von dem Bürgermeister und dem hohen Rat der freien Stadt Frankfurt eingepfercht wurden in ihr schmutziges Quartier. Und wie so ganz anders waren sie jetzt anzuschauen... die Männer, konnten sie auch nicht die spitzigen Ellbogen und die verbogenen Knie ihres Volkes verleugnen, ... ließen schwere goldene Ketten über die Brust und den Magen herabhängen, streckten alle zehn Finger, mit blitzenden Solitärs besteckt, von sich, als wollten sie zu verstehen geben. ›Ist das nicht etwas ganz Solides? Sind wir nicht das auserwählte Volk? ... Wem ist Gott und Welt, Kaiser und König schuldig, wem anders als uns?‹«[9]

Man erkennt schon hier, daß Hauff zwar durchaus fähig ist und auch fähig sein will, die alte Unterdrückung der Juden zu erkennen. Und diese Erkenntnis muß für einen liberalen jungen Mann Ablehnung bedeuten. Aber die Ablehnung des Rates, der die Juden unterdrückte, ist eine Sache des Verstandes. Die Juden grotesk zu finden, ist eine Sache des Gefühls, des kollektiven ›man‹. Man verstand doch auch folgende Partien. Von einem Juden, der ein Geschäft wittert, wird ein Satz zitiert und die dazu passende Physiognomie angegeben. Er sagt etwas, »indem er seine Nase herunter gegen den Mund bog, und das lange Kinn aufwärts drückte, daß sich die beiden reichen Glieder begegneten und küßten«.[10]

Hier verliert sich Hauff in die Vorstellungen des ›man‹: So grotesk und im Grunde widerlich sehen die Juden aus. Und als es dann zur Hochzeit kommt, muß man sich angesichts des Reichtums der Juden, der durch die Verwendung des Ausdrucks ›auserwähltes Volk‹ sich wie eine Travestie auf die Religion ausnimmt, auch mit so manchem abfinden: »Hatte der alte Simon nicht treffliche alte Weine? Speiste man bei ihm, das Gänsefett abgerechnet, nicht trefflich?«[11] Das Gänsefett wird nicht nur hier mit einer Ekelkonnotation belegt. Die jüdischen Speisevorschriften verbieten Schweinefett, und damit wurde Gänsefett zu einem Ersatz in der Küche – zumindest erschien es den Nicht-Juden so. Und weil dieses an und für sich wohlschmeckende Fett das Fett ist, das die Juden um ihrer Besonderheit, ihres Glaubens willen verwenden, muß es dem christlichen Glauben unangenehm sein. Das Vorurteil sitzt tief.

Man möchte am liebsten glauben, daß Satan, der Verfasser der Memoiren, als erklärter Feind des auserwählten Volkes dergleichen niederschreibt. Aber Wilhelm Hauff war nicht der Mann, der zu einer derart perfekten, satirischen Rollenprosa fähig war. Er legte seine schlichte schwäbische Ansicht dem Teufel in den Mund.

Sonst hätte er kaum die Novelle »Jud Süß« geschrieben. Die Geschichte des württembergischen Ministers Süß Oppenheimer ist bekannt. Er war ein Hofjude, der dem Herzog Alexander, Inbegriff eines leichtfertigen, verschwenderischen, tugendlosen Fürsten, das nötige Geld verschaffte. Dafür schützte ihn der Herzog. Gleichzeitig wurde er zum Sündenbock für den Fürsten, den die Untertanen aus Liebe zum angestammten Herrscherhaus nicht recht ablehnen wollten. Der Haß der ausgebeuteten Menschen ließ sich auf die Nebenschiene lenken: Der andere, der Fremde muß an dem Übel schuld sein. Im Jahre 1737, nach dem plötzlichen Tod des Herzogs, wurde Süß Oppenheimer ungerecht angeklagt, verurteilt und hingerichtet. In Stuttgart kursierten Flugschriften, die alle Motive des fanatischen Judenhasses aufgriffen und brutal in Verse brachten.

Als Hauff diese vaterländische Reminiszenz in einer Novelle verarbeitete, hielt er sich an den Stil des neunzehnten Jahrhunderts: Aus der Historie wurde eine Liebesgeschichte. Der Stuttgarter Actuarius Gustav Lanbek ist in Lea verliebt, die schöne Schwester des gefürchteten Ministers Süß Oppenheimer. Das Motiv der schönen Jüdin, die von einem Christen geliebt wird, ist nicht neu. Der Engländer Walter Scott verwendet es, und selbst in Shakespeares »Kaufmann von Venedig« taucht es auf, obwohl es hier wenig mit Ideologie zu tun hat. Es gab nämlich die Vorstellung, daß Jüdinnen schön sein, ja auch edle Herzen haben können, weil sie damals nicht dabei waren, als in Jerusalem das (männliche) Volk das »Crucifige« hinausschrie.[12] Freilich sind auch die Jüdinnen vom Fluch betroffen. Und so ist ihre Liebe von Anfang an von Unglück und Leid gezeichnet. Wieviel an erotischer Faszination von jenen dunkelhaarigen Frauen ausgehen mag, die so stark lieben und doch nicht glücklich sein können, das mag sich der Betrachter der gemalten Synagoge des Konrad Witz vorstellen. Wie zart, anmutig wirkt doch diese zerbrechliche Frau mit dem zerbrochenen Stab in der Hand. Welch süße Beute für den überlegenen Mann eines anderen Glaubens, einer anderen Rasse!

Jud Süß selbst ist auch ein Abbild eines literarischen Typs der Zeit. Der böse Minister ist eine beliebte Gestalt – in den Romanen des Jean Paul ebenso wie in zahlreichen Unterhaltungsgeschichten. Er hat natürlich immer eine Sündenbockfunktion. Der Fürst selbst soll nicht die Bosheit des Absolutismus verkörpern; dafür gab es den Minister, der gewöhnlich ein kalter, ehrgeiziger Verstandesmensch war, ein Rationalist, dem die Staatsraison mehr galt als das tiefe Gemüt und die Liebe der Herzen. Darum verweigert der Minister gewöhnlich die Hand seiner zarten, empfindsamen Tochter dem edlen Romanhelden.

Nicht so Jud Süß! Als er die Liebe seiner Schwester Lea zu Lanbek bemerkt, ist er davon angetan, drängt auf eine Verbindung mit einer alten angesehenen württembergischen Familie, versucht Gustav sogar zu erpressen. Gustav gerät in einen unentwirrbaren Konflikt. Er darf Lea nur heimlich lieben, denn sein Vater, der Landschaftskonsulent Lanbek, gehört zu den glühendsten Feinden des Jud Süß, zu den Vorkämpfern der alten Ordnung Württembergs, die es zu bewahren gilt angesichts der neuen absolutistischen Anmaßungen.

Es geht rein äußerlich um die Bewahrung der Landschaft, eines ständischen Parlaments, das in der Ausübung des Regiments mit dem Fürsten zusammenarbeiten soll. Sie soll nun aufgelöst werden, das Land soll sich ganz dem Monarchen unterwerfen. Um dies durchzusetzen, würde sich Jud Süß sogar auf die ausländischen Truppen des Bischofs von Würzburg stützen und zum Dank für eine Intervention Württemberg dem Katholizismus überantworten.

Aber Jud Süß plant offensichtlich etwas anderes: Es ist die Zerstörung des guten Alten, der gewachsenen Form eines Staates, in dem alles organisch wie im Aufbau einer Pflanze zusammengehört. Dieses Altbewährte und Natürliche will der alte Lanbek retten. Er und seine Freunde haben schließlich Erfolg. Nach dem jähen Tod des Herzogs wird Jud Süß verhaftet, verurteilt...

Wilhelm Hauff gibt sich große Mühe, im Bild des Jud Süß nicht alle Klischees des Vorurteils zu verwenden. Ein Karnevalsfest, das der Minister veranstaltet, mag zwar dem alten Württemberg wesensfremd sein, aber es hat doch seinen Glanz. Die zahlreichen Geliebten, die der Minister haben soll, sind zwar erwähnt, weil das zum Schema des unmoralischen Absolutismus gehört, aber sie spielen keine Rolle. Und selbst die Physiognomie nimmt sich anders aus als die frühen Judenkarikaturen: »Die Züge dieses merkwürdigen Mannes waren in der Nähe betrachtet, zwar etwas zu kühn geschnitten, um schön und anmutig zu heißen, aber sie waren edler als sein Gewerbe [das eines Ministers? wohl eher das eines Geldverleihers, E. E.] und ungewöhnlich; sein dunkelbraunes Auge, das frei und stolz um sich blickte, konnte sogar für schön gelten. Die ganze Erscheinung imponierte, und sie hätte sogar etwas Würdiges und Erhabenes gehabt, wäre es nicht ein hämischer, feindlicher Zug um die stolz aufgeworfenen Lippen gewesen, was diesen Eindruck störte und manchen, der ihm begegnet, mit unheimlichem Grauen füllte.«[13]

Die Physiognomie kommt uns bekannt vor: Es ist die Schönheit des Luzifer, die Grauen einflößt und die alles in der Umgebung frieren läßt. Man gewinnt den Eindruck, die Liebe zwischen Gustav und Lea mußte unglücklich sein, weil ein solcher Mann sie zu fördern versuchte.

Zwischen Gustavs Schwestern gibt ein Gespräch, das Hauffs innere Spannung zeigt. Käthchen spricht über die Liebe und die Geliebte ihres Bruders: »›Wahr ist es doch, Gustav hat zwar gefehlt, aber an seiner Stelle hätte jeder andere auch gefehlt. Ich habe sie einmal am Fenster gesehen; so schön und anmutig sah ich in meinem ganzen Leben nichts. Was sind alle Gesichter in Stuttgart... gegen dieses herrliche Gesicht!...‹ ›Wie magst du nur so töricht schwätzen!‹, erwiderte Hedwig unwillig. ›Mag sie sein wie sie will, sie ist und bleibt doch nur eine Jüdin.‹«[14]

Auf der einen Seite ist Hauff entsetzt über die Hinrichtung, die Tatsache, daß die Schwaben Jud Süß an einem eisernen Galgen in einem eisernen Käfig aufhängten. Die anderen Schuldigen wurden durch Verwandtschaft und Beziehungen gerettet, nur er mußte auch für die Schuld der anderen, »für die Schandtaten und Pläne mächtiger Männer am Galgen sterben«[15]. Er war in einem religiösen Sinn Sündenbock. Und das war selbstverständlich für Hauff ein Rückfall in die Barbarei. Und dennoch – das Bild des Mannes, der Württemberg verraten wollte, bleibt. Und es war ja auch der religiöse Verrat geplant. Es mag ein Schreckensbild sein, über das wir heute lachen; aber für das alte Württemberg war es ein Schreckensbild: die Katholisierung des Landes, die Vorstellung von Feinden, die »in der Stiftskirche einen Krummstab aufpflanzen«[16].

Elf Jahre nach der Veröffentlichung von Hauffs Novelle erschien »Das Märchen von Gockel, Hinkel und Gackeleia« von Clemens Brentano. Der romantische Dichter war mit Achim von Arnim befreundet; er verkehrte in seiner Jugend mit allen Großen der literarischen Welt. Als Lyriker entwickelte er eine Sprachgewalt wie kaum ein anderer deutscher Dichter. Seine Verse zogen den Zuhörer in ihren Bann, die Wiederholungen und Verschlingungen der Sprachfiguren wirkten wie betörende Magie. Daneben war er ein Satiriker, der die Erscheinungen der Gegenwart aufsaugen und verwandeln konnte.

Er gehörte auch zu den Konvertiten der Romantik. Im Jahre 1817 kehrte er zum katholischen Glauben zurück und warf sich mit allem Elan in die wiedererlangte Konfession hinein. Fünf Jahre lang lebte er bei der stigmatisierten Nonne Anna Katharina Emmerick in Westfalen und schrieb ihre Visionen auf. Es war kein moderner Katholizismus, der es ihm angetan hatte. Es war die romantisierte Erinnerung an vergangene Zeiten, die er wie einen utopischen Traum hegte, in die er sein Inneres hineinfließen ließ – der eigentliche Glaube war nur eine Form, die das sich verströmende Gemüt zusammenhielt. In seinen Dichtungen war es die ironische Verwendung von alten Sprachformen, die den Reiz der Empfindung noch erhöhten.

Er erzählt also die bezaubernde Geschichte des Herren Gokkel von Hanau, seiner Ehefrau Hinkel von Hennegau und der lieblich-törichten Tochter Gackeleia. In der Vorzeit hatten ihre Ahnen ein schönes Schloß besessen, aber schon bald war das Böse eingedrungen: Die Franzosen hatten das Schloß zerstört. Und Gockel mußte in der Zeit des Absolutismus als Minister bei dem König von Gelnhausen für Ordnung sorgen. Er fiel in Ungnade, weil er sich gegen den übermäßigen Verzehr von Eiern wandte und für die Natürlichkeit eintrat: Die Hennen sollten ihre Küchlein aufziehen dürfen.

Und so muß er denn mit Frau und Kind in dem Hühnerstall des alten Schlosses leben. Die Beziehung zu dem Hühnergeschlecht hat Brentano durch die Namen hergestellt: Hanau, Henneberg; aber er hat diesen aufklärerischen Witz gleich in eine Verklärung der organischen Natur verwandelt. Gockel und die Seinen leben so, wie es dem Adel ziemt. Auch in der Armut sind sie von dem edelsten Vasallen begleitet. Es ist zwar nur ein Hahn, Alektryo, aber seine Treue und die seiner Gattin Gallina wirken wie das Versprechen besserer Zeiten.

Natürlich bricht das Unheil über die Idylle herein. In einer bösen Stunde wird der Vasall und Wächter Alektryo in einen Sack gesteckt. Gackeleia läßt die Katze mit ihren Jungen herein, um ihnen Gallina und die ausgeschlüpften Küchlein zu zeigen. Die Katze, die im Mittelalter als teuflisches Tier galt, beißt Gallina tot, und ihre Jungen werfen sich auf die kleinen Kücken.

Als das Unglück geschehen ist, beschuldigen die moralisch schwachen Frauen den Hahn Alektryo, damit der ahnungslose Gockel nicht über die Tochter in Grimm gerate. Und Gockel muß seinem Liebling einen Prozeß machen, der zum Todesurteil führt.

Und nun treten die Juden auf: Es sind Petschierstecher, Leute, die ein Wappen auf einer Petschaft anbringen können, also skurrile Handwerker. Sie wollen absolut den Hahn erwerben.

Dieser, ein Judenfeind, schreit und schlägt gegen sie mit den Flügeln. Aber sie bieten dem Gockel das, womit die Juden Handel treiben: neun Ellen Zopfband, also eine Ware, die für die verzopfte Zeit der Aufklärung steht. Und diese Juden sind selbst Aufklärer, sie machen aus der Natur eine Philosophie, lügen und betrügen. Alektryo fordert aber die Hinrichtung, die einem Edlen zusteht; mit dem Grafenschwert soll ihm der Kopf abgeschlagen werden.

Gockel gelingt es, die Juden zu verjagen, d. h. sie in eine Wolfsgrube hineinstürzen zu lassen. Es war immer ein Moment der Märchenkomik, wenn die von Natur aus Bösen so recht geplagt, verbleut wurden. Die Vorfahren der Juden waren schuld an ihrem bösen Benehmen. Sie haben – vermutlich nach dem Überfall der Franzosen – in dem alten Schloß herumgegraben und durch eine Inschrift erfahren, daß im Hals des Haushahns, des Alektryo, sich der zauberkräftige Ring des König Salomon befindet. Und daraufhin haben die Petschierstecher all das in Bewegung gesetzt, was den Graf Gockel von Hanau ins Unglück brachte. Sie haben den König von Gelnhausen beschworen, seine Minister bestochen, damit Gockel vom Hof vertrieben wird. Sie haben aber auch die Katze aufgetrieben, durch die Gallina umkam. Und noch in der Wolfsgrube stimmt der eine Jude ein Geschrei an, das Brentano für typisch hielt: »Wer bezahlt mir nun die Katze, die ich mit ihren sieben Jungen selbst aus meinem Beutel gekauft... habe? Ich will mein Geld für die Katze! Hätte ich ihr doch den Pelz abziehen können und sie als einen Hasen verkaufen und den Pelz auch verkaufen können, ich will mein Geld für die Katze.«[17]

Und diese materialistischen, geldgierigen Juden geben nicht nach. Zwar wandelt sich das Los des Herrn Gockel. Durch die Macht des Rings werden er und seine Hinkel verjüngt, und sie wachen in einer Märchenherrlichkeit auf: seidene Betten, ein schönes Schloß, allgemeine Bewunderung und Verehrung. Nur, die Märchenbedingung des Glücks, diese Einschränkung ist auch mitgeliefert. Gackeleia darf mit keiner Puppe spielen. Die tote, nachgemachte Natur soll ihr verwehrt bleiben.

Aber Gackeleia fällt auf die Puppe, die keine solche, sondern »nur eine schöne Kunstfigur« ist, herein, also auf die Juden, die ihren Sinn durch eine tierquälerische Attrappe betören (in die Kunstfigur ist eine Maus eingebunden, die alle Bewegungen ausführt), und liefert den Ring aus an den jüdischen Händler, der freilich an seinem Betrug nicht froh wird.

Während Gackeleia nach mancher Buße und durch die Hilfe der katzenfeindlichen Mäuse schließlich wieder den Ring gewinnt, werden die Juden wegen ihrer Bosheit in Esel verwandelt und geprügelt; sie müssen die schweren Lasten des Glücks ihrer Feinde tragen. Der Schluß der Geschichte ist freilich kein typisches Märchen-Happy-End. Zwar findet Gackeleia ihren Prinz; doch sie will kein Königreich. Alle guten Menschen werden am Schluß in Kinder verwandelt; der wiedererstandene Alektryo schluckt den Ring; alle Historie ist überwunden, und man sitzt auf der grünen Wiese und hört sich das Geschehene als Märchen an, wobei die Kinder-Leute »dermaßen in die Hände patschten, daß mir meine Hände noch ganz brennen«[18].

Geschichts- und alterslose Kindlichkeit, Rückkehr in die Zeiten, in denen die Tiere noch sprachen und sich um das Menschenwohl sorgten, das wird zu einer Utopie, die als träumerische Regression sich gegen die Gegenwart stellt. Das ist eine Welt ohne Juden und ohne alles, was sie bedeuten.

Eine Wundermaus muß im Lauf des Märchens einmal die Juden betören, und sie singt ihnen das Lied vor, das die jüdische Utopie, den bösen Gegen-Traum enthält:

Louisdore und Dukaten!
Echte Perlen! Diamant!
Ritterorden! Ihro Gnaden!
Hohe Bildung und Verstand!
Witz und Wesen! scharf und zart!
Gänsefett und Backenbart![19]

Hier ist alles enthalten, was für Brentano das Böse ausmacht und was sich gegen den Kindertraum stellt. Das Geld und die

Edelsteine, die der Jude anhäuft, die Güter dieser Welt; der Rang, den der Hofjude erringen kann und den das schlichte Gemüt ablehnt. Der Verstand, die Bildung, die Intelligenz, die dem Kindergefühl entgegenstehen. Und schließlich hören wir noch die Diffamierung der religiösen Andersartigkeit. Über Schläfenlocken und koscheres Fett läßt sich immer lachen.

Aus dem alten Christentum war nach Abstreifen der Orthodoxie eine gemütvolle Stimmung geworden; Sinnbild für die Kinder des Lichts, die trotz ihrer Dummheit ihre Auserwähltheit geschenkt bekommen, die sich in die Ahnung zurücklehnen können wie in ein altes, besseres Dasein. Freilich ist das Glück nur im Märchen möglich. Nur hier kann der Ring des Salomon, des weisen Königs, wieder verschluckt werden. In der Realität wird die Welt dem scharfen Verstand, dem Ehrgeiz, dem Geld ausgeliefert werden, und diese schwarzen Mächte sind durch die drei jüdischen Petschierstecher repräsentiert worden.

Brentanos Judenfeindlichkeit, die auch in anderen Märchen immer wieder auftaucht, war keineswegs nur Abwehr einer bestimmten Volksgruppe. Sie hatte einen geschichtsphilosophischen Hintergrund. Brentano hat 1815 eine Geschichte mit dem Titel »Die Schachtel mit der Friedenspuppe« geschrieben, die man mit Hans-Rüdiger Schwab als ein »Pamphlet für die Restauration«[20] bezeichnen kann. Die französische Revolution wird zu einem metaphysischen Verbrechen; die alte, zerstörte Ordnung ist das einzig Gute. In dieser Geschichte nun tritt neben revolutionären Schlangen und Betrügern auch ein Totengräber Dumoulin auf, ein Jude. Schon sein Beruf hat symbolischen Charakter: Er gräbt die schöne Welt ein. Er beraubt den Adel und treibt einen »schmählichen Handel . . . in der Schrekkenszeit mit Kleidern, Kleinodien und Altertümern aus den Grüften der größten französischen Familien«.[21] Darüber hinaus verkauft er auch an einen Schurken die Leiche eines neugeborenen Kindes.

Das Zerrbild des Juden erinnert an die Zeit der Ritualmordbeschuldigungen und steht am Anfang der Zeit, in der die Liberalität der bürgerlichen Welt gehaßt wurde von ihren Widersachern, die jene alte Sanftmut vermißten, die es nie gegeben hat, die nur in einer falschen, trügerischen Erinnerung lebt.

Hans-Rüdiger Schwab hat in seinen Studien ›zum politischen und sozialen Bewußtsein in der Literatur der Spätromantik‹, die unter dem Titel stehen »Die Zeit beherrscht die Kunst«, mit Recht auf den metaphysischen Aspekt dieser Retroperspektiven verwiesen. Brentano wollte sicher nicht die alte repressive Ordnung. Seine »Auseinandersetzung mit der Revolution [begibt sich] an keiner Stelle auf eine rational einsichtige Ebene: gearbeitet wird vielmehr in Analogie zum Buch Genesis mit der suggestiven Beschwörung einer unschuldigen Paradiesesnähe der traditionellen Ordnung«.[22]

Der Hinweis auf den Garten Eden zeigt die Sehnsuchtsrichtung an. In einer Vergangenheit, sei es die ständische, sei es die des alten Adels, war etwas absolut gut. Und dies wurde zunichte gemacht. Durch die Revolution, aber vor allem durch die Juden, die ihrem Wesen nach mit den bösen Kräften des Absolutismus, der Aufklärung, der Revolution, des Verstandes und der Gemütsrohheit verbunden sind.

Ich möchte diese verlorene Welt das Reich nennen. Denn es hat viel mit dem Traum von der alten kaiserlichen Herrlichkeit zu tun. Achim von Arnim schrieb den ersten modernen Stauferroman »Die Kronenwächter« (1817), in dem die verlorene Reichsglorie des Mittelalters beweint und ihre Wiederherstellung ersehnt wird.

Es gab in den frühen Jahrhunderten des Christentums die Sehnsucht nach dem Reich Gottes auf Erden und das Wissen, daß die ungläubigen Juden das Hindernis sind. Ihretwegen wird es nicht Wirklichkeit. Jetzt, im neunzehnten Jahrhundert, gibt es den Traum vom untergegangenen Reich, das die Herren des Geldes und des Verstandes vernichtet haben: Natürlich sind es die gleichen Schriftgelehrten und Verräter...

»In der Rasse liegt die Schweinerei«

Anders als ihn Georg Schönerer, der österreichische Politiker und Antisemit, gemeint hat, stimmt dieser von ihm formulierte Satz: »In der Rasse liegt die Schweinerei.«[1] In der Ideologie der ›Rasse‹-Vorstellung lag und liegt eine Schweinerei. Das Wort ›Rasse‹, die Idee von der Ungleichheit der Rassen, der Wahnglaube an die hochwertigen und die kämpferische Verachtung der minderwertigen Rassen führten zu den schlimmsten Taten, die von den Europäern des neunzehnten und zwanzigsten Jahrhunderts vollbracht wurden.

Der Rassebegriff war ein Instrument von Herrschaftsansprüchen und diente als Entschuldigung für mannigfache Unterdrückung. Man sprach von Rasse, und man hatte einen Anlaß für Massenmord. Und für den Genozid.

Die ideologische Inanspruchnahme des Begriffs hat die Atmosphäre so vergiftet, daß jede wissenschaftliche Auseinandersetzung mit den physiologischen und ethnisch-kulturellen Unterschieden zwischen verschiedenen Menschengruppen von vornherein unter einem Vorurteilsverdacht steht. Geht es um einen zu erbringenden Beweis für die Gleichheit oder die Ungleichheit der Menschen? Geht es darum zu beweisen, daß das genetische Erbgut die Eigenschaften des einzelnen bestimmt? Oder um das Gegenteil: darum, daß seine Umwelt ihn prägt?

Das alles wird immer wieder zu einem Glaubensartikel. Und die Auseinandersetzungen mit dem Thema haben dementsprechend den Charakter von Religionskriegen. Selbst eine so simple wie unbestreitbare Tatsache, daß fast alle Völker oder sogenannten Rassen keineswegs in sich geschlossen und einheitlich sind, sondern Mischrassen, kann noch Erstaunen und ein Aha-Erlebnis bei den Laien hervorrufen, aber auch eine intuitive Abwehr, die aus dem Gefühl entspringt, aus dem, was ›man‹ eben weiß und empfindet.

Der Rassismus ist eine Ideologie, die sich wie der Nationalismus von der Vorstellung nährt, daß eine durch die Geburt gegebene Zugehörigkeit zu einer Menschengruppe dem einzelnen das Recht gibt, sich als vorzüglich zu empfinden. Diese Vorzüglichkeit ist dadurch aber ganz nach außen gerichtet, daß die Gruppe auch von dem einzelnen verlangen kann, Sonderinteressen für wichtiger zu halten als die humanen Werte, die ursprünglich die Ideenwelt der Bürger bestimmen sollten.

Insofern ist es richtig, den Rassismus als die negative Seite der bürgerlichen Entwicklung, die zur Demokratie führte, zu bezeichnen. Man könnte diese Auffassung so beschreiben: Gleiche Rechte sind wichtig und ethisch notwendig, soweit es um uns in unserer Gruppe geht. Aber sie können doch nicht denen gewährt werden, die nicht zu uns gehören. In diesem Sinn ist es konsequent, daß die französische *égalité*, eine moralische Forderung, dadurch geographisch beschränkt wurde, daß man die *inégalité des races* als Naturgegebenheit ansah, wie sie Graf Gobineau in dem gleichnamigen Werk von 1853/55 formulierte. Es gibt nun einmal verschiedene Rassen, und daraus lassen sich Begriffe wie Gesundheit, Dekadenz und Minderwertigkeit ableiten, wenn man sich an Vorurteile und Empfindungen hält und nicht an eine Ethnographie, deren Vor-Urteil die Ehrfurcht vor jeder menschlichen Kultur ist.

Natürlich war der Rassismus so praktisch, daß dies als primäre Erklärung für sein Vorhandensein ausreichen könnte: Wenn die weißen Menschen das Besondere, das sie an anderen Menschengruppen empirisch feststellen – sei es eine schwarze Haut oder eine Falte im Augenlid –, als Zeichen für kulturelle und moralische Minderwertigkeit interpretierten, dann konnten sie gleichzeitig ihre eigene Superiorität im vollen Lichtglanz ihrer mitunter blonden Haare aufleuchten lassen.

Und das war sehr nützlich. Denn es verschaffte den Eroberern fremder Kontinente ein gutes Gewissen. Die Skrupel, die selbst die spanischen Konquistadoren befielen, wenn die Leidenschaft der Grausamkeit abgeebbt war, kamen dann gar nicht mehr auf. Denn man war doch ein Vertreter der Herrenrasse, der *superiore* weiße Mann. Die Entschuldigung war vorgegeben. Kolonisation war erlaubt. Fremde Länder ließen sich in Besitz nehmen, weil die anderen Rassen überhaupt nicht wußten, was Besitz ist, was sich mit Besitz anfangen läßt. Nur die Weißen konnten das Land bebauen und ausnehmen, die Bodenschätze ausheben und richtig verwerten. Sie konnten das, was die Länder dieser minderwertigen Völker boten, erst weiterentwickeln, so daß es einen ökonomischen Wert erhielt. Nur sie konnten Menschen minderer Art richtig einsetzen, so daß die Arbeit sinnvoll wurde.

Natürlich gab es auch eine bestimmte Art von Güte. Michel Leiris hat es sehr schön und polemisch formuliert: »Verbreitung der westlichen Kultur, die ... als die vollkommenste angesehen wird; Erschließung von Gebieten, die anderweitig unproduktiv bleiben würden; Ausbreitung des Christentums und der Hygiene.«[2]

Aber selbst das Einheitsdenken des Christentums, nach dem *alle* Menschen durch Jesus erlöst sind, konnte einer modernen Weltanschauung, die sich auf eine ideologisch deformierte Wissenschaft berief, angeglichen werden. Man konnte die Menschen, mit denen man es in den Kolonien zu tun hatte, sogar als Menschen in Frage stellen. Waren es wirklich Menschen unserer Art, denen man dort im Urwald begegnete? Waren es vielleicht frühere Entwicklungsstufen der menschlichen Rasse, die sich erhalten hatten? Waren es vielleicht sogar Formen einer Dekadenz von halb Entwickeltem? Diese Menschen mußten abseits gestanden haben, als der weiße Mensch zur Krönung der Schöpfung heranreifte.

Und da liegt ein anderer Gedanke nahe. Waren überhaupt diese verschiedenen menschlichen Stämme gleichen Ursprungs? Man hat sich diese Frage seit der Zeit der Aufklärung gestellt.

Als Charles Darwin sein Buch »The Descendent of Man and on Selection in Relation to Sex« 1871 veröffentlichte, konnte er schon davon berichten, daß es einen erbitterten Streit zwischen den anthropologischen Monogenisten und Polygenisten gab, also zwischen Wissenschaftlern, die davon ausgingen, daß die Menschheit einen gemeinsamen Ursprung hat, und Wissenschaftlern, die glaubten, daß die verschiedenen Menschenrassen sich unabhängig voneinander entwickelt haben.

Darwins eigene Ansicht über die Deszendenz des Menschen ermöglichte noch weitere Spekulationen. Entsprechend dem Stil, in dem er selbst die ›Wilden‹ betrachtete, konnte die Ansicht aufkommen, daß diese Wilden nicht eigentlich Menschen sind, sondern der Übergang vom Tier zum Menschen. Diese Idee ist für jeden Anthropologen, der seine Wissenschaft ernst nimmt, absolut unhaltbar. Darwin selbst hat das betont. Aber die Ansicht war für Kolonialherren verführerisch.

Stellt diese Ideologie nun den Rassismus in Reinform dar? Ich möchte ihn hier einmal den Imperialrassismus nennen; er ermöglichte die Existenz der Kolonialreiche. Aber es gab Nebenformen: Neben der statischen Anschauung einer von vorneherein festgelegten Herrenrasse gab es auch dynamische Formen. Rassen, die gegeneinander kämpfen mußten, Rassen, die erst duch ihre Tüchtigkeit beweisen konnten, daß ihr Blut Herrscherblut ist. Es ist verständlich, daß solche Formen des Rassismus in einem Land hochkamen, das sich im Kampf um die Kolonien als unterlegen empfand, also im Deutschen Reich. Das hatte nicht genug vom Kuchen erhalten. Und nach dem Ersten Weltkrieg, als selbst die kleinen Gebäcke von Südost- und Südwestafrika verloren waren, entstand hier eine neue Ideologie. Adolf Hitler führte sie zum Extrem. Der gesunde deutsche Rassekern sollte sich gegen die slawische Rasse durchsetzen. Und Polen und Rußland sollten zu einem Kolonialland für die besseren, kriegerisch siegreichen Deutschen werden.

Aber was hat dieser Rassismus, diese Annahme vom »survival of the fittest«, mit der Judenfeindschaft zu tun? Es gibt einen ganz entschiedenen Unterschied in der Struktur, der in jeder Form des Judenhasses, auch in der nazistischen, ausgeprägt ist. Die Judenfeindschaft hat einen dualen, fast möchte man sagen, manichäischen Charakter: Ein gutes, edles Volk wird bedroht von einem bösen, kalten Volk. Dies edle Volk steht dem anderen gegenüber wie schon die Ecclesia der Syngoga; nur daß es nicht mehr siegreich seine Kreuzesfahne hochhalten kann. Die einst geschlagene, zurückgedrängte Synagoge ist – vermutlich durch den Sieg des Liberalismus und des rationalen Denkens – so gestärkt, daß sie ihrerseits die Edlen bedrängt.

Ich habe bewußt den Namen des edlen Volkes ausgespart; denn hier gibt es eine Leerstelle. Das Böse sind die Juden. Aber das Gute kann von vielen Variablen gebildet werden. Es sind immer noch die Christen, es können die Deutschen sein, aber auch die Franzosen (besonders zur Zeit der Dreyfus-Affaire); es können die Germanen sein. Und schließlich, als sich gefühlsmäßige Gewißheit mit absoluter intellektueller Vagheit verband, waren es die Arier. Der Arierausweis, den das ›Dritte Reich‹ von vielen seiner Bürger verlangte, war im Grunde nur als Negativum zu erklären: Der Deutsche mußte beweisen, daß er nicht jüdischer Abstammung war.

Aber worin liegt die eigentliche Bedeutung des Wortes? Léon Poliakov hat ein Buch überschrieben »Le Mythe Aryen« (1971), in dem er nicht nur sehr kenntnisreich die Entstehung des Glaubens an ein Ariertum nachzeichnet, sondern schon mit dem Titel die Einordnung vornimmt. Es handelt sich um einen Mythos. Dessen rationale Grundlage beruht auf der Tatsache, daß es eine indogermanische, oder wie man heute aus antiideologischen Gründen sagt, indoeuropäische Sprachfamilie gibt. In der grammatikalischen Struktur und im Wortschatz sind die indischen, persischen, armenischen Sprachen und die meisten europäischen Idiome verwandt. Man kann aus dem Griechischen, Lateinischen, Slawischen und Germanischen Urformen herleiten, die mit den Formen der östlichen Sprachen in einem Zusammenhang stehen. Man kann eine indoeuropäische

Ursprache in ihrer Struktur und ihren Formen, in ihrem Wortschatz erschließen.

Hier kann sich natürlich die Frage stellen, ob diese hypothetisch angenommenen Sprecher der Ursprache die Ahnen jener Menschen waren, die heute eine indoeuropäische Sprache sprechen. Das ist nicht der Fall: Alle Untersuchungen über die Physis und die kulturelle Einbindung der Völker widersprechen einer solchen Theorie.

Aber am Anfang stand nicht die Theorie, sondern der Mythos. Schon der Engländer William Jones, der 1786 seine »Asiatic Researches« veröffentlichte, ließ das Licht einer Epiphanie über die grammatikalischen Erkenntnisse aufleuchten. Indien, das angeblich die ursprüngliche Reinheit der alten Sprache bewahrt hat, wird zum Hoffnungs- und Erinnerungsträger einer alten Weisheit. Der Titel einer Abhandlung von Friedrich Schlegel, der dieses neue Denken den Deutschen vermittelte, kann sich schon als Programm sehen lassen: 1808 erschien die Schrift »Von der Sprache und Weisheit der Inder«.

Man darf dies keinesfalls negativ beurteilen. Die Begegnungen der Europäer mit Kulturen, die außerhalb des monotheistischen Glaubensdreiecks von Christentum, Judentum, Islam lagen, hätten sehr viel Erkenntnis schaffen können. So war es auch bei Schlegel angelegt. Indien, das magische Land, wurde aber sehr bald in einen Mythos einbezogen, der weder den Europäern guttat noch der Kenntnis des realen Indiens diente.

Statt dessen sollte sich eine romantisierende Vorstellung von einem heiligen Urvolk durchsetzen, das arisch war. Dieses europäische Fremdwort geht auf den Sanskrit-Ausdruck *arja* zurück, der auf persisch *arija* lautet. Davon leitet sich der Landesname *Iran*, Land der Arier, ab. Es war ein östlicher Begriff, der sich im Zusammenhang mit der Landnahme der Inder und Perser entwickelt hat. Er bedeutet *edlerer, besserer Mensch*, also legitimierte er die Unterdrückung der ohnehin unterworfenen Völker.

Aber mit solchen historischen Differenzierungen hielten sich die Westeuropäer nicht auf, die das Wort *arisch* in das Zeitgefühl einbauten. Der Begriff des Arischen verband sich für sie mit der Sehnsucht nach einer fremden und doch heimischen Urgemeinschaft. Léon Poliakov macht auf eine absolut falsche, aber sehr zeittypische Etymologie-Annahme aufmerksam: »Wenn die [Europäer, E. E.] darauf stehen, Arier zu sein, so rührt dies ohne Zweifel daher, daß man der Meinung war, dieser Ausdruck leite sich von der gleichen Wurzel wie ›Ehre‹ ab.«[3]

Die Vorstellung des edlen Ariertums traf den Nerv der Zeit. Es ging in die Mentalität ein. Poliakov zitiert in diesem Zusammenhang Richard Wagner, der sich primär aus Konkurrenzgründen, dann aber auch aus einer tiefsitzenden ideologischen Einstellung heraus gegen das Judentum wandte, gegen das Judentum in der Musik und außerhalb der Musik. Schon im Jahre 1853 schrieb er, daß das »erste Christentum durch seine Vermischung mit dem engherzigen Judentum und seinen Dogmen entstellt wurde, und daß dieses reine, ungemischte Christentum nichts anderes als ein Zweig des ehrwürdigen Buddhismus ist«[4].

Die Schwierigkeiten, die wir mit dergleichen Äußerungen haben, liegen darin, daß sie sich dem rationalen Denken entziehen. Es gibt keine jüdischen Dogmen, das Judentum war nicht engherzig, die christliche Religion hat sehr viel mit dem Judentum, aber nichts mit dem Buddhismus gemein ... Nichts, was Richard Wagner in dieser Zeit oder später sagte, stimmt. Aber es war gesagt worden und prägte sich den Menschen, die es hören wollten, ein. Richard Wagner lehnte die Kunst des Felix Mendelssohn-Bartholdy als entartet ab. Was nützt da eine Argumentation, die Mendelssohn-Bartholdys romantische Ader beschreibt, die seine große Liebe zu der alten deutschen Musik eines Johann Sebastian Bach nachzeichnet?

Das alles hat mit dem angeblich kalten Verstand zu tun, der das tiefe Gefühl nicht kennt. Daß Mendelssohn-Bartholdy das Gefühl vertonte, tut nichts zur Sache. Das echte deutsche, also nicht Mendelssohnsche, Gefühl schien sich überall dort einnisten zu können, wo Lieblingsvorstellungen des Glaubens (wenn auch nicht immer des dogmatischen Glaubens der Kirchen) veraltet oder durch die Aufklärung entfernt worden waren.

Léon Poliakov hat darauf verwiesen, daß der arische Mythos dort, wo er noch nicht dualistisch gehandelt wird, sich von der biblischen Geschichte ableitet. Noah, der nach der Sintflut zum zweiten Stammvater des Menschengeschlechts wurde, hatte drei Söhne: Sem, Japhet und Ham. Noah wird nun in der Bibel dargestellt als der Mensch, der nach der Katastrophe der Sintflut wieder Kultur schuf. In dem Buch Genesis wird berichtet: »Noah aber fing an, und ward ein Ackermann und pflanzte Weinberge. Und da er des Weins trank, ward er trunken und lag in der Hütte aufgedeckt. Da nun Ham, Kanaans Vater, sah seines Vaters Blöße, sagte er's seinen beiden Brüdern draußen. Da nahm Sem und Japhet ein Kleid, und legten es auf ihrer beiden Schultern, und gingen rücklings hinzu, und deckten ihres Vaters Blöße zu.« (Gen 9,20–24). Die Folgen dieser Handlung, die auch eine soziokulturelle Bedeutung hat, sind deutlich. Sem und Japhet werden von dem Vater gesegnet, Ham hingegen wird verstoßen.

Als man die Bibel noch fundamentalistisch verstand, interpretierte man sie als Schlüssel zur Einteilung des Menschengeschlechts. Es gab die Semiten, die Hamiten, worunter man die Schwarzen verstand, und jene Japhetiten, die irgendwann zur arischen Rasse wurden. Poliakov hat betont, daß die Europäer die Bezeichnung als »›Japhetiten‹ [die es immer wieder gab, E. E.] mit ihrem unangenehmen Nachgeschmack aus dem Alten Testament« ablegten.[5]

Dieser Nachgeschmack mag nicht der einzige Grund gewesen sein. In der Noah-Geschichte gibt es keinen Dualismus, sondern lediglich das Motiv der drei Kinder, von denen eines anders ist. In vielen Märchen und Mythen, auch in dem Drama »König Lear« von Shakespeare ist das eine andersartige Kind gut. Hier aber ist die Bosheit, die aus der Blöße des Vaters eine Sensation machen will, das Andersartige. Die beiden Brüder, die sich von dem anderen Bruder unterscheiden, sind pietätvoll. Ihnen gilt die Sympathie des Vaters und des Rezipienten der Geschichte.

Und da sollten sich die Menschen, die sich für Arier hielten, als Japhetiten bezeichnen? Sie hatten mit der Struktur der Geschichte nichts im Sinn. Sie wollten nichts von der brüderlichen Freundschaft und der Gleichartigkeit zwischen Sem und Japhet hören. Und sie wollten schon gar nichts davon hören, daß die Ahnen der Menschheit Söhne des gleichen Vaters sind. Selbst wenn Ham verflucht wurde, konnten doch weder Sem noch Japhet vergessen, daß er ihr Bruder ist. Der Arier aber wollte diese Blutsverwandtschaft negieren.

Der helle Arier auf der einen Seite – der böse Semit auf der anderen. Houston Chamberlain glaubte das später sehr genau zu wissen: die Lichtsöhne auf der einen Seite – die niederen Existenzen auf der anderen. Aber bis es zu diesem Ausbund eines verwirrten Rassismus kam, den Chamberlains Schriften darstellen, mußte noch eine Zeit vergehen, in der einiges an irrationalen Zuschreibungen erfunden wurde.

Es gab die Sehnsucht nach dem Heiligen Indien, die am Anfang des Ariermythos steht. Ganz unbekannt kommen uns heute diese intellektuellen Tendenzen nicht vor. Aber man konnte das Fernweh nach einem nicht realen, sondern mythisch überhöhten Indien eliminieren. Das Urarische wurde nun im Germanischen erkannt.[6]

Die Germanen hatten dies den Ariern voraus, daß es sie als eine ethnische Einheit zumindest nach Ansicht der Römer gegeben hat. Die sprachliche Zange, die die gotischen Volksstämme mit den Nordgermanen und jenen Stämmen, die sich selbst als Franken, Sachsen, Angeln, Allemannen bezeichneten, verband, ist nicht nur stark, sondern sie kann auch mit einer ethnischen Verbundenheit in Zusammenhang gebracht werden. Allerdings muß auch hier gesagt werden, daß damals, als germanisch sprechende Völker in die Geschichte eintraten, es keine Reinheit irgendeiner Abstammung mehr gab.

Aber das schadete dem Mythos nicht: Das Germanische wurde für seine Verehrer zu einer Rasse, die alles Edle potenzierte, die Tat- und Lichtmenschen hervorbrachte. Das Germanische wurde auch zu etwas Urdeutschem, besonders in und nach den Befreiungskriegen. Es war von einem Gott geschaffen worden, der Eisen wachsen ließ und keine Knechte wollte, sondern Turner, die wie ihr Vater Jahn das welsche und das jüdische Wesen gründlich ablehnten. Sie waren germanisch, sie waren deutsch; sie hielten nichts von Tand – und man könnte eigentlich über sie wohlwollend lachen, wenn ihre Ideologie nicht Folgen gehabt hätte.

Die meisten Menschen, die sich in den deutschen Ländern des neunzehnten Jahrhunderts gegen die Juden und deren Emanzipation gewandt hatten, hielten es irgendwie mit diesem germanischen Mythos, der sich auch gegen die Franzosen verwenden ließ. Es gab freilich auch in Frankreich, und mit größerer Berechtigung in England, eine Germanomanie, an der ja gar nichts Übles wäre, wenn sie sich auf die Politik der Filmstudios beschränken würde, die ideale Frauenrollen mit einer Greta Garbo besetzten.

Das Schlimme sind das Durchbrechen von metaphysischen Zuordnungen und die Aggression gegen die anderen, die Juden.

Wilhelm Marr, ein sonst relativ unbekannter Journalist, führte in den siebziger Jahren des neunzehnten Jahrhunderts, kurz nach der Gründung des Zweiten Kaiserreiches, ein neues Schlagwort in die Diskussion ein. Er nannte seine judenfeindliche Weltanschauung *Antisemitismus.* So alt die Sache ist, so neu ist das Wort. Dabei hat Marr das Wort nicht einmal geschaffen, er hat es nur populär gemacht. Und es ist auf eine (schlimme) Weise grotesk, daß dieses Wort positiv besetzt war. Marr war stolz darauf, Antisemit zu sein. Und er fand Anhänger. 1879 konnte er eine Antisemiten-Liga gründen. Seine Bewegung machte Fortschritte, etablierte sich als Partei. Diese blieb relativ unbedeutend. Aber das, was er gemeint hat, fand viele Anhänger in anderen Parteien und Gruppierungen.

Dabei lieferte Wilhelm Marr den kirchlich gebundenen oder auch nur vage religiös eingestellten Judenfeinden unfreiwillig ein schönes Alibi. Marr empfand sich als Neu-Heide. Er lehnte sogar die Unterdrückung der Juden aus Glaubensgründen pathetisch ab. Er fürchtete etwas anderes. Mit einem Buchtitel deutete er es an: »Der Sieg des Judentums über das Germanentum«. Das Pro, das Marr seinem Antisemitismus gegenüberstellt, ist eine Sympathie für das eigentlich edle Volk, für die Germanen. Germanentum aber ist durch ein Judentum tödlich gefährdet.

In den siebziger Jahren hat es nach dem Aufschwung der Gründerjahre eine schwere Wirtschaftskrise gegeben. Und da von dem Aufschwung auch Juden profitiert hatten, lag eine Erklärung für das Elend nahe. Wie immer in solchen Situationen wollten Demagogen einen Alleinschuldigen ausmachen, und den fanden sie hier im Juden. Aber diese Schuldzuweisung war bei Marr nur der Anlaß für eine Weltsicht, die alle ökonomischen Überlegungen weit hinter sich ließ. Bei Marr geht es um einen Kampf zwischen zwei Rassen, die einen metaphysischen Dualismus austragen. Es ist ein Kampf zwischen Licht und Finsternis. Und hier gibt es keine Hoffnung auf ein positives »survival of the fittest«. Denn fit sind in dieser schlimmen Auseinandersetzung nicht die Söhne des Lichts, sondern die Bösen. Nach Marr gibt es einen jüdischen Cäsarismus, ein Verlangen der Juden, das ganze Abendland in ein jüdisches Kaiserreich zu verwandeln. Léon Poliakov hat Marr wörtlich zitiert: »Es [das Judentum, E.E.] hat 1800 Jahre lang mit der abendländischen Welt gekämpft, sie sich untertan gemacht. Wir sind die Besiegten ... Der jüdische Cäsarismus ist nur – ich wiederhole aus innerster Überzeugung – eine Zeitfrage und erst nachdem dieser Cäsarismus seinen Höhepunkt erreicht hat – hilft uns vielleicht ein ›unbekannter Gott‹, dem im kaiserlichen Römerreich, halb ironisch, halb vorahnend auch Altäre errichtet worden sind.«[7]

Marr will sich als Neu-Heide verstehen. Und doch übernahm er sehr viel vom christlichen Denken. Der Kirchenlehrer Augustinus hat in seinem Werk über den »Gottesstaat« diesem den Staat des Cäsar, die *civitas terrena*, gegenübergestellt: Es war der böse Staat, das Reich des Unrechts. Aber Marr vermischt diese alte Vorstellung von einem menschenverachtenden Cäsarentum mit dem Bild des Antichristen, indem er dem Bösen eine Macht nachrühmt, die unüberwindbar zu sein scheint.

Und was ist die Sehnsucht nach dem unbekannten Gott anderes als das alte Verlangen nach der Parusie, der Wiederkehr des Herrn? Wer war denn der unbekannte Gott, dem die Griechen einen Altar errichteten? Der Apostel Paulus, dem wohl auch Marr das Wissen über diesen Altar verdankt, beantwortete die offene Frage der Heiden. Für ihn war dieser Gott Christus. Für die Neuheiden wie Marr, für die Sektierer muß es wohl eine Gestalt sein, deren Gottähnlichkeit zumindest seinen Anhängern einleuchtet.

Man muß hier eine Unterscheidung vornehmen. Unser religiöses Gefühl hat sich so entwickelt, daß wir Hinweise auf die christliche Abstammung einer verwerflichen oder abstrusen Idee als einen Vorwurf, als eine (vielleicht gewollte, vielleicht notwendige) Verletzung der Religion empfinden. Hier geht es aber um eine Herkunft von Denkstrukturen und Empfindungsweisen. Diese sind aus christlichen Vorstellungen entstanden. Eine solche Feststellung hat jedoch nichts mit Schuldzuweisungen zu tun. Es geht nicht um irgendeine moralische Verantwortung der Christen für wahnhafte Hirngespinste. Man kann ja auch nicht die Päpste des Mittelalters für die ketzerischen Träume von einem *Dritten Reich*, das nach der Überwindung des Antichristen sich bildet, verantwortlich machen. Die Päpste wurden im Gegenteil von der Nachwelt deswegen gescholten, weil sie die vom Wahn Befangenen mit Feuer und Schwert verfolgen ließen. (Natürlich sind nicht alle, die auf den Scheiterhaufen starben, mit neuzeitlichen Sektierern gleichzusetzen; aber es gab immer auch Vertreter eines verwirrten Denkens.)

Wilhelm Marr und seine Gesinnungsgenossen bildeten eine antisemitische Sekte: Es waren Wahnvorstellungen, die sie entwickelten. Das wußte auch das ›gute‹, das Bildungsbürgertum. Doch sind Wahnvorstellungen, Verrücktheiten einer Gruppe innerhalb eines Volkes, auch ein übertriebener Ausdruck von Tendenzen, die allgemein vorhanden sind. Das Gefühl, das ihnen zugrunde liegt, findet sich auch in einer scheinbar normalen Umgebung.

Der Berliner Hofprediger Adolf Stöcker war ein Mann der Kirche und alles andere als eine Randfigur der Gesellschaft. Er betätigte sich politisch und setzte sich für die Menschen ein, die in dieser modernen Gesellschaft unter die Räder gerieten, für die Arbeiter und die Armen, kurzum für alle jene, die sich im Sozialismus hätten finden können. Er wollte etwas Gutes für sie tun, das nicht sozialistisch war. Man könnte sagen, er focht für einen Kapitalismus mit einem christenmenschlichen Gesicht. Und der Akzent liegt auf dem christlichen Teil des Wortes. Die jüdische Physiognomie wurde von Stöcker und seinen Gefolgsleuten abgelehnt.

Er gründete im Jahre 1877 die »Christlich-soziale Arbeiterpartei«, die als Konkurrentin zur Sozialdemokratie auftreten sollte. Zu dieser Partei gehörte als ein wesentliches Element die Judenfeindschaft. Manche Verteidiger Stöckers vertreten die Ansicht, der konservative Sozialreformer hätte gegen das Judentum als solches nichts gehabt. Vielleicht stimmt dieser Zusatz ›als solches‹. Er hatte nur sehr viel gegen die Juden, die in seiner Welt lebten, gegen die kapitalistischen wie die sozialistischen Juden, gegen die Juden, die in ihrem Glauben einer liberalen Reform anhingen, wie gegen die orthodoxen Juden.

In einer seiner Reden über »Das moderne Judentum in Deutschland, besonders in Berlin« (gedruckt 1880) liest man sehr merkwürdige Sätze: »Israel muß den Anspruch aufgeben, der Herr Deutschlands werden zu wollen. Es entsage der Anmaßung, daß das Judentum die Religion der Zukunft sein werde, da dasselbe doch so ganz die der Vergangenheit ist... Wenn Israel dies erkannt hat, wird es seine vorgebliche Mission hübsch bei seite lassen und aufhören, den Völkern, die ihm Gast- und Bürgerrecht gewähren, das Christentum rauben zu wollen.«[8]

Stöckers Hörer mußten schon die Vision gehabt haben, wie

ein Baron Rothschild ihnen den Genuß des geliebten Schweinebratens rauben wird. Im Ernst: Natürlich bezieht sich Stöcker nicht auf cäsaristische Wahnvorstellungen. Es gab jüdische Denker, die wie der Historiker Heinrich Graetz den Rang ihres Volkes und ihres Glaubens betonten; es gab andererseits Juden, die im Geiste des Liberalismus den Einfluß der Kirchen zurückdrängten und glaubenskritische Fragen stellten. Aber Stöcker backt das zusammen zu einer Idee. Ein ideelles Gesamt-Israel will seinen Glauben als Zukunftsglauben etablieren und in einer Mission seinem Gastvolk den Glauben nehmen. Die zionistische Weltverschwörung ist hier als fixe Idee schon angepeilt.

Es kostete also Stöcker nicht viel Überwindung, sich mit den Antisemiten (auch den neuheidnischen) zusammenzutun, um den Versuch zu machen, durch eine »Antisemitenpetition« (1881) die Emanzipation aufzuheben.

Als diese Antisemitenplage nach Österreich überschwappte und dort sich mit einem christlich-sozialen Volksempfinden gründlich verband, war es die große Vorkämpferin des Friedensgedankens, Bertha von Suttner, die sich über die alten und neuen Begründungen des Judenhasses empörte: Die Antisemiten wollten »mit den blinden Fanatikern des Mittelalters... nichts gemein haben; sie wollten ihrem Standpunkt den Schein einer gewissen Aufgeklärtheit und Wissenschaftlichkeit geben und hatten folgende Cliché gefunden, nicht der Religion, sondern der Rasse gälten ihre Angriffe. Für die Gelehrttuenden unter ihnen wurde dieser Satz mit ethnographischen Floskeln umrankt, wo es von Ariern, Turanen und Indogermanen wimmelte; für den Gebrauch der schlichteren Klassen wurde er in den hübschen, volkstümlichen Vers gebracht:

Was der Jude glaubt, ist einerlei,
In der Rasse liegt die Schweinerei«.[9]

Diese Verse stammen von dem dubiosen Politiker Georg Schönerer, dem Führer der »Alldeutschen«, der eine verwirrte Politik mit teilweise kriminellen Mitteln betrieb, neben den Juden auch das Haus Habsburg haßte und aus Protest gegen die katholische Kirche schließlich protestantisch wurde, was in Österreich der Hinwendung zum Neu-Heidentum eines Wilhelm Marr gleichkam. Aber er hatte Anhänger. Und Hirngespinste von einzelnen können Indizien sein für die Anfälligkeit der Allgemeinheit. Was für Marr gilt, gilt um so mehr für Schönerer.

Zumal ein katholischer Stöcker erfolgreicher als sein Gesinnungsgenosse in Berlin agitierte: Es war Karl Lueger (1844–1910), ursprünglich ein liberaler Politiker, der sich dann der Bewegung Schönerers näherte. Ende der achtziger Jahre wurde er Mitbegründer und herausragender Politiker der österreichischen »Christlich-sozialen Partei«, die ebenso wie Stökkers Partei soziale Reformen aus einer betont christlichen, nicht-sozialistischen Gesinnung heraus forderte. Auch hier verband sich soziales Engagement mit einer vehementen Kritik an dem Kapitalismus, dem man die jüdische Physiognomie verpaßte. Nur war der antisemitische Impetus bei Karl Lueger sehr viel stärker; er wurde anders als bei Stöcker wirklich zum bewegenden Moment der Weltsicht. Man könnte in unserem Zusammenhang Luegers Standpunkt so dartun: Er war als überzeugter katholischer Christ gegen die Rasse der Juden. Der junge Adolf Hitler war von Luegers Gedankengängen sehr beeindruckt und beeinflußt.

Jetzt galt der berühmte Satz des Heinrich Heine nicht mehr: »Der Taufzettel ist das Entrée-Billet zur europäischen Kultur.«[10] Aber man muß sich fragen, hat er je in dem Sinn gegolten, in dem er gewöhnlich verstanden wird? Wenn man genau hinhört, könnte man den Satz so interpretieren, daß Heine auf die Christlichkeit der kulturellen Überlieferung aufmerksam machen wollte. Heine hatte ein Sensorium für die Schönheit der Kathedralen, der Marienbilder, der katholischen Kunst. Insofern könnte er gemeint haben, daß man nur mit dem Taufzettel teilhaben kann an dem gemeinschaftlichen europäischen Kulturgefühl.

Aber Heines Satz wird gewöhnlich als Beweis dafür zitiert, daß nur der getaufte Jude der vollkommen assimilierte Jude werden kann. Das hieße dann aber auch, daß der Christ jüdischer Abstammung völlig als Gleicher unter den Christen anerkannt wird. Aber dies war schon jahrhundertelang, bevor man von einer Rasse sprach, nicht der Fall gewesen. In der Zeit der Zwangstaufen, wie bei den Westgoten der spanischen Spätantike, war eine Skepsis gegenüber der Glaubenstreue der Bedrängten am Platz. Und da die Tradition der durch Gewalt, aber auch durch gesellschaftlichen Druck erzwungenen Taufen in Spanien nach der Vertreibung der Mauren wieder aufgenommen wurde, konnte auch die Skepsis verstärkt wieder aufleben. In dieser Situation gab es theoretisch nur zwei Lösungen. Entweder Religionsfreiheit; dann ließe sich nur der Überzeugte taufen; oder Verklärung der reinen christlichen Abstammung, die in diesem Land auch bedeutete, daß der Großvater kein Maure war. In einem katholischen Land gab es faktisch nur diese Lösung. Man mag sich unter der angeblichen Blüte des spanischen Volkes, die dem rein katholischen Blut entsprach, etwas anderes vorstellen als unter der urarisch-germanischen Rasse der Deutschen. Aber in der Abgrenzung haben beide nationalen Vorurteile und Selbstverehrungen etwas gemein: Verglichen mit ihnen muß das jüdische Volk minderwertig erscheinen, als Volk, als Rasse, als Bluttträger.

Auch außerhalb Spaniens wußte das Volksempfinden, daß sich der jüdische Charakter auch bei einem Glaubenswechsel erhält. Ursprünglich lag für den Christen die Verworfenheit des Juden darin, daß er den wahren Glauben nicht annehmen kann. Aber wenn diese Verworfenheit ausgemalt wird mit allen Farben, versehen mit allen Ekelkonnotationen, dann kann man durchaus verstehen, daß sich eine Vorstellung nicht durchsetzt, nach der dies alles durch die Taufe von dem befallenen Menschen hinweggenommen wird. Zumal manche Taufen kulturelle Zwangstaufen waren. Juden, wie zum Beispiel Edmund Husserl, der Begründer der philosophischen Phänomenologie, erhofften sich wirklich das Entrée-Billet, zumal in einer Umwelt, in der ein Glaubensbekenntnis nicht viel mehr war als eine Annahme allgemeiner ethischer Vorstellungen.

Der reinblütige Christ wollte die Distanz wahren. Da mußte die Rasse herhalten. Theoretisch distanzierten sich die Kirchen von diesem Rassismus; aber ihre Mitglieder und Repräsentanten waren Teil des Volkes, aus ihm und seinem Denken hervorgegangen. Und so gibt es auch bei Theologen Texte, die Rasse mit Religion munter vermischen.

Nun gibt es gerade im Zusammenhang mit politischen Figuren wie Stöcker und Lueger eine eingängige Theorie. Der Judenhaß der einfachen Leute sollte als Herrschaftsmittel verwendet worden sein. In Österreich entstand der Satz, der später August Bebel zugeschrieben wurde: »Der Antisemitismus ist der Sozialismus der dummen Kerls.«[11] Darin ist etwas Wahres; denn die alten Vorurteile waren im Volk so stark, daß man sie aufnehmen und funktionalisieren konnte. Es ging nicht mehr um den Kapitalisten, geschweige denn um das Kapital, das kein Gesicht hat, sondern es sollten der Haß und der Neid auf jenen Kapitalisten gelenkt werden, dem man eine jüdische Physiognomie nachsagte. Der Name Rothschild erhielt seine Konnotation. Übrigens nicht nur in jener Welt des christlich eingefärbten Pseudosozialismus. Es wäre in diesem Zusammenhang interessant zu untersuchen, wie viele sozialistische Karikaturisten gerade auch in der jungen Sowjetunion ihre Haßobjekte, die Börsianer, mit jüdischen Gesichtszügen versahen.

Die Entschuldigung war natürlich jenes alte Volksempfinden, das diese Physiognomie mit etwas Aggressiv-Unangenehmen verband. Und es waren nicht nur die dummen Kerls, die solche Reaktionen kultivierten. In Deutschland mag es eine Zeitlang Mode gewesen sein, Marr zu verachten und Stöcker mit einem indignierten Lächeln zu betrachten: Es ist ja gut, wenn er die sozialistischen Impulse auf diese Weise auffängt. Die gebildete Bürgerschaft gönnte den dummen Kerls eine Ideologie, die sie eigentlich selbst für dumm hätte halten müssen. Aber auch hier war das alte Gefühl stärker als Lessings Ruhm und sein Drama »Nathan, der Weise«. Im Jahre 1879 veröffentlichte der hochangesehene preußische Historiker Heinrich von Treitschke den Aufsatz »Unsere Ansichten«. Sein Anliegen ist die Angst, daß »wir Gefahr laufen über unseren Bildungsdünkel den sittlichen Halt des Menschenlebens ganz zu vergessen«[12]. Was ist für Treitschke Bildungsdünkel? Vornehmlich »die weichliche Philanthropie unseres Zeitalters«[13], die sich für die »Verhätschelung und Verzärtelung der Verbrecher« einsetzt und auch die Emanzipation der Juden positiv bewertet, ja sogar die Judenfeinde negativ betrachtet. Gegen sie verweist Treitschke auf die »leidenschaftliche Bewegung gegen das Judenthum«, die im Volk vorhanden sei. Er will sich nicht ganz darauf einlassen; aber er gibt doch dem Volk recht. Und er fragt auch, ob es nur das gemeine Volk ist, das so instinktiv richtig empfindet. Jetzt kann man endlich einmal etwas offen aussprechen; er rafft sich zu der positiven Aussage auf: »Bis in die Kreise der höchsten Bildung hinauf, unter Männern, die jeden Gedanken kirchlicher Unduldsamkeit oder nationalen Hochmuths mit Abscheu von sich weisen würden, ertönt es heute wie aus einem Munde: die Juden sind unser Unglück!«[14]

Es ist psychologisch interessant, daß Treitschke im Stile späterer Gesinnungsgenossen die Entschuldigung in seine Art, etwas auszusprechen, schon hineinnimmt. Nein, es ist nicht kirchliche Beschränkung, nein, es ist nicht nationale Anmaßung! Und zudem sagt den schlimmen Satz ja auch nicht Treitschke. Er teilt den Lesern nur mit, daß es hochgebildete Männer gibt, die wie aus einem Munde sagen, daß die Juden unser Unglück sind.

Er hat das schlechte Gewissen des Antisemiten, der seinen ›Bildungsdünkel‹ noch nicht ganz überwunden hat, der aber doch dem Empfinden nachgeben möchte, das ihn mit dem sittlichen Volk verbindet. Er ärgert sich über »Theile unseres kaufmännischen und literarischen Judenthums«[15]. Mit anderen Worten, ihm passen weder die moderne Industrie noch die moderne Presse. Aber wie erklärt er das? »Eine Kluft zwischen abendländischem und semitischem Denken hat von jeher bestanden.«[15] Die Moderne, die sich nicht in Treitschkes Weltbild fügt, wird mit einem Dualismus erklärt und abgewertet, der nicht das geringste mit der Entstehung der Moderne zu tun hat. Was hat das orientalische (wie Treitschke betont), das semitische Wesen mit jener kritischen Presse gemein, die ein Vertreter der Universität angreifen möchte?

Aber es geht hier nicht um ein logisches Durchdenken der Zusammenhänge, nicht um die Frage, warum Juden sich kritisch äußern. Es geht um ein Gefühl, das ebenso vage wie mächtig ist. Heinrich von Treitschke hat eine Diskussion hervorgerufen. Es gab den sogenannten »Antisemitismusstreit«, in dem liberale Juden den Ansichten Treitschkes widersprachen, in dem auch der Historiker Theodor Mommsen sich mit aller Vehemenz gegen Treitschke wandte. Es gab die Stimmen von Christen jüdischer Abstammung, die Treitschkes Argumente widerlegten...

Oder zu widerlegen versuchten. Denn die Stärke von Treitschkes Argumenten bestand darin, daß sie logisch nicht faßbar waren. Es gab ein Gefühl, und das hat Treitschke in Worte gefaßt. Es gibt für ihn »große, kosmopolitische Geldmächte« wie das Haus Rothschild, es gibt »unsere mit jüdischen Wörtern so reich geschmückte Gaunersprache«, es gibt den »Stamm, der sich so mächtig in die Mittelpunkte unseres Staates und unserer Bildung hineindrängt«.[16]

Die Literatur wird von Börne und Heine beherrscht. Was aber bekämpfen die Juden nun eigentlich? Treitschke hat die Antwort parat; ich möchte ihn ausführlich zitieren: »Aber ganz unzweifelhaft sind wir Deutschen ein christliches Volk. Um diese Weltreligion unter den Heiden zu verbreiten vergossen unsere Ahnen ihr Blut in Strömen; um sie auszugestalten und fortzubilden litten sie als Bekenner und Helden. Mit jedem Schritte, den ich in der Erkenntniß der vaterländischen Geschichte vorwärts thue, wird mir klarer, wie fest das Christenthum mit allen Fasern des deutschen Volkes verwachsen ist;... Christliche Gedanken befruchten unsere Kunst und Wissenschaft; christlicher Geist lebt in allen gesunden Institutionen unseres Staates und unserer Gesellschaft. Das Judenthum dagegen ist die Nationalreligion eines uns ursprünglich fremden Stammes... seine Ideen, soweit sie nicht in das Christenthum übergegangen sind, übten auf unseren Staat, unsere Gesittung gar keinen Einfluß. Wer angesichts dieser offenkundigen Thatsachen behauptet, das Judenthum sei genau in demselben Sinne deutsch wie das Christenthum, der versündigt sich an der Herrlichkeit der deutschen Geschichte.«[17]

Im Grunde ist hier alles zusammengefaßt: Das Christentum wird mit dem deutschen Wesen gleichgesetzt. Und das bildet die Geschichte eines Deutschtums, das seinen Glanz von christlichen Martyrern ableitet. Was so als christlich und als deutsch empfunden wird, ist gesund, lebt dort, wo man dem Gesunden zum Durchbruch verhilft. Jüdische Ideen sind nur dort gut, wo sie vom Christentum aufgenommen wurden, also sich in die Typologie der frühen Kirchenväter einfügten. Und schließlich gibt es Worte, die Geschichte machten: Gesittung, versündigen, Herrlichkeit..., da ließ sich die Gegenwart vergessen. Da könnte man in die alte Welt zurückkehren.

Heinrich von Treitschke war sicher ein extrem nationalistischer Historiker, aber er war alles andere als ein Außenseiter. Seine Gegner waren ihm intellektuell überlegen. Sie besaßen auch die Gabe der Ironie. Sie konnten sich als Sieger empfinden. Aber was Treitschke gesagt hatte, blieb Ausdruck des kranken Volksempfindens. Wir Deutschen, wir Christen, wir deutsche Christen haben mit diesem modernen oder alt-orientalischen Judentum nichts gemein.

Wir Deutschen? Es gab den *Juif allemand*, den deutschen Juden – nur war er kein Bild, das sich in Deutschland entwikkelte, sondern ein Bild der Feindschaft. In Frankreich, in dem Land, das durch die Revolution und seit der Revolution den Juden freundlich gesinnt war – soweit es sich um offizielle Stellungnahmen handelte –, hatte sich unter der Hand und wider die intellektuellen Tendenzen ein Antisemitismus entwikkelt, der auch ein Antimodernismus war. Und da gab es seit 1892 die Dreyfus-Affaire. Ein elsässischer Hauptmann jüdischer Abstammung, Alfred Dreyfus, wurde beschuldigt, Spion für

Deutschland gewesen zu sein. Wir kennen heute nur allzugut das Ende der Geschichte: Dreyfus war kein Spion.

Aber wichtiger als diese Tatsache war das Knäuel von Beschuldigung und Ressentiments, das diese Angelegenheit erst zu der berühmten Affaire werden ließ. Der Jude muß das alte, gute, schöne Frankreich verraten haben; denn er hatte nichts mit jener tiefen Erinnerung gemein, die einen echten christlichen Franzosen zurückruft in die Zeit, in der die heilige Genoveva lebte und in der – etliche Jahrhunderte später – die Kathedralen erbaut wurden. Die Christen wußten zudem: Der Jude ist ein Verräter, weil Judas schon Jesus verraten hat.

Im Zusammenhang mit der Dreyfus-Affaire war Frankreich gespalten: Es gab jene konservativen, christlichen Kreise, die Dreyfus verurteilten und mit ihm die Moderne und deren Republik. Aber es gab letztlich siegreich auch die andere Stimme, den Aufruf des Dichters und Intellektuellen Emile Zola: »J'accuse« – Ich klage an: Zola klagte jene an, die einen Unschuldigen verurteilten, nur weil er Jude war, weil er deswegen deutschfreundlich sein mußte, denn Frankreich war das Christentum schlechthin und die Geburtsstätte einer Nation, die von den anderen aus Neid gehaßt wurde. Und der Jude stand doch nach Ansicht seiner Gegner auf der Seite des Hasses und des Verrats.

Zola kämpfte nicht allein. Der Sieg, den er errang, war auch ein Sieg jener radikalen Liberalen, die eine vom Christentum völlig unabhängige französische Republik erfolgreich anstrebten. Es ist ein gutes Land, in dem die Heldenverehrung, die hier einem Emile Zola zukommt, mit einem Fortschritt der Humanität verbunden wurde.

Sicher hielt sich in der katholischen Kirche Frankreichs ein christlich orientierter Antisemitismus. Die Kirche war ja die Verliererin der Affaire. Deren Ergebnis war ein Staat, der sich von allen klerikalen Ansprüchen getrennt hatte. Und so gab es in katholischen Kreisen, auch bei jenem *Renouveau Catholique*, der den Glauben wieder glaubhaft machen wollte, antisemitische Tendenzen. Deren Anhänger wandten sich ebenso gegen die jüdische Plutokratie wie gegen die sozialistische Gefahr. Und diese Gesinnung hielt sich recht gut.

Nach dem Ersten Weltkrieg schrieb der Offizier Roger Lambelin, ein christlicher Judenhasser und Anhänger der reaktionären *action française*, einige Erkenntnisse nieder: »Der jüdische Imperialismus enthüllte sich mit einer bestürzenden Gewalt und Offenherzigkeit ... Es gelang den Juden der Welt einen ganz besonderen Frieden aufzuerlegen, der wirklich eine pax judaica ist ...

Sie erreichten, daß ihnen als Siegeszeichen für ihr seit der Zerstreuung ohne eigenes Territorium existierendes Volk in Palästina eine ›nationale Heimstatt‹ errichtet wurde, und unter dem Schutz des britischen Empires weht schon die Flagge Israels über Jerusalem, der Heiligen Stadt der christlichen Welt, dem unvergleichlichen Mittelpunkt der Idee der Religion und der Kultur ...«[18]

Die Tendenz dieser Aussage ist zuerst einmal gegen die englische Politik gerichtet, die nach der Ansicht des Autors von Juden bestimmt wird und antichristlich ist. Der Titel des 1921 publizierten Aufsatzes lautet: »Le péril juif. Le règne d'Israel chez les Anglo-Saxons.« Offensichtlich soll hier die Verbundenheit zwischen Frankreich und England, die durch den Ersten Weltkrieg gefestigt worden war, bekämpft werden. Denn nach Ansicht des gläubigen Autors sind die Wurzeln Frankreichs eingebettet in den ererbten Katholizismus. Und das andere, das Fremde, sei es deutsch oder englisch, verbindet sich für den traditionellen französischen Katholiken mit dem Bild des Juden. Und nun soll sogar etwas geschehen, was den Evangelien widerspricht. Die Vorstellung eines Jerusalem, das israelisch ist, hebt das liebgewordene Bild auf: Die Stadt wurde zerstört und ihre Bewohner zerstreut, weil sie ihren Erlöser nicht anerkannten.

Hier verbindet sich eine politische Meinung mit einem religiösen Ressentiment, aber auch mit einem guten Stück kolonialistischen Konkurrenzdenkens. So unsympathisch uns dieses Amalgam sein mag, es gehört doch in den Bereich eines politischen Diskurses.

Auf dem deutschen Sonderweg gab es eine ganz andere Kreuzung. Was hier in vielen Schriften, die zu Recht vergessen wären, hätte der deutsche Antisemitismus nicht Schoah-Geschichte gemacht, dargestellt und beschworen wurde, hat nichts mit Diskurs und nur sehr mittelbar mit Politik zu tun. Es war die schon beschriebene Ahnung von einem anderen, besseren Reich: es war die Rückbesinnung auf das Völkische, das im Gegensatz zu dem Nationalismus der Durchschnittspatrioten, sich in einem Wald des Ungefähren verlor. Es war ein Ahnen und Rauschen, Richard Wagners Waldvögelein und Richard Wagners minnender Ritter, der in der Winterszeit die wahre Kunst von Walther von der Vogelweide lernte. Es war auch Parsifal, der Tor, der sich im Mythischen verstrickt, bis er durch Festhalten an seiner eigenen Reinheit zum Erlöser wird, der schließlich selbst der Erlösung bedarf. Und hier ist alles rein und heilig, die Erlösung nahe und ferne, die Natur berükkend und voller Geheimnisse.

Und das hat gar nichts mit der Moderne zu tun, mit dem Kapitalismus und der Sozialdemokratie, und vornehmlich nichts mit einer Lebensform wie der Großstadt. Als der deutsche Begründer der Soziologie Georg Simmel innerhalb einer Vortragsreihe, die im Winter 1903/04 gehalten wurde, die Struktur der Großstadt mit den Mitteln seiner Wissenschaft darstellen wollte, schrien die deutsch empfindenden Menschen auf. Und wer den Gelehrten nur für einen Soziologen hielt, erfuhr es nun überdeutlich: Simmel war Jude. Und als Jude mußte er, wie seine Gegner argumentierten, die menschenvernichtende Stadt preisen. Daß Simmel sie gar nicht pries, sondern nur analysierte, wurde nicht zur Kenntnis genommen.[19]

Diese Judenfeindschaft, die sich rassistisch, wenn auch nicht ausschließlich rassistisch gerierte und dies mit einer Sektenform des Christentums verband, schien im neunzehnten Jahrhundert im Abseits zu stehen. Aber sie war keineswegs so schwach, wie manche Gegner glaubten. Rationalisten neigen dazu, selbst ihren Feinden ein Stück Vernunft zuzusprechen. Aber die Nicht-Vernunft schien hier willkommen zu sein. Das Völkische war ja gerade das Nicht-Rationale. Und so entstanden die seltsam abwegigen und dennoch eingängigen Vorstellungen, die alle von einem Dualismus lebten, deren bösen Pol die Judenschaft darstellt. Der Kirchenhistoriker Klaus Scholder, dessen Hauptwerk »Die Kirchen und das Dritte Reich« ist, hat die Spannung wiedergegeben: »Juda war für den völkischen Ideologen so allgegenwärtig am Werke wie der Klassenfeind für den Marxisten [für den Vulgärmarxisten, E. E.], und keine Kenntnisse, keine historische oder politische Bildung hielt ihn davon zurück, die Wahrheit seiner Ideologie – wenn nötig mit Gewalt – in der Wirklichkeit wiederzufinden.«[20]

Im Gegensatz zu dem Proto-Antisemiten Marr hatten die meisten dieser Sektierer geradezu ein fanatisches Verlangen, christliche Elemente, vornehmlich die Gestalt eines edlen, reinen, arischen Jesus, in ihr Wahngebäude einzubeziehen. Paul de Lagarde (1827–1891), ein Orientalist, der in Halle, Berlin und Göttingen lehrte, hat als Kulturkritiker sich gegen die Zivilisation und ihre angeblichen Schäden gewandt, dafür die Juden verantwortlich gemacht. Vor allem aber lehnt er die Theologie beider Konfessionen zugunsten eines deutschen Jesus-Bildes ab. Sie würde die Gestalt des Jesus verfälschen durch die Tradition, die sie von dem Juden Paulus erhalten habe. »Paulus hat uns die jüdische Opfertheorie... in das Haus getragen. Paulus hat uns mit der pharisäischen Exegese beglückt...« Paulus war der Vertreter eines »raffinierten Israelismus«.[21]

Er war also fremd dem deutschen Wesen, für das eine andere Jesus-Religion bestimmt ist. Diese sowohl den offiziellen Lehrmeinungen der Kirche wie jeder bibelkritischen Forschung widersprechende Vorstellung hat sich übrigens gut gehalten. Dem gleichen Dualismus huldigte Julius Langbehn (1851–1907), den man heute wohl einen Guru und dessen Buch »Rembrandt als Erzieher« (1890) man ein Kultbuch nennen würde. Das Buch wurde in allen gebildeten Kreisen und auf den Schulen gelesen. Die Tatsache, daß sich Langbehn nach dieser Publikation als Gottsucher entpuppte und katholisch wurde, hat nicht unwesentlich zu seiner Popularität beigetragen, auch zu der Popularität seiner absolut unkatholischen Vorstellungen von arischen Lichtmenschen. Natürlich sind diese Arier die Enkel der »Söhne des Lichts« aus dem Evangelium des Johannes, aber man hätte doch erkennen können, daß es sich um eine sehr illegitime Nachkommenschaft handelt. Und ihre Erb-Feinde sind die Juden.

Es wird sehr viel gesprochen über die Schuld der Kirchen im ›Dritten Reich‹. Aber es gab schon in den Jahrzehnten zuvor ein Versagen. Die Nachgiebigkeit und die Koalitionsbereitschaft, die die Kirchen gegenüber allen irrationalen und illiberalen Geistesströmungen erwiesen, möchten in dem Betrachter dieser Entwicklung manchmal eine Sehnsucht nach der häufig rational motivierten Intoleranz des Mittelalters aufkommen lassen.

Der erfolgreichste pseudo-religiös sektiererische Rassist war in Deutschland der Engländer Houston Stewart Chamberlain, der das Christentum und den Rassismus zusammenbackte und mit den Gefühlswallungen seines Schwiegervaters Richard Wagner übergoß. 1899 erschien im Bann der Faszination von Bayreuth sein Buch »Die Grundlagen des neunzehnten Jahrhunderts«.[22] Er sagt darin sehr Vieles, ebenso Wirres wie einer Halbbildung Einleuchtendes über Zuchtwahl, Blutmischung, Reinerhaltung der Rasse ... usw. Er weiß, daß die Rasse schöpferisch ist und alles rassisch Durchmischte nur ›Zivilisation‹ hervorbringt. Edle Menschenrassen haben Ehre, während die semitische Rasse einem Materialismus huldigt. Also wieder die Trennung zwischen den Söhnen des Lichts und denen der Finsternis!

Und natürlich wird wieder einmal das Alte Testament herangezogen, um zu beweisen, daß die Juden nur an Gewinn, Vorteil, Lohn denken im Gegensatz zu den arischen Lichtmenschen und deren herrlichstem Vertreter, dem Mann und Helden Jesus, dem Erlöser. »Den Kern der christlichen Religion, den Brennpunkt, auf den alle Strahlen hinstreben, bildet der Gedanke an eine Erlösung des Menschen. Dieser Gedanke ist den Juden von jeher und bis auf den heutigen Tag vollkommen fremd.«[23]

Das ist so falsch und so dumm, daß man nicht darauf eingehen kann. Selbst der nötige Hinweis auf die Tatsache, daß die Vorstellung des erlösenden Messias aus dem jüdischen Glauben kommt, hier beheimatet ist, wirkt peinlich. Denn er setzt voraus, daß man die Ansichten Chamberlains für diskutabel hält. Was sie nicht sind! Sie waren nur sehr einflußreich: Kaiser Wilhelm II. hat Chamberlain im Rausch der arischen Empfindung so gerne gelesen wie der Halbgebildetste unter seinen Untertanen.

In der Auseinandersetzung mit dem Nazismus, die in den letzten Jahrzehnten stattfand, gab es sehr viel kluge Betrachtungsweisen, die mit den Methoden der modernen Soziologie arbeiteten.[24] Man muß ihnen freilich eines vorwerfen: Sie berücksichtigten viel zu wenig die explosive Kraft von wirren Ideen. Mit Recht halten wir heute nicht mehr soviel von den frommen Predigten human gesonnener Christen der ersten Stunde nach Shoah. Sie sprachen von dem Hakenkreuz, das eine teuflische Verbiegung des Kreuzes war, von dem satanischen Glauben, der eine Travestie auf den wahren christlichen Glauben darstellte.

Aber trotz allem war darin ein Stück Wahrheit enthalten, wenn wir von dem Pathos und von der moralischen Nutzanwendung absehen.

Es ist das große Verdienst des Politologen Claus-Ekkehard Bärsch, auf Zusammenhänge aufmerksam gemacht zu haben, die in der wissenschaftlich üblichen Auseinandersetzung mit dem Nationalsozialismus gewöhnlich nicht gesehen oder unterschlagen wurden. Sein Buch »Erlösung und Vernichtung. Dr. phil. Joseph Goebbels«[25] befaßt sich zuerst einmal mit den Gedankengängen des jungen Goebbels, dieser Mischung aus einem halbgaren Expressionismus und jenen christlichen Traditionen, die von den großen Kirchen weggedrängt worden sind. Da findet sich die Endzeitstimmung der Apokalypse des Johannes; die fabulösen Tiere und Gestalten, die in der Antike Symbole und auch Chiffren waren, wurden bei Goebbels, aber nicht nur bei ihm, in mythische Vorstellungen eingebracht:

Irgend etwas Großes muß geschehen. Deutschland muß erlöst werden. Und immer war das, wovon es erlöst werden mußte, sehr klar: Es war das Judentum in seiner liberalen, kapitalistischen und sozialistischen Ausformung.

Was bei Goebbels und anderen Vorkämpfern des Nazismus schon ausgesprochen wird, zeigt sich voll und ganz in der Schrift »Mein Kampf« des Adolf Hitler, die nicht nur vor 1933 zu wenige Bürger, sondern nach 1945 auch zu wenige Historiker gelesen haben. Und wer das Buch las, damals wie heute, mag sich innerlich weigern, es ernstzunehmen. Hitler als Popanz des Kapitals, als Lakai, der selbst die Herrschaft ergreift und sie zur schrecklichen Terrorherrschaft macht, ist denkbar. Ein deutscher »Führer und Reichskanzler«, der einem pseudoreligiösen Wahn verfallen ist, wirkt wie eine Beleidigung der historischen Vernunft. Dan Diners Wort vom Zivilisationsbruch ist auch hier sehr wahr. Dennoch lohnt es sich, einige Zitate der Nazi-Bewegung heranzuziehen. Dietrich Eckart, ein früher Förderer Hitlers und Repräsentant etlicher Gesellschaften, die das Geheimnis der Welt erkundeten, hat kurz vor seinem Tod im Jahre 1923 seine Sicht des universalen Geschehens zusammengefaßt: »›Das dritte Reich‹ oder ›Der Krieg zwischen Licht und Finsternis, Wahrheit und Lüge, Christ und Antichrist‹.«[26]

Und in dieser Spannung verstand sich auch Hitler, wenn er den Ketzer-Begriff ›Drittes Reich‹ übernahm, der ein Neues Reich der Erlösung, ein Tausendjähriges Reich der irdischen Gerechtigkeit zum Inhalt hatte (die Mitläufer des Regimes mochten sich damit trösten, daß man nach dem alten Kaiserreich und dem Hohenzollernreich Bismarcks nun eben eine dritte Auflage hatte. Aber selbst sie wußten es im Grunde besser; ihr Garant Arthur Moeller van den Bruck, der 1923 ein Buch »Das Dritte Reich« veröffentlichte, kannte sehr wohl den Hintergrund des Terminus). Und das, was ein mittelalterlicher Mensch noch als Gerechtigkeit ansehen konnte, wurde für die Nazi-Phantasten vollends zu deren faktischem Gegenteil: Es war das Land der Erlösung, der abgewendeten Vernichtung.

Denn ›der Jude‹, der als Antichrist überwunden wird, ist für diese Fanatiker ja nicht ein Vertreter einer minderwertigen Rasse, wie es auch andere gibt, er stellt die ›Gegen-Rasse‹ dar.[27]

Wenn man im Sinne Darwins an den »survival of the fittest« glauben würde, wäre ›der Jude‹, den Hitler als Wahnbild vor sich hält, fast zu rühmen: »Den gewaltigsten Gegensatz zum Arier bildet der Jude. Bei kaum einem Volke der Welt ist der Selbsterhaltungstrieb stärker entwickelt als beim sogenannten auserwählten [der Hinweis auf die sogenannte Auserwähltheit des jüdischen Volkes bildet einen feststehenden Topos der Antisemiten, besonders derer, die sich selbst als Arier usw. für auserwählt halten, E. E.] ... Welch ein unendlich zäher Wille zum Leben, zur Erhaltung der Art spricht aus diesen Tatsachen.«[28]

Aber diese Tüchtigkeit der Rasse ist eine teuflische Tüchtigkeit. Adolf Hitler imaginiert sich eine entsetzliche Konsequenz: »Siegt der Jude mit Hilfe seines marxistischen Glaubensbekenntnisses [auch hier eine religiöse Metapher im scheinbar politischen Zusammenhang, E. E.] über die Völker dieser Welt [wie weiland der Antichrist, E. E.], dann wird seine Krone der Totentanz der Menschheit sein, dann wird dieser Planet wieder wie einst vor Jahrmillionen menschenleer durch den Äther ziehen.«[29]

Diese jüdische Gegenrasse, so Hitler, will also nicht siegen, damit ihre Leute, die Tüchtigsten, herrschen; die Rasse will den Untergang aller. Und zudem muß sich auch die durch die jüdische Intellektualität beleidigte Natur rächen.

Bereits früher hat Hitler in einer Rede vom 12. April 1922 seine eigene Position in dem Zusammenhang dargestellt, die er für seine, die nazistische Heilsgeschichte mit dem Hakenkreuz hielt: »Ich sage: Mein christliches Gefühl weist mich hin auf meinen Herrn und Heiland als Kämpfer. Er weist mich hin auf den Mann, der einst einsam ... diese Juden erkannte und zum Kampf gegen sie aufrief, und der, wahrhaftiger Gott [welches verlorene Stück Dogmatik sich in Hitlers Kopf breitgemacht hatte!, E. E.], nicht der Größte war als Dulder, sondern der

Größte als Streiter! In grenzenloser Liebe lese ich als Christ und Mensch die Stelle durch, die verkündet, wie der Herr sich endlich aufraffte und zur Peitsche griff, um die Wucherer... hinauszutreiben aus dem Tempel... Vor zweitausend Jahren wurde auch ein Mann denunziert von der gleichen Rasse... er hetzte [nach Hitlers Ansicht zu Recht, E. E.] gegen den ›Gott‹ der Juden, denn dieser Gott ist nur das Gold.«[30]

Eine solche Rede kommt mir viel schlimmer vor als sämtliche Blasphemien von Dichtern des zwanzigsten Jahrhunderts. Und doch... An diesem ›doch‹ können wir uns die Köpfe blutig schlagen. Als Hitler und die Nazis zur Macht kamen, gab es neben einem *Appeasement* der Kirchen auch kirchlichen, christlichen Widerstand. Aber nur in sehr vereinzelten Fällen ging es dabei um einen Widerstand gegen die Behandlung der Juden; es gab keinen Protest gegen die sogenannte ›Reichskristallnacht‹. Selbst in den Reihen der Bekennenden Kirche wollte man die Judenfrage nicht in den Vordergrund stellen. Die Ausnahmen, wie das Engagement des evangelischen Theologen Dietrich Bonhoeffer, kann man an den Fingern abzählen. Von Bonhoeffer stammt der schöne Satz: »Nur wer für die Juden schreit, darf auch gregorianisch singen.«[31]

Aber wie viele Jahrhunderte lang ›wußten‹ die Menschen, die sich der Schönheit des gregorianischen Gesangs hingaben, daß die Juden unser Unglück sind, weil durch sie, ihren Unglauben, uns das Reich versperrt ist, auf das uns die Harmonie des gregorianischen Gesangs verweist.

Die gelbe Farbe durchzieht unsere Kultur, der die Judenfeindschaft zum Unglück geworden ist.

Statt eines Nachworts

Die Komödie des William Shakespeare »Der Kaufmann von Venedig« könnte eines der schönsten Stücke der abendländischen Literatur sein. Wieviel an Weisheit und Schwermut ist hier aufgenommen worden in eine heitere Handlung, die in einem zauberhaften erotischen Glücksversprechen endet!

Antonio ist der Kaufmann, der sich absondert von dem leichtsinnigen Geist, der die jungen Leute von Venedig beherrscht. Er kultiviert eine Melancholie, er liebt die schöne Geste, die das vordergründige Glücksgefühl negiert. Er weiß, daß diese Welt Theater ist, eine Bühne, »a stage where every man must play a part, and mine a sad one«. August Wilhelm Schlegel hat es übersetzt: »Ein Schauplatz, wo man eine Rolle spielt, Und mein ist traurig.« Und doch ist er mit einem der allzu munteren Gesellen befreundet, mit jenem Bassanio, der leichtsinnig das eigene und das geliehene Geld durchgebracht hat und jetzt nur noch auf das Wunder des Glücks und der Liebe hoffen kann. Es gibt eine reiche Erbin Portia; und diese Frau ist auch noch betörend schön. Nur müßte sich Bassanio als würdig ausgestatteter Freier präsentieren können. Und dazu hat er dreitausend Dukaten nötig, die er nicht besitzt und die auch der stets freigebige Antonio, der »royal merchant«, der königliche Kaufmann, ihm nicht vorstrecken kann.

Portia lebt in einer Märchenwelt, auf dem Schloß Belmont, das so völlig anders ist als das geschäftige Venedig. Hier gilt das Gebot eines toten Vaters. Hier muß der Freier eine Probe bestehen. Die Zahl drei hat eine magische Bedeutung: Drei Kästchen werden dem Freier gezeigt, und er muß die Wahl treffen zwischen den Metallen, aus denen sie hergestellt wurden: zwischen Gold, Silber und Blei. Wir ahnen die Märchenweisheit. Wer das geringste wählt, wird ausgezeichnet werden. Das bleierne Kästchen wird das Glück bringen.

Aber Portias Herz ist schon vergeben; sie liebt diesen Bassanio und wird ihm alles Glück wünschen. Und in der Märchenwelt hilft das Wünschen.

Nur Bassanio in Venedig fühlt sich zu einem vornehmen Auftreten gezwungen. Er treibt einen bösen Mann auf, den größten Feind des Antonio, der dennoch bereit ist, die benötigte Summe diesem Antonio zu leihen. Freilich nicht gegen Zinsen. Antonio selbst lehnt den Zins ab; und nun will ihm sein nach Zinsen süchtiger Feind entgegenkommen. Wenn Antonio nicht rechtzeitig das Darlehen zurückzahlen kann, dann soll es dem Feind erlaubt sein, ein Pfund Fleisch aus Antonios Körper herauszuschneiden.

In Belmont führt das Märchen zum glücklichen Ende. Bassanio wählt das richtige Kästchen, und Portia schenkt ihm nur zu gerne ihre Liebe. Portias Zofe verliebt sich prompt in Bassanios Diener. Alles könnte schön enden. – Wenn nicht in Venedig Antonio mit seiner Verpflichtung in Verzug geraten wäre. Nun hat der böse Mann das Recht, das Pfund Fleisch anzufordern. Gegenüber dieser Barbarei scheinen alle hilflos zu sein. Bassanio will seinem Freund helfen. Es ist viel mehr Geld vorhanden, viel mehr Geld wird dem Bösen geboten, als er je dem Antonio geliehen. Aber der Böse besteht auf seinem Schein, auf der abgelaufenen Frist. Er ist eben böse. Daß leichtsinnige Menschen einem munteren Gesellen geholfen haben, des Bösen Tochter zu entführen, ist nun verzeihbar. Daß auch des Bösen Eigentum mitgenommen wurde, wird verständlich.

Der Böse besteht auf seinem Schein, auf dem Pfund Fleisch, das er mit seinem Messer herausschneiden will – bei dem Herzen Antonios. Es wird ein barbarischer, tödlicher Schnitt werden. Da erscheint Portia, in der guten Tradition Shakespeares als junger Mann verkleidet, als ein Doktor der Jurisprudenz, der durch einen positivistischen Dreh den unmoralischen Vertrag ad absurdum führt. Das Fleisch darf der Böse herausschneiden, aber keinen Tropfen Christenblut vergießen. Und so wird schließlich der Böse gefoppt, seiner Güter beraubt. Auch das, was er in Zukunft gewinnen wird, soll der Tochter, die zu den Feinden überlief, zugute kommen. Das Böse wird aus der Gesellschaft eliminiert.

Und der letzte Akt der Komödie ist ein munteres Spiel. Der Doktor hat dem Bassanio ein wertvolles Geschenk abgefordert, den Ring, den ihm Portia gab. Und nun in der Mondscheinnacht von Belmont fragt Portia nach dem Ring, stürzt Bassanio in ein Leid, das für ihn wirklich und für sie nur scheinhaft ist. Schließlich weiß man nicht mehr: Liebt Portia den Doktor, oder war sie nicht doch der Doktor? Antonio, der gute Freund, hilft schließlich, und nach der so angenehmen, so lieben, bösen Spannung, nach der munteren Drolligkeit findet das Paar wieder zusammen. Auf der Ebene der Dienerschaft hat sich das gleiche Versteckspiel ein wenig gröber ereignet. Auch hier zieht das Glück ein. Aber die Ahnung bleibt: Verrat wohnt nahe bei der Liebe. Und vielleicht ist nur deswegen die Liebe so schön, weil sie dem Verrat abgetrotzt ist. Ein Lustspiel, schön und gefährdet und ein wenig traurig, wie die Rolle dieses Antonio auf der Bühne der Welt.

Und doch läßt die Komödie ihren Stachel zurück. Denn der Böse ist nicht irgendeine Gestalt aus irgendeinem Märchen. Es ist Shylock, der Jude. Er ist das Gegenteil des königlichen Kaufmanns. Denn er nimmt Zinsen. Er verleiht das Geld nicht aus Liebe und Sympathie, sondern weil er davon Profit haben will. Und als er deswegen zur Rede gestellt wird, beruft er sich auf eine Geschichte aus dem Alten Testament, aus seiner Bibel, die sich von ihm zitiert nur schlimm anhört. Jakob, der Stammvater Israels, hat als Schafhirte die Natur manipuliert, scheckige Schafe gezüchtet, um seinen Schwiegervater zu betrügen. Darum ist es erlaubt, alles auszunützen, um von dem Menschen, dem man borgt, seinen Gewinn einzutreiben.

Der gute Antonio will die schöne Bibel retten; für den Christen wird Jakobs Geschicklichkeit zum »Glücksfall«; hier regierte »des Himmels Hand«. Dadurch kann keine Zinsnahme erklärt und entschuldigt werden. In einer Welt, in der es Belmont gibt, also bei Shakespeare, kann es auch darüber keine Erörterung geben, daß die Einforderungen von Zinsen den Juden von christlichen Machthabern befohlen wurden. In einer Welt, in der es Belmont gibt, kann auch nicht darüber nachgedacht werden, daß ohne Zinsnahme die venezianische Kaufmannschaft bald so arm gewesen wäre, wie dies Antonio zeitweise ist.

Und doch bricht die Gestalt des Shylock aus dem Schema aus. Dieser ist nicht eine Spielfigur, nicht nur ein Bild des notwendigen bösen Elements. Er ist nicht nur der Mann, der an das Materielle, das Geld, und das Vernichtende, den Schnitt in das Fleisch des Feindes, denkt. Es gibt den großen vielzitierten Ausbruch eines leidenden Mannes: »He [Antonio, E. E.] hath disgraced me, and hindered me half a million, laughed at my losses, mocked at my games, scorned my nation; thwarted my bargains, cooled my friends, heated my enemies; and what's his reason? I am a Jew. Hath not a Jew eyes? hath not a Jew hands, organs, dimensions, senses, affections, passions? Fed with the same food, hurt with the same weapons, subject to the same diseases, healed with the same means, warmed and cooled by the same winter and summer, as a Christian is? If you prick us, do we not bleed? if you tickle us, do we not laugh? if you poison us, do we not die? and if you wrong us, shall we not revenge?« Schlegel übersetzt: »Er hat mich beschimpft, mir 'ne halbe Million gehindert, meinen Verlust belacht, meinen Gewinn bespottet, mein Volk geschmäht, meinen Handel gekreuzt, meine Freunde verleitet, meine Feinde gehetzt. Und was hat er für Grund? Ich bin ein Jude: Hat nicht ein Jude Augen? Hat nicht ein Jude Hände, Gliedmaßen, Werkzeuge, Sinne, Neigungen, Leidenschaften? Mit derselben Speise genährt, mit denselben Waffen verletzt, denselben Krankheiten unterworfen, mit denselben Mitteln geheilt, gewärmt und gekältet von eben dem Winter und Sommer als ein Christ? Wenn ihr uns stecht, bluten wir nicht? Wenn ihr uns kitztelt, lachen wir nicht? Wenn ihr uns vergiftet, sterben wir nicht? Und wenn ihr uns beleidigt, sollen wir uns nicht rächen?«

Shakespeare hat das Schema der Überlieferung, den bösen Juden, literarisch übernommen. Aber er hat ihm an dieser Stelle auf poetische Weise ein Recht zugebilligt: Sein Shylock ist kein Verworfener, vom schlechten Blut und bösem Lachen, mit einer Resistenz gegen die Gifte, kein Sohn des Teufels. Er ist ein Mensch wie alle Menschen. Und daß er Rache nehmen kann, hat er von den Christen gelernt. Sein Shylock ist eine große Gestalt – ein Mensch in seiner Qual.

Zeichnet Shylock ein Zerrbild, eine Phantasmagorie der Angst von seinem Gegner Antonio? Nein, auch hierin hat Shylock recht. Antonio, dieser königliche Kaufmann, dieser melancholische Denker, dieser großmütige Freund, hört auf, ein guter Mensch zu sein, wenn er dem Shylock begegnet. Dann kennt er die Register der ordinären Verhöhnung: Denn er trifft ja auf einen Juden.

Anmerkungen

Vorwort

1 *»Historikerstreit«*, Die Dokumentation der Kontroverse um die Einmaligkeit der nationalsozialistischen Judenvernichtung, München 1987

2 Dan Diner, *Zwischen Aporie und Apologie*, in: Dan Diner (Hrsg.), *Ist der Nationalsozialismus Geschichte?*, Zu Historisierung und Historikerstreit, Frankfurt am Main 1987, S. 72

3 Ernst Nolte, *Zwischen Geschichtslegende und Revisionismus?*, in: *»Historikerstreit«*, a. a. O., S. 32

4 zitiert nach Wolfgang von Hippel (Hrsg.), *Freiheit, Gleichheit, Brüderlichkeit?*, Die Französische Revolution im deutschen Urteil. München 1989, S. 325

5 Hannah Arendt, *Eichmann in Jerusalem*. Ein Bericht von der Banalität des Bösen, München 1986, S. 46

6 vgl. dazu: Alphons Silbermann, *Sind wir Antisemiten?*, Ausmaß und Wirkung eines sozialen Vorurteils in der Bundesrepublik, Köln 1982. Sowie: Alphons Silbermann und Julius H. Schoeps, *Antisemitismus nach dem Holocaust*, Bestandsaufnahme und Erscheinungsformen in den deutschsprachigen Ländern, Köln 1986

7 Henryk M. Broder, *Der ewige Antisemit*, Über Sinn und Funktion eines beständigen Gefühls, Frankfurt am Main 1986

8 Jean Amery, *Der ehrbare Antisemitismus*, Rede zur Woche der Brüderlichkeit, in: J. A.: *Weiterleben, aber wie?* Essays 1968–1978, hrsg. von Gisela Lindemann, Stuttgart 1982, S. 151 ff.

9 zitiert nach: Günter Bannas, *Falsche und richtige Gleichungen*, Die Nahost-Debatte, in: Frankfurter Allgemeine Zeitung vom 12. März 1988

10 Henryk M. Broder, a. a. O., S. 217

Die andere Esther oder die Fragwürdigkeit einer Seligsprechung

1 Es ist interessant, daß in manchen katholischen Lebensbildern der Edith Stein das Elternhaus als orthodox bezeichnet wird. Das soll an das alte Saulus/Paulus-Schema erinnern. Je größer der Sprung bei einer Konversion ist, desto wertvoller erscheint sie.

2 Schalom Ben-Chorin, *Die Heimkehr. Jesus, Paulus und Maria aus jüdischer Sicht*, München 1987. Vgl. hierzu auch die Arbeiten von Pinchas Lapide.

3 Pnina Navé (Hrsg.), *Du unser Vater.* Jüdische Gebete für Christen, Freiburg im Breisgau 1975

4 so Schalom Ben-Chorin, *Bruder Jesus. Der Nazarener in jüdischer Sicht*, München 1977, S. 90ff.

5 Ulrich von Hehl, *Jüdin, Philosophin, katholische Ordensfrau.* Neue Bücher über Person und Werk von Edith Stein, in: Frankfurter Allgemeine Zeitung vom 8. Juli 1987

6 Susanne M. Batzdorff, *A Martyr of Auschwitz*, in: The New York Times Magazine, 12. April 1987, S. 70. Auf deutsch: ›Obwohl sie eine Katholikin war, die ihren neugewählten Glauben mit Freude und Verehrung angenommen hatte, wurde sie letztlich nicht von jenen getrennt, die Juden geblieben waren und um ihres Judentums willen getötet worden sind.‹

7 zitiert nach Klara Obermüller, *»Wir gehen für unser Volk«*, in: Die Weltwoche vom 30. April 1987

8 Henryk M. Broder, a. a. O., S. 219

9 Gregory Bateson, *Ökologie des Geistes*, Frankfurt am Main, 1981, S. 62

10 zitiert nach: Elisabeth Endres, *Edith Stein, Christliche Philosophin und jüdische Märtyrerin*, München 1987, S. 9. Als ich diese Monographie über Edith Stein beendete, war ich fest davon überzeugt, daß anläßlich der Seligsprechung auch die dunklen Stellen im christlich-jüdischen Verhältnis angepackt würden und daß nicht nur die Selige auf fatale Weise zu einer getauften Tochter Israels hin stilisiert würde. Ich habe mich getäuscht.

11 Johannes Paul II., *»Komm, wir gehen für unser Volk.«* Ansprache bei der Seligsprechung für Edith Stein in Köln, in: Christliche Innerlichkeit, Zweimonatsschrift für Gebet und gelebtes Dasein, hrsg. vom Teresianischen Karmel im deutschen Sprachraum, 22/3–5, 1987, S. 118ff.

12 a. a. O., S. 120

13 Elisabeth Endres, a. a. O., S. 179f.

14 Johannes Paul II., a. a. O., S. 124

15 Elisabeth Endres, a. a. O., S. 278

16 Brief von Dr. Meirowsky an Pater Frehse O. P., zitiert nach: Therese

Posselt (Theresia Renata de Spiritu Sancto), *Edith Stein. Eine große Frau unseres Jahrhunderts.* Freiburg im Breisgau 1957, S. 195

Das Fundament der Evangelien

1 Ich benütze für die Bibelzitationen die Übersetzung Martin Luthers in der Modifikation des neunzehnten Jahrhunderts. Martin Luther hat die sprachlich schönste Übersetzung der Evangelien geliefert; seine Übersetzung ist zudem die klassische Bibelsprache der deutschen Kultur geworden. Einige Veränderungen mußten um der Verständlichkeit willen vorgenommen werden; hier zog ich den griechischen Urtext heran.

2 Die Synagoge, deren Ruine man heute in Kafarnaum sehen kann, ist erst nach der Zeit des Jesus von Nazareth entstanden. Ihre hellenistische Schönheit freilich harmoniert mit der Vorstellung, daß ein edler judenfreundlicher Heide sie aus Frömmigkeit der jüdischen Gemeinde gestiftet hat.

3 Daß die ›edlen Seelen‹ sich wie der Herr des Johannes-Evangeliums ausdrückten, hat natürlich mit der Rezeption gerade dieser Texte in der nach-dogmatischen Zeit des Christentums zu tun.

4 Vgl. hierzu: Ralf-Peter Märtin, *Pontius Pilatus, Römer, Ritter, Richter*, München 1989

Was ist Wahrheit?

1 Zu der aktuellen Lage der katholischen Bibelkritik vgl.: Georg Schelbert, *Diffamierung der historisch-kritischen Methode*, in: *Katholische Kirche – wohin? Wider den Verrat am Konzil*, hrsg. von Norbert Greinacher und Hans Küng, München 1985

2 Ernst Käsemann, *Das Problem des historischen Jesus*, in: *Lust an der Erkenntnis*. Die Theologie des 20. Jahrhunderts, hrsg. von Karl-Josef Kuschel, S. 193

3 a. a. O., S. 192

4 Um den Geist der Jesus-Rezeption des neunzehnten Jahrhunderts zu verstehen, empfiehlt sich die Lektüre Renans: Ernest Renan, *Das Leben Jesu*, Vom Verfasser autorisierte Übertragung aus dem Französischen, Zürich 1981

5 Rudolf Bultmann, *Jesus*, München, Hamburg o. J., S. 23

6 Die Abneigung, die Martin Heidegger bei Philosophen wie Ernst Bloch oder Hans Blumenberg – meines Erachtens zu Recht – erfuhr, hat auch das Bild beeinflußt, das von Bultmann gezeichnet wurde. Bultmanns eigentliche bibelkritische Leistung war nicht von Heideggers Denken beeinflußt. Freilich verwundete Bultmann nicht nur den Glauben der Theologen, sondern die von den Evangelien geprägte europäische Kultur.

7 Zum heutigen Paulus-Bild der Theologen vgl.: Jürgen Becker, *Paulus. Der Apostel der Völker*, Tübingen 1989

8 Schalom Ben-Chorin. *Paulus. Der Völkerapostel in jüdischer Sicht*, München 1978

9 Franz Mußner, *Traktat über die Juden*, München 1979, S. 391. Das Buch ist ein Musterbeispiel für den gutgemeinten und fast schon radikalen Versuch, die christliche Schuld gegenüber den Juden hauptsächlich durch eine Neuinterpretation der Evangelien zu bewältigen.

10 vgl. Herbert Braun, *Spätjüdisch-häretischer und frühchristlicher Radikalismus.* Jesus von Nazareth und die essenische Qumransekte, 2 Bde., Tübingen 1969

11 Rudolf Bultmann, *Die Erforschung der synoptischen Evangelien*, Berlin 1960, S. 42

12 Rudolf Bultmann, *Jesus*, S. 21 f.

13 Rudolf Bultmann, a. a. O., S. 21

14 Hans Blumenberg, *Matthäuspassion*, Frankfurt am Main 1988, S. 21

Die bösen Worte der Väter

1 Es wäre interessant, auch unter diesem Gesichtspunkt die Geschichte der Sozialdemokratie, besonders die Auseinandersetzung mit Eduard Bernstein zu betrachten.

2 Jürgen Habermas, *Die Neue Unübersichtlichkeit*, Frankfurt am Main, 1985, S. 134

3 Manès Sperber, *Über den Haß*, in: M. S., *Die Achillesferse*, Essays, Frankfurt am Main 1969

4 siehe Norman Cohn, *Das neue irdische Paradies*, Revolutionärer Millenarismus und mystischer Anarchismus im mittelalterlichen Europa, Reinbek bei Hamburg 1988, S. 27

5 *Kirche und Synagoge*, Handbuch zur Geschichte von Juden und Christen, hrsg. von Karl Heinrich Rengstorf und Siegfried von Kortzfleisch, Bd. I, Stuttgart 1968, S. 73

6 a. a. O.

7 a. a. O., S. 70

8 a. a. O., S. 144

9 a. a. O., S. 145

10 a. a. O. 139

11 Freilich hätte eine solche ökumenische Bewegung nicht nur einen Verzicht auf wechselseitige Schmähreden bedeutet, die sich mit dem vergleichen lassen, was sich die verschiedenen christlichen Konfessionen in der Reformationszeit vorgeworfen haben. Es hätte den Verzicht auf die Ausbildung der christliche Dogmatik bedeutet, durch die Jesus von Nazareth weit über das hinausgehoben wurde, was Paulus mit dem Begriff *Kyrios* umriß.

12 Kirche und Synagoge, Bd. I, a. a. O., S. 153 f.

13 a. a. O., S. 154

14 a. a. O., S. 163

15 Hans Kühner, *Der Antisemitismus der Kirche*, Zürich 1976, S. 36

16 a. a. O., S. 37

17 Natürlich ging es hier um keine historische Untersuchung. Ebensowenig sollte dem christlichen Glauben gedient werden. Lediglich die Form und die Ausdrucksweise der keineswegs urgermanischen Kirchenlehrer ließen sich wieder verwenden, ja – und hier beginnt die Problematik – boten sich geradezu an.

18 Moshe Zimmermann, *»Nathan der Schwache«*, in: zur debatte, Themen der Katholischen Akademie in Bayern, Christen und Juden im Gespräch, Juli/August 1988, S. 3

19 *Kirche und Synagoge*, Bd. I, a. a. O., S. 91 f.

20 Norman Cohn, *Das neue irdische Paradies*, a. a. O., S. 27

21 *Kirche und Synagoge*, Bd. I, a. a. O., S. 94 f.

22 a. a. O., S. 95

23 Clemens Thoma, *Die theologischen Beziehungen zwischen Christentum und Judentum*, Darmstadt 1982, S. 90

24 Moshe Zimmermann stellt die Frage: »Wie, wenn nicht Judas Iskarioth, sondern Josef Iskarioth Jesus verraten hätte?« und fährt unter Bezugnahme auf Augustinus fort: »Als Mythos ist Judas schon seines Namens wegen für die Beziehungen zwischen Christen und Juden viel entscheidender als alle theoretischen und theologischen Entscheidungen von Päpsten und Konzilien zur Judenfrage.« Ich möchte nicht so weit gehen wie Zimmermann, halte aber die Assoziation für sehr wichtig bei der Beurteilung.

Macht ihnen die Rücken krumm!

1 *Anthropologie im Kulturvergleich*. Programm eines wissenschaftlichen Grenzgängertums. Ein Gespräch mit Christian Meier, in: *Mentalitäten-Geschichte*, hrsg. von Ulrich Rauff, Berlin 1987, S. 163

2 a. a. O., S. 167

3 »hier schießt der leitende herr den leitenden herrn mit dem gesangbuch ab«, in: Hans Magnus Enzensberger, *landessprache*, Frankfurt am Main 1960, S. 8

4 Hans Blumenberg, *Matthäuspassion*, a. a. O., S. 252 f.

5 Friedrich Heer, *Gottes erste Liebe. Die Juden im Spannungsfeld der Geschichte*, Frankfurt am Main 1986, S. 536

6 Milorad Pavić, *Das chasarische Wörterbuch*, Lexikonroman in 100 000 Wörtern, Aus dem Serbokroatischen von Bärbel Schulte, München 1988

7 *Kirche und Synagoge*, a. a. O., Bd. I, S. 109

8 Georges Duby, *Die Zeit der Kathedralen*, Kunst und Gesellschaft, Frankfurt am Main 1986

9 *Kirche und Synagoge*, Bd. I, a. a. O.

10 Norman Cohn, *Das neue irdische Paradies*, a. a. O., S. 65

11 *Kirche und Synagoge*, a. a. O., Bd. I, S. 113

12 *Ludus de Antichristo*, Das Spiel vom Antichrist, übersetzt von Gottfried Hasenkamp, Münster 1933, S. 27

13 Friedrich Heer hat darauf hingewiesen, daß die meisten Gegenüberstellungen von Ecclesia und Synagoga von einer kruden Judenfeindschaft bestimmt sind. Vgl. *Gottes erste Liebe*, a. a. O., S. 116 f.

14 Walther von der Vogelweide, (L 14,38), zitiert nach: *Gedichte W.'s v. d. V.*, hrsg. von Carl von Kraus, Berlin 1959, S. 18

Die Wucherungen der Legenden – Mord

1 Else Lasker-Schüler, *Gedichte 1902–1943*, München 1986, S. 292

2 Rosemarie Schuder/Rudolf Hirsch: *Der gelbe Fleck, Wurzeln und Wirkungen des Judenhasses in der deutschen Geschichte*. Essays, Berlin 1987

3 Heinrich Heine, *Sämtliche Schriften* in zwölf Bänden, hrsg. von Klaus Briegleb, Bd. 1 1817–1840, München 1976, S. 462 f.

4 Schuder/Hirsch, a. a. O., S. 146

5 R. Po-chia Hsia, *The Myth of Ritual Murder*. Jews and Magic in Reformation Germany, Yale University Press 1988. Der Autor bringt sehr

viele Belege für die grausamen Prozesse und die Haßgesänge auf die Juden, in denen die ›Judensau‹ als bevorzugtes Bild figuriert.

6 a. a. O., S. 18

7 Christina von Braun, *Sünden wider das Blut*, in: Emile, Zeitschrift für Erziehungskultur, 1. Jahrgang, 1. Heft *»Herzblut«*, 1988, S. 57 ff.

8 Schuder/Herz, a. a. O., S. 151

9 a. a. O., S. 150

10 *Kirche und Synagoge*, Bd. I, a. a. O., S. 265 f.

11 a. a. O., S. 228

12 a. a. O., S. 245

13 a. a. O., S. 239

14 Schuder/Hirsch, a. a. O., S. 152

15 Friedrich Heer, *Gottes erste Liebe*, a. a. O., S. 601

Die scharfe Barmherzigkeit und die sanfte Liebe

1 *Kirche und Synagoge*, Bd. I, a. a. O., S. 375 ff.

2 Léon Poliakov, *Geschichte des Antisemitismus*, Bd. II. *Das Zeitalter der Verteufelung und des Ghettos*, Worms 1978, S. 116 f.

3 a. a. O., S. 117

4 a. a. O.

5 *Kirche und Synagoge*, a. a. O., Bd. I, S. 378

6 a. a. O., S. 401

7 Paulus hat im Römerbrief (9,27) den Propheten Jesaias zitiert: »Wenn die Zahl der Kinder Israel würde sein wie der Sand am Meer, so wird doch nur der Überrest selig werden.« (Jes 10,22–23). Diese Vorstellung eines Überrestes oder Restes findet sich immer wieder im christlichen und europäischen Denken. Es ist die Idee der ›happy few‹, ist gewöhnlich ganz unbiblisch eine Mischung aus mystischem und elitärem Denken.

8 *Kirche und Synagoge*, Bd. I, a. a. O., S. 391

9 a. a. O., S. 395

10 *Die Bibel, Altes und Neues Testament*, Einheitsübersetzung, Freiburg i. Br., Basel, Wien 1980

11 *Kirche und Synagoge*, Bd. I, a. a. O., S. 407

12 a. a. O., S. 417

13 a. a. O., S. 426

14 vgl. zu dieser Thematik: Hans-Joachim Schoeps, *Philosemitismus im Barock*, Religions- und geistesgeschichtliche Untersuchungen, Tübingen 1952.

15 Die Vorstellung, daß der wiederkehrende Christus gleich sei dem Messias, den die Juden erwarten, findet sich auch in den Beschlüssen des II. Vatikanischen Konzils. Freilich ist das Umfeld dieses Gedankens hier nicht gerade von einer eschatologischen Inbrunst bestimmt.

16 *Lessings ›Nathan‹*, Der Autor, der Text, seine Umwelt, seine Folgen, hrsg. von Helmut Göbel, Berlin 1977, S. 161

17 a. a. O., S. 161 f.

18 a. a. O., S. 162

19 a. a. O., S. 126

20 Lessing hat sein Werk in den Geist der Toleranz gestellt, der den Gleichheitsgedanken in seinem humanen Aspekt voraussetzt und dessen Postulat erfüllt. Das schließt freilich nicht aus, daß die Darstellung von Menschen, die weiblichen Geschlechtes sind, einen zwiespältigen Charakter hat. Auch Recha, auch die Schwester des Sultans, die Dame Sittah, sagen gescheite Dinge, ebenso wie Minna von Barnhelm gescheit handelt. Aber dort, wo es in der intellektuellen Diskussion auf das Wesentliche ankommt, müssen sich die Frauen im Hintergrund halten.

21 *Lessings ›Nathan‹*, a. a. O., S. 115

22 a. a. O., S. 128 f. Hier berichtet der Tempelherr der Recha, daß er auf dem Berge Sinai war. Sie wehrt die Vorstellung ab, daß es sich hier um einen besonderen Andachtsort handeln könne, wo Moses vor Gott stand. Für sie gilt vielmehr: »Denn wo er stand, stand er vor Gott.« Sie will wissen, ob es wahr ist, »Daß es bei weitem nicht so mühsam sei, Auf diesen Berg hinauf zu steigen, als Herab?« Sie nimmt damit eine Vorstellung des Talmuds ironisch auf, nach dem der Hinweg zum Gotteshaus ein Eilen, der Rückweg ein Zögern sei.

Das verlorene Reich

1 Heinrich Heine, *Sämtliche Schriften*, Bd. I, a. a. O., S. 48

2 Hans Liebeschütz, *Das Judentum im deutschen Geschichtsbild von Hegel bis Max Weber*, Tübingen 1967, S. IX

3 Karl Marx, *Die Frühschriften*, hrsg. von Siegfried Landshut, Stuttgart 1953, S. 209

4 Max Horkheimer und Theodor W. Adorno, *Dialektik der Aufklärung*, Philosophische Fragmente, Frankfurt am Main 1969, S. 159

5 Gero von Wilpert (Hrsg.), *Lexikon der Weltliteratur*. Biographisch-bibliographisches Handwörterbuch nach Autoren und anonymen Werken, Stuttgart 1963, S. 81

6 Achim von Arnim, *Sämtliche Romane und Erzählungen*, Bd. III, München 1965, S. 59

7 a. a. O., S. 33

8 a. a. O., S. 67

9 *Wilhelm Hauffs sämtliche Werke in sechs Bänden*, hrsg. von Adolf Stern, Leipzig o. J., Bd. III., S. 134 f.

10 a. a. O., S. 137

11 a. a. O., S. 150

12 Léon Poliakov hat sich auch mit dem Bild der schönen Jüdin vor allem im Werk von Walter Scott auseinandergesetzt. Er gibt für dieses Bild einleuchtende psychologische Gründe an, verweist aber auch auf eine religiöse Begründung, die Chateaubriand lieferte, um die Frage zu klären, »warum bei der jüdischen Rasse die Frauen schöner seien als die Männer«. Chateaubriand »findet für dieses Phänomen eine interessante Erklärung: Der Sohn Gottes wurde nur von den Männern verleugnet, gemartert und gekreuzigt, während ›die Frauen von Judäa an ihn als den Retter glaubten, ihn liebten, ihm nachfolgten und ihm seine Leiden erleichterten‹.« (Léon Poliakov, *Geschichte des Antisemitismus*, Bd. VI, *Emanzipation und Rassenwahn*, Worms 1987, S. 123)

13 *Wilhelm Hauffs sämtliche Werke*, a. a. O., Bd. I., S. 63 f.

14 a. a. O., S. 84 f.

15 a. a. O., S. 102

16 a. a. O., S. 77

17 *Die Märchen des Clemens Brentano*, hrsg. von Guido Görres, Stuttgart 1879, S. 102

18 a. a. O., S. 164

19 a. a. O., S. 160

20 Hans-Rüdiger Schwab, *»Die Zeit beherrscht die Kunst«*, Studien zum politischen und sozialen Bewußtsein in der Literatur der deutschen Spätromantik, Diss. München 1986 (Manuskript), Bd. I, S. 221

21 a. a. O., S. 222

22 a. a. O., S. 221

»In der Rasse liegt die Schweinerei«

1 zitiert nach: Brigitte Hamann, *Bertha von Suttner*. Ein Leben für den Frieden, München 1986, S. 199

2 Michel Leiris, *Die eigene und die fremde Kultur*, Ethnologische Schriften, Aus dem Französischen von Rolf Wintermeyer, Frankfurt am Main 1977, S. 53

3 Léon Poliakov, a. a. O., Bd. VI, S. 115

4 a. a. O.

5 a. a. O.

6 Claus-Ekkehard Bärsch, *Erlösung und Vernichtung. Dr. phil. Joseph Goebbels.* Zur Psyche und Ideologie eines jungen Nationalsozialisten 1923–27, München 1987, S. 359

7 Léon Poliakov, a. a. O., Bd. VII, *Zwischen Assimilation und ›jüdischer Weltverschwörung‹*, Aus dem Französischen von Rudolf Pfisterer, Frankfurt am Main 1988, S. 29

8 *Kirche und Synagoge*, a. a. O., Bd. II, S. 298

9 Brigitte Hamann, *Bertha von Suttner*, a. a. O., S. 199

10 Heinrich Heine, *Sämtliche Schriften*, a. a. O., Bd. XI, S. 622

11 Reinhard Rürup, *Emanzipation und Antisemitismus*, Studien zur ›Judenfrage‹ der bürgerlichen Gesellschaft, Frankfurt am Main 1987, S. 140

12 *Der Berliner Antisemitismusstreit*, hrsg. von Walter Boehlich, Frankfurt am Main 1965, S. 5

13 a. a. O., S. 6

14 a. a. O., S. 11

15 a. a. O., S. 12

16 a. a. O., S. 79

17 a. a. O., S. 86

18 *Kirche und Synagoge*, a. a. O., Bd. II, Stuttgart 1970, S. 446

19 Hans Liebeschütz, *Von Georg Simmel zu Franz Rosenzweig*, Studien zum Jüdischen Denken im deutschen Kulturbereich, Tübingen 1970, S. 122 ff.

20 Klaus Scholder, *Die Kirchen und das Dritte Reich*, Bd. I, Vorgeschichte und Zeit der Illusionen 1918–1934, Frankfurt am Main 1977, S. 99

21 a. a. O., S. 103

22 Claus Ekkehard Bärsch, *Erlösung und Vernichtung*, a. a. O., S. 335

23 a. a. O., S. 351

24 So Reinhard Rürup in seinen Studien *»Emanzipation und Antisemitismus«*, a. a. O., die aber durch ihren Materialreichtum die theoretische Begrenzung sprengen. In diesem Zusammenhang sei auf die Einleitung des Herausgebers Ulrich Rauff zu dem Buch *»Mentalitäten-Geschichte«* (a. a. O.) verwiesen, der von den *»Strukturen der longue durée«*, den *»trägen* Mentalitäten« spricht, wozu er den Antisemitismus rechnet, der für ihn gerade deswegen keine Ideologie ist (a. a. O., S. 12).

25 Claus-Ekkehard Bärsch, *Erlösung und Vernichtung*, a. a. O. Hier wird der Antisemitismus in einer Weise gesehen, die eine klare Absage auf die politisch-ideologische Einseitigkeit darstellt.

26 Claus-Ekkehard Bärsch, *Das ›Dritte Reich‹ des Dichters Dietrich Ekkart*, in ›zeitmitschrift‹, Journal für Ästhetik, Sonderheft ›1938‹, Düsseldorf 1988, S. 61

27 Alfred Rosenberg, *Die Lüge als jüdische Lebensform*, in: *Lesebuch Weimarer Republik, Deutsche Schriftsteller und ihr Staat von 1918 bis 1933*, hrsg. von Stephan Reinhardt, Berlin 1982, S. 215

28 Adolf Hitler, *Mein Kampf*, München 1926, S. 329

29 a. a. O., S. 69 f.

30 zit. nach Claus-Ekkehard Bärsch, *Erlösung und Vernichtung*, a. a. O., S. 400 f.

31 *Der Holocaust und die Protestanten*, Analysen einer Verstrickung, hrsg. von Jochen-Christoph Kaiser und Martin Greschat, Frankfurt am Main 1988

Literaturverzeichnis

H. G. Adler, *Die Juden in Deutschland*, Von der Aufklärung bis zum Nationalsozialismus, München 1987.

Jean Améry, *Weiterleben – aber wie?*, Essays 1968–1978, hrsg. und mit einem Nachwort versehen von Gisela Lindemann, Stuttgart 1982.

Hannah Arendt, *Eichmann in Jerusalem*, Ein Bericht von der Banalität des Bösen, Aus dem Amerikanischen von Brigitte Granzow, Mit einem einleitenden Essay von Hans Mommsen, München 1986.

Claus-Ekkehard Bärsch, *Erlösung und Vernichtung. Dr. phil. Joseph Goebbels*, Zur Psyche und Ideologie eines jungen Nationalsozialisten 1923–1927, München 1987.

Gregory Bateson, *Ökologie des Geistes*, Anthropologische, psychologische, biologische und epistemologische Perspektiven, Aus dem Amerikanischen von Hans Günter Holl, Frankfurt am Main 1985.

Schalom Ben-Chorin, *Die Heimkehr, Jesus, Paulus und Maria aus jüdischer Sicht*, München 1987.

Der Berliner Antisemitismusstreit, hrsg. von Walter Boehlich, Frankfurt am Main 1965.

Emil Bernhard-Cohn und Hayim Goren Perelmutter, *Von Kanaan nach Israel*, Kleine Geschichte des jüdischen Volkes, München 1986.

Hans Blumenberg, *Matthäuspassion*, Frankfurt am Main 1988.

Herbert Braun, *Spätjüdisch-häretischer und frühchristlicher Radikalismus*, Jesus von Nazareth und die essenische Qumransekte, 2 Bde., Tübingen 1969.

Henryk M. Broder, *Der ewige Antisemit*, Über Sinn und Funktion eines beständigen Gefühls, Frankfurt am Main 1986.

Rudolf Bultmann, *Die Erforschung der synoptischen Evangelien*, Berlin 1960.

Rudolf Bultmann, *Jesus*, München, Hamburg o. J. (1964).

Norman Cohn, *Das neue irdische Paradies*, Revolutionärer Millenarismus und mystischer Anarchismus im mittelalterlichen Europa, Reinbek bei Hamburg 1988.

Georg Denzler, *Widerstand oder Anpassung?* Katholische Kirche und Drittes Reich, München 1984.

Dan Diner (Hrsg.), *Ist der Nationalsozialismus Geschichte?* Zu Historisierung und Historikerstreit, Frankfurt am Main 1987.

Weddig Fricke, *Standrechtlich gekreuzigt*, Person und Prozeß des Jesu aus Galiläa, Buschschlag bei Frankfurt 1987.

Wolfgang Gerlach, *Als die Zeugen schwiegen*, Bekennende Kirche und die Juden, Mit einem Vorwort von Eberhard Bethge, Berlin 1987.

Heinrich Graetz, *Volkstümliche Geschichte der Juden*, 6 Bde., München 1985.

Heinz Mosche Graupe, *Die Entstehung des modernen Judentums*, Geistesgeschichte der deutschen Juden 1650–1942, Hamburg 1977.

Brigitte Hamann, *Bertha von Suttner*, Ein Leben für den Frieden, München 1986.

Friedrich Heer, *Gottes erste Liebe*, Die Juden im Spannungsfeld der Geschichte, Frankfurt am Main 1986.

Max Horkheimer, Theodor W. Adorno, *Dialektik der Aufklärung*, Philosophische Fragmente, Frankfurt am Main 1969.

R. Po-chia Hsia, *The Myth of Ritual Murder*, Jews and Magic in Reformation Germany, Yale University Press, New Haven and London 1988.

Jochen-Christoph Kaiser und Martin Greschat, *Der Holocaust und die Protestanten*, Analysen einer Verstrickung, Frankfurt am Main 1988.

Rudolf Krämer-Badoni, *Judenmord, Frauenmord, Heilige Kirche*, München 1988.

Hans Kühner, *Der Antisemitismus der Kirche*, Genese, Geschichte und Gefahr, Zürich 1976.

Karl-Josef Kuschel (Hrsg.), *Lust an der Erkenntnis: Die Theologie des 20. Jahrhunderts*, Ein Lesebuch, München 1986.

Claude Lanzmann, *Shoah*, Vorwort von Simone de Beauvoir, Aus dem Französischen von Nina Börnsen und Anna Kamp, Düsseldorf 1986.

Michel Leiris, *Die eigene und die fremde Kultur*, Ethnologische Schriften, Aus dem Französischen von Rolf Wintermeyer, hrsg. und mit einer Einleitung von Hans-Jürgen Heinrichs, Frankfurt am Main 1977.

Lessings ›Nathan‹, Der Autor, der Text, seine Umwelt, seine Folgen, hrsg. von Helmut Göbel, Berlin 1977.

Nathan Peter Levinson, *Ein Rabbiner in Deutschland*, Aufzeichnungen zu Religion und Politik, Gerlingen 1987.

Hans Liebeschütz, *Das Judentum im deutschen Geschichtsbild von Hegel bis Max Weber*, Tübingen 1967.

Hans Liebeschütz, *Von Georg Simmel zu Franz Rosenzweig*, Studien zum Jüdischen Denken im deutschen Kulturbereich, Tübingen 1970.

Ralf-Peter Märtin, *Pontius Pilatus*, Römer, Ritter, Richter, München 1989.

Karl Marx, *Die Frühschriften*, hrsg. von Siegfried Landshut, Stuttgart 1955.

Arno J. Mayer, *Krieg als Kreuzzug*, Das Deutsche Reich, Hitlers Wehrmacht und die ›Endlösung‹, Reinbek bei Hamburg 1989.

Hans Mayer, *Außenseiter*, Frankfurt am Main 1975.

Franz Mußner, *Traktat über die Juden*, München 1979.

Pnina Navé, *Du unser Vater*, Jüdische Gebete für Christen (Auswahl und Übersetzung), Mit einem Vorwort des Bischofs von Straßburg Léon Arthur Elchinger, Freiburg im Breisgau 1975.

Neues Testament, Einführungen, Texte, Kommentare, hrsg. von Gerhard Iber in Verbindung mit Hermann Timm. Mit einer Einführung von Günther Bornkamm, München 1984.

Ernst Reinhard Piper (Hrsg.), *»Historikerstreit«*, Die Dokumentation der Kontroverse um die Einzigartigkeit der nationalsozialistischen Judenvernichtung, München 1987.

Léon Poliakov, *Geschichte des Antisemitismus*, Aus dem Französischen von Rudolf Pfisterer, Bde. I–VI, Worms, 1977–1987; Bd. VII und VIII, Frankfurt am Main 1988.

Ulrich Rauff (Hrsg.), *Mentalitäten-Geschichte*, Zur historischen Rekonstruktion geistiger Prozesse, Berlin 1987.

Ernest Renan, *Das Leben Jesu*, Vom Verfasser autorisierte Übertragung aus dem Französischen, Zürich 1981.

Karl Heinrich Rengstorf und Siegfried Kortzfleisch, *Kirche und Synagoge*, Handbuch zur Geschichte von Christen und Juden, Darstellungen mit Quellen, Stuttgart, Bd. I, 1968, Bd. II 1970.

Reinhard Rürup, *Emanzipation und Antisemitismus*. Studien zur ›Judenfrage‹ in der bürgerlichen Gesellschaft, Frankfurt am Main 1987.

Jean-Paul Sartre, *Betrachtungen zur Judenfrage*, in: J.-P. S., Drei Essays. Mit einem Nachwort von Walter Schmiele, Frankfurt am Main 1986.

Hans-Joachim Schoeps, *Philosemitismus im Barock*, Religions- und geistesgeschichtliche Untersuchungen, Tübingen 1952.

Klaus Scholder, *Die Kirchen und das Dritte Reich*, Band 1, Frankfurt/Main 1977.

Rosemarie Schuder, Rudolf Hirsch, *Der gelbe Fleck*, Wurzeln und Wirkungen des Judenhasses in der deutschen Geschichte, Essays, Berlin 1987.

Hans Rüdiger Schwab, *›Die Zeit beherrscht die Kunst‹*, Studien zum politischen und sozialen Bewußtsein in der Literatur der deutschen Spätromantik, 1. Band, Diss. München 1986 (Manuskript).

Alphons Silbermann, *Sind wir Antisemiten?*, Ausmaß und Wirkung eines sozialen Vorurteils in der Bundesrepublik, Köln 1982.

Alphons Silbermann und Julius H. Schoeps, *Antisemitismus nach dem Holocaust*, Bestandsaufnahme und Erscheinungsformen in den deutschsprachigen Ländern, Köln 1986.

Hermann Sinsheimer, *Shylock*, Die Geschichte einer Figur, München 1960.

Manès Sperber, *Die Achillesferse*, Essays, Frankfurt am Main 1969.

Herbert A. Strauss und Christhard Hoffmann (Hrsg.), *Juden und Judentum in der Literatur*, München 1985.

Clemens Thoma, *Die theologischen Beziehungen zwischen Christentum und Judentum*, Darmstadt 1982.

Barbara Tuchmann, *Der ferne Spiegel*, Das dramatische 14. Jahrhundert, Aus dem Amerikanischen von Ulrich Leschak und Malte Friedrich, Düsseldorf 1980.

Jörg Wollenberg (Hrsg.), *»Niemand war dabei und keiner hat's gewußt«*, Die deutsche Öffentlichkeit und die Judenverfolgung 1933–1945, München 1989.

Weitere Literatur zu diesem Thema und zu Aspekten des Judentums siehe: Rachel Salamander (Hrsg.), *Literatur zum Judentum*, München 1987. Nachtrag München 1988.

Personenregister

Elisabeth Endres

Edith Stein

Christliche Philosophin und jüdische Märtyrerin
303 Seiten. Leinen

Das Buch von Elisabeth Endres ist die erste wirklich umfassende Biographie der 1891 in Breslau als Kind einer jüdischen Bürgerfamilie geborenen Edith Stein, die zu den interessantesten, facettenreichsten Gestalten des Katholizismus unseres Jahrhunderts gehört. Sie studiert als eine der ersten Frauen in Deutschland das Fach Philosophie, zunächst in Breslau, danach, von der neuen Wissenschaft der Phänomenologie angezogen, bei Edmund Husserl in Göttingen, zu dessen engstem Schülerkreis sie bald gehört.
Elisabeth Endres schildert Herkunft und Entwicklung dieser hochbegabten Frau, ihre Versuche, sich in einer Domäne der Männlichkeit durchzusetzen, mit viel Einfühlungsvermögen und aus der kritischen Perspektive einer engagierten Betrachterin von heute, und sie erklärt aus den philosophischen Arbeiten der Edith Stein und ihrem öffentlichen Wirken die geistige Entwicklung, die 1922 zu ihrer Konversion zum Katholizismus führte. Die Katholikin stellt sich der Auseinandersetzung mit dem großen Kirchenlehrer Thomas von Aquin und versucht, in der Gegenüberstellung des spätmittelalterlichen mit dem neuzeitlichen Denken eine neue Sicherheit zu gewinnen. Doch eine Sicherheit für ihr Leben gab es nicht in dieser Zeit.

»Elisabeth Endres ist eine exzellente Biographie gelungen, sehr anschaulich geschrieben, mit bemerkenswert breiter Sachkompetenz. Mit intellektueller Brillanz und Anmut erreichte sie hier das Einfache, das (deshalb) so hochkompliziert in der Bewältigung ist. Mit diesem Band existiert nun nicht nur die erste umfassende Biographie der Edith Stein. Dieser Band realisiert zugleich auch das Bestmögliche: Person und Familie, Philosophie und Theologie, Kirche und Welt zur Zeit der Edith Stein gewinnen markante Konturen. Werden erfreulich begreifbar.« Münchner Merkur